政府新闻发言人实用教程

张荣刚 著

中国传媒大学出版社

目 录

前 言 / 1

第一章 新闻发布制度的起源、发展与现状 / 1

第一节 美国与世界:新闻发布的历史源流 / 2

一、白宫风云:新闻发布制度与美国总统 / 3

二、从唐宁街到礼宾府:新闻发布制度在世界 / 8

三、香港特区政府新闻处的专业与服务 / 14

第二节 新中国新闻发布制度的建立 / 21

一、“洗脑筋”的记者招待会 / 21

二、新闻发布制度伴随改革开放起步 / 23

三、SARS 不能忘却的制度之痛 / 25

四、从“信息发布”走向“新闻执政” / 29

第三节 中国地方政府新闻发布制度的建立和发展 / 32

一、质疑声中问世的深圳新闻发言人 / 33

二、问责新闻发言人:深圳的破冰之旅 / 35

三、破冰之旅能行多远——对发言人问责制的思考 / 39

第二章 新闻发言人的媒介素养 / 42

第一节 新闻发言人的媒介素养 / 42

一、新闻发言人的媒介素养是什么 / 43

二、别让媒介素养成为你的“短板” / 48
三、新闻发言人媒介素养的提升路径 / 50
第二节 善知媒体是发言人的基础课 / 51
一、媒体是舆论的引发与引导者 / 51
二、新闻生产中的多重把关 / 53
三、“媒体偏见”是客观存在 / 56
四、了解港澳媒体 / 58
五、了解西方媒体 / 62
六、日益复杂多元的媒介生态 / 66
第三节 发言人的媒介关系 / 68
一、媒体是发言人的“客户” / 68
二、良好的公共关系靠平时积累 / 70
三、记者是敌人还是“知己” / 73

第三章 发言人的工作理念与策略 / 76
第一节 发言人的基本理念 / 77
一、关于信息对称的博弈 / 80
二、新闻发言人的基本立场 / 83
三、发言人不是应答机器 / 85
第二节 发言人的基本原则 / 91
一、主动原则 / 91
二、及时原则 / 95
三、公开原则 / 99
四、准确原则 / 103
第三节 发言人的多元策略 / 109
一、技巧表达策略 / 109
二、媒体角度策略 / 112
三、公众角度策略 / 114
四、发布会怎样吸引媒体 / 118

第四节　新闻通稿如何“通搞”　/ 122
一、误区：通稿可以“通搞”　/ 122
二、口径：发布稿的基调　/ 123
三、通稿：找准新闻落点　/ 127
四、新闻发布实务　/ 131
第五节　管窥总理记者会的专业范式　/ 134
一、总理记者会的特性　/ 134
二、凸显“专业水准”　/ 135
三、个性魅力承载国家形象　/ 137
四、中国价值观的普世表述　/ 138
五、紧随时代发展 彰显进步开明　/ 138

第四章　新闻发言人与舆论引导　/ 140
第一节　舆论监督与舆情　/ 140
一、如何对待舆论监督　/ 141
二、如何引发舆论　/ 145
三、如何引导舆论　/ 147
第二节　微时代舆情特征　/ 151
一、作为社会化媒体的微博　/ 151
二、躺着中枪：微时代舆情　/ 158
三、无微不至的民间舆论场　/ 159
第三节　微时代舆情应对　/ 161
一、公开回应是必答题　/ 162
二、行政禁令应少用慎用　/ 165
三、微博也是“发布厅”　/ 167
四、转危为机靠诚实　/ 171

第五章 新闻发言人与危机处置 / 175
第一节 突发公共危机中的政府新闻发言人 / 175
一、不可避免的突发公共危机 / 176
二、新闻发言人要直面突发公共危机 / 181
三、政府新闻发言人在突发公共危机中的角色定位 / 188
四、政府新闻发言人在突发公共危机中的作用 / 194
第二节 政府新闻发言人如何进行危机发布 / 196
一、危机发布的一般原则 / 196
二、危机发布要准备什么 / 212
三、危机发布的传播技巧 / 213
四、危机新闻发布稿该怎样写 / 217
五、危机发布的工作环节 / 219
第三节 政府危机应对的范本——深圳“5·26”事件回溯 / 220
一、深圳最大一场政府公信力危机 / 221
二、怎样走出塔西佗陷阱 / 226

附录一 新闻发布会流程示意图 / 229
附录二 深圳率先建设新闻发布“问责制” / 233

后 记 / 239

前 言

2013年3月,“万猪漂浮黄浦江”无疑是中外媒体高度关注的新闻之一。3月5日,上海水上保洁人员在黄浦江横潦泾水域打捞到几十头死猪。起初,工作人员并未在意,每年黄浦江上游都会有死猪漂来,一年总会捞出三四千头。他们并未向上反映。直到8日,死猪来势汹汹才引起警惕,开始向市区相关部门报告。

3月8日,上海松江网友“少林寺的豬1986”发布的一条图文微博,显示大量死猪伴随着垃圾漂浮在黄浦江上游水源地,引起网民关注……

同日18时16分,网友“松江”以“突发事件”为题发布相关内容。

3月9日19时41分,上海市农委官方微博“上海三农”也发布了类似消息,并称,“目前已打捞死猪900多头”。

然而,影响力极大的“上海发布”迟迟不发声——上海官方在保持沉默。

此时,各种传言已经在网上不胫而走,全国众多媒体关于这一事件的报道也五花八门——新闻开始“发炎”了。

一直到10日以后,上海市政府才开始出面逐日向媒体发布相关事件通报。

上海市政府新闻发言人徐威表示:“上海方面从未试图隐瞒死猪漂浮事件,从一开始就秉持公开透明的原则。”通报称,到目前为止,事件对饮用水水质并无太大影响。经严格检测,水质基本正常。

对于上海官方含混不清的“水质基本正常”这一发布,舆论哗然,网上网下一片质疑与调侃之声……

紧接着,上海市有关方面又请来了“一位不愿透露姓名的农业专家”宣称:“就好比你在游泳池发现了几只死苍蝇,恶心归恶心,但对水质会有多大影响?更何况黄浦江很宽,又是流动的活水。”

专家的高论,引发舆论再次广泛质疑——政府到底是在发布新闻事实,还是刻意强词夺理地辩解？

对于舆论关于上海方面刻意瞒报的质疑，有媒体评论说“上海没有故意瞒报，但信息发布方式仍有改善的余地”。确实如此，纵观这起事件的处理，政府部门在新闻发布中确有诸多值得反思改进之处。

首先，“迟迟不发声”违背了政府新闻发布的主动及时原则；

其次，“水质基本正常”这样语焉不详、没有任何数据与事实来支撑的模糊表述，也不符合新闻发布的准确原则。网友质疑：“数千头乃至上万头死猪漂浮黄浦江，居然还能水质基本稳定？可能吗？”

第三，专家的“苍蝇论”（也许是有一定道理的比喻），但确实是在不正确的时间表述一个也许是正确的说法。似乎并不懂得新闻发布中必须考虑“何时说，怎样说”的基本判断和决策。

如是，难免使政府本想传播的正面信息变质变味儿——新闻严重“发炎”。

由此看出，新闻发布的时机、方式、方法的选择是多么的重要。然而，这些新闻发言人必备的“基本功”，却并不为很多新闻发言人所知悉和掌握。于是，类似的“新闻发炎”事件总在不同的地区不同的时段相继上演，进而使舆情发酵，引发次生危机，升级公共舆论事件……

虽然早在上世纪80年代，中国记者协会就正式宣布建立新闻发言人制度，开启了新中国新闻发布制度建设的大幕。但历时30余载，无论从全国还是深圳的实践看，一方面，新闻发言人制度正在逐步成为党和政府传递政治理念、沟通新闻媒体、倾听民声民智的重要渠道，是执政党进行民主执政、科学执政、依法执政的重要手段；另一方面，在社会转型期的大背景下，各种利益矛盾和冲突正日益凸显，突发性事件愈发高频率化，细节常常在反复咀嚼中被扭曲放大，不当的应对也被发酵变质诱发了次生危机。如果来自党政部门的权威信息渠道不畅，应对不及时，矛盾就有可能被激化、升级，而最终危及政治合法性的构建。

所以，今天我们急需培养出一批高政策理论水平、高综合专业素质、高人格魅力的新闻发言人。这不仅仅是现实的需要，也是贯彻“新闻执政”重要理念的必然要求。

好了，让我们一起先简要回溯国内外新闻发言人制度的历史流变；进而了解新闻发言人所应具有的媒体素养；然后学习如何引发和引导舆论；并要知悉新闻发言人在面对危机事件时的应对方式和策略……从而提升新闻发言人整体素质，提升政府的新闻执政能力，打造出真正极具新闻意识的阳光政府。

让新闻不发炎，我们走起！

第一章　新闻发布制度的起源、发展与现状

【本章要点】

简要地回溯中外新闻发布制度的起源、演进与发展轨迹，揭示了一个共通的理念——新闻发布制度是人类社会从低级到高级发展这一进程中的必然产物，是趋向于“政治清明、政府开明、公众文明、社会透明”拟态环境的必要保障。伴随经济全球化，政府公共传播日益成为政府适应信息传播全球化的重要途径，新闻执政已成为现代国家治理者的必然选择，新闻发布则是其必要而重要的一种执政手段。

2013年4月5日下午，河北沧县县委常委会研究决定，免去邓连军环保局党组书记职务，建议免去其环保局局长职务，提交县人大常委会。此前，邓连军针对沧县张官屯乡小朱庄村井水变红疑似被污染事件，用“水煮红小豆”的汤还是可以喝来调侃村民：“红色的水，不等于不达标的水。”引发网民炮轰。

就在同一天，远在海南的博鳌论坛上，中远集团董事长魏家福面对记者关于“中国远洋如何扭亏”的问题，竟然反问记者：“这么高兴的场合说这个干吗？”当日，该公司发布的2012年中期报告表明，上半年亏损48.7亿，上年亏损105亿，成为A股的“亏损王”。

一个是政府官员，一个是国字号企业一把手。在面对媒体发声的时候，前者强词夺理，公然侮辱公众智商；后者敷衍搪塞，漠视公众知情权。

这样信口开河的“新闻发布”，必然导致新闻“发炎”。如果说是因为他们并非专职新闻发言人，也没有受过相关专业训练，而且也不是在正式的新闻发布会上发言的话，那么，我们先把时光倒回2011年。

那一年，有两句话在网络上蹿红，一是“不要拿法律当挡箭牌”；二是“至于你信不信，反正我是信了”。发出如此雷人之语的，是时任外交部新闻发言人姜瑜和铁道部新

闻发言人王勇平。

二位上述言论一出，顿时引起轩然大波，中外舆论一片哗然，《南方周末》在其评论版的重点栏目“方舟评论”中刊登了律师陈友西的文章——《法律应当是所有人的挡箭牌》，不点名批评了姜瑜的说法；而王勇平那句“信不信”的名言，成为流传至今对于政府新闻发言人的调侃语，网民以各种搞怪图像、无厘头视频、恶搞的歌曲等，来讽刺这位出自新中国新闻发言人培训“黄埔一期”的学员。

事实上，从若干类似事件中我们需要注意的是，发言人所发生的失误甚至错误并不完全是其个人素质导致的，它在一定程度上折射出当下中国新闻发布制度不健全、不完善的种种局限。

新闻发布是一种信息公开与交流的机制。新闻发言人只是这一制度的具体“代言人”，他们是代表某一机构发声的象征性符号，新闻发言人的表现（包括发布的内容、答问的准确与否、语言乃至肢体语言等），都体现着新闻发布制度的成熟和完善程度。

转型期的中国各级政府正面临政治体制、经济发展、社会建设等方面的多重问题，迫切需要通过新闻发布这种信息交流的方式与媒体和公众进行有效而良好的沟通。

新闻发布制度是人类社会从低级到高级发展这一进程中的必然产物，是趋向于“政治清明、政府开明、公众文明、社会透明”拟态环境的必要保障。

“他山之石，可以攻玉”，在建构地方新闻发布制度的过程中，如何学习与借鉴国外新闻发布制度建设的经验是非常重要和十分必要的。本章将就世界与中国新闻发布制度的历史沿革与发展路径，做一简要的回顾，同时对于新中国的新闻发布制度构建特色与探索、存在问题等提出开放性的思考，以期更多新闻发言人在工作中通过创新与实践，共同追寻答案。

第一节　美国与世界：新闻发布的历史源流

1906 年，隶属于宾夕法尼亚州铁路公司的大西洋城市列车发生了重大交通事故，造成了较大的人员伤亡。全国各地的主流媒体纷纷赶往宾州采访此次事故，铁路公司顿时面临巨大的压力。

在这个关键时刻，公司管理层反复协商，决定邀请年初曾帮助无烟煤业摆脱罢工危机的专家艾维·李来应对此次事件。艾维·李接到任务后，立刻代表宾夕法尼亚铁路公司面向媒体记者召开了一次发布会。在发布会上，他安排有关人员诚实地回答记者的提问，向记者们作技术性解释，并为实地采访提供种种方便。艾维·李还要求公司保护好现场，向记者提供相关资料，出示证据，并直接派车接记者们到事发地采访，让他们了解事故的真实原因，目睹铁路公司为处理事故做出的种种努力，如向死难者家属提供赔偿，为受伤者支付医疗费，向社会各方诚恳道歉等。

当首批有关该事故的专稿公开见报后，公司的董事们惊喜地发现，这家公司得到了有史以来最公正、最善意的评价。事故的及时与公开处理大大改善了公司的形象。艾维·李也因此成为公共关系和新闻发布领域的先驱人物，甚至还有学者认为，艾维·李为宾州铁路公司召开的此次新闻发布会是现代新闻发布制度的起源。

事实上，当我们回顾历史的时候，就可以清楚地发现，艾维·李只能算得上是商业和公关领域的新闻发布第一人；早在艾维·李成功为宾州铁路公司举行新闻发布会之前，白宫政府早已经开始了与新闻界的互动，以达到了解民情民意、影响舆论之目的。换言之，美国不仅是世界上最早进行商业性新闻发布的国家，也是第一个建立政府新闻发布制度的国家。纵览全球，美国的新闻发布制度也是最为成熟与完善的。

一、白宫风云：新闻发布制度与美国总统

1.女记者安妮“扣押”了总统的衣服

1826年的一个秋日，在美国总统官邸附近的波多马克河畔，一位衣着朴素的女士坐在一块岩石上若有所思，好像在等待着什么。在她身边散落着一套男性的衣服。而此时在河的中央，一个男人正愤愤地注视着她，并不停地游来游去，但却没有丝毫上岸的迹象。终于，河里的男人再也无法忍受河水的冰冷，向坐在石头上的女子示意，表示“投降”——愿意接受她的采访。

女记者欣然起立，将“扣押”的总统衣服完璧归赵，从而完成了对时任美国总统约翰·昆西·亚当斯的一次采访。

这位女记者叫作安妮·罗耶尔，正是靠她这种不懈努力与坚持，使得亚当斯总统开始思考：与其这样被迫地接受采访，不如把记者们召集在一起举行发布会，主动地宣布白宫对于各种重大问题的看法和见解。此后不久，亚当斯就开始举行新闻发布会，尝试建立了与媒体广泛交流的一种有效机制。尽管当时受各种原因所限，政府并不允许记者进入总统官邸采访，但亚当斯此举为后来建立白宫新闻发布制度打下了良好的历史基础。

1829年，民主党人安格鲁·杰克逊担任美国总统，他在任期内设立了专门的新闻

官员来负责政府的对外联络,从而有效加强了白宫和新闻界的交流关系。杰克逊同时也是最早聘用新闻助理的美国总统:阿莫斯·肯德尔(Amos Kendall)作为杰克逊"厨房内阁"的核心人物,承担了向国会和公众宣传政治理念的重要任务,他既是杰克逊得力的宣传助手,也是一个优秀的新闻发言人。肯德尔有着极强的公关与演说能力,他曾在记者招待会上用无与伦比的传播技巧和震撼人心的言辞激烈反对银行家及其他剥削者的罪恶。1831 年,肯德尔代表总统杰克逊在华盛顿《国会环球报》上猛烈抨击社会不公:"那些创造所有财富的人,自己却一贫如洗。他们周围不断扩张的土地,和一座座拔地而起的宫殿,花费的都是公民的纳税钱。"这一举措为杰克逊赢得了许多中下阶层选民的欢心与选票。同时,肯德尔还通过积极的媒体公关,帮助杰克逊说服国会否决了合众国银行特许证延长法案,进一步树立了杰克逊维护普通人利益的美名,使得杰克逊成为美国历史上最受好评的总统之一。①

然而,令人遗憾的是,无论是亚当斯的早期新闻发布,还是杰克逊的得力助手肯德尔,都没有使新闻发布成为一种制度性的安排。而且,也没有雇佣真正意义上的新闻发言人。很多时候,只有那些出色的演说天才,才有可能被吸收到政府中来担任要职,同时也兼任总统的新闻发言人(阿莫斯·肯德尔曾任职美国邮政部部长)。在肯德尔之后的几任新闻发言人,都是以总统私人秘书的角色出现,直到 1857 年麦金莱总统上台,新闻宣传助理才开始领取政府薪水。

2. 总统的"尴尬"与新闻发布常规化

1901 年,美国政坛上一颗巨星登上了总统的宝座,他就是西奥多·罗斯福。在麦金莱总统遇刺身亡后,身为副总统的他很快接替了白宫的职务,履行起大国总统、三军统帅的责任。老罗斯福在任期内做过许多惊人的决定,也是一位能干而高效的总统,甚至获得过 1906 年的诺贝尔和平奖。

然而,就美国新闻发布制度来说,西奥多·罗斯福在 1902 年那个寒冷冬日做出的一个开创性举动,彻底让总统官邸成为记者可以"驻足"的地方:当天正逢严寒降雨,看到雨中那些每天都尽力美言自己的记者站在白宫草坪上的一棵大树下,浑身淋得像落汤鸡一般,这位美国历史上最年轻的总统终于打开了白宫大门,将记者请进了自己的官邸,从此,记者便成为白宫的一部分。② 紧接着,罗斯福又向国会申请专款,将白宫的一个房间改造成白宫新闻发布厅,美国政府和媒体的关系似乎步入了一个其乐融融

---

① 骆正林:《美国新闻发言人制度的起源与特征》,《今传媒》2006 年第 1 期。

② 黄友义:《美国白宫新闻发布厅里的故事(之二)》,《对外大传播》2005 年第 8 期。

的境地。

好景不长，由于西奥多·罗斯福曾经长时间在纽约市警察局和美国海军工作，警察和军人富有激情而又纪律严谨的工作作风深深地影响了他，同时也助长了他的绝对主义观点。老罗斯福喜欢将媒体视作一种工具，喜欢直接引导和操纵媒体的报道，如果有媒体胆敢不按照他的意思去报道，他就从此拒绝该家媒体和记者的采访。他这种强硬的作风无疑对新闻自由和新闻报道的客观性产生了极大的冲击，也导致媒体愈来愈厌恶这个过分强势的总统，双方的关系一直到老罗斯福离任时都比较僵持。

1909 年，老罗斯福卸下总统重担。他执政期间的得力助手威廉·霍华德·塔夫脱继任总统。塔夫脱在历史上不是一个有争议的人物，也没有做出什么像样的政绩，他留给世人更多的是种种可笑的"尴尬"。著名媒介学者尼尔·波兹曼在其著作《娱乐至死》中曾打趣地说道："大家可以想象一下，塔夫脱那样的形象放到现在还能当总统吗？"——数百磅的身躯，慵懒的眼神，笨拙的话语，在与外国政要会晤时居然打瞌睡……这一切的一切都让塔夫脱与众不同。更令人惊讶的是，他鲜明地表现出对政治的漠不关心和对法律工作的热爱，作为耶鲁大学法学院的高材生，他一心想当美国最高法院的大法官。他在从事律师和司法工作中博得了勤勉干练、稳重可靠的美誉。

塔夫脱在担任总统期间，陷入难以自拔的困境：一方面，他缺乏出色的政治才干，不善于处理敏感复杂的政治问题；与此同时，前任总统罗斯福又是位极富人格魅力和能干强悍的总统，接任他的总统位置，而且又受其恩泽，塔夫脱不得不在坚持前人政策和树立个人特色之间十分艰难地走钢丝。① 另一方面，由于前任总统西奥多·罗斯福与新闻界的关系不佳，白宫经常遭受媒体的攻击与批评，甚至出现了许多毫无根据的"事实报道"。

为了改善政府与新闻媒体间的紧张关系，塔夫脱规定每周定期举行两次新闻发布会，这也是美国总统第一次宣布召开定期的新闻发布会。可以说，正是塔夫脱面临的双重尴尬促使了美国政府新闻发布活动的常规化。

好事多磨，由于在一次新闻发布会上和记者发生了激烈的争论，塔夫脱宣布定期新闻发布会制度取消，改为只向家族报纸《辛辛那提明星时报》提供消息。②在塔夫脱之后上任的总统也并没有将定期的新闻发布会持续下来，因为总统们还是认为媒体是个讨厌的东西，总是报道那些耸人听闻和过于夸张渲染的事件，白宫形象被媒体已经破坏得十分难堪了。

---

①② 丁海宴、赵鸿燕：《新闻发言人与媒体：沟通策略与技巧》，中国传媒大学出版社 2009 年版。

而到了胡佛任期内，居然出现了总统与新闻界极端仇视、怀疑和对立的局面，与此同时新闻发布常规化的脚步几乎停顿下来。

3. 富兰克林·罗斯福与新闻发布制度的确立

1929至1933年间，美国陷入了经济大萧条之中，在取代胡佛就任总统后，富兰克林·罗斯福面临各种危机，他需要积极地与媒体和民众沟通才能较好地控制舆论与社会情绪，以免更大的动乱和异端思潮的传播。在当时的美国，受墨索里尼纳粹思想影响的年轻人非常多，社会主流价值观遭到了严重的破坏，经济的问题逐渐上升为政治乃至文化问题。在这种情况下，罗斯福颁布各种政策法令以利于经济复苏和民众安定。为了使政策得到社会理解，罗斯福采取的一个卓有成效的方式就是直接对媒体和公众发声，著名的"炉边谈话"就是代表。可以说，富兰克林·罗斯福开启了美国新闻发布制度化的崭新篇章。美国新闻发布制度的最终确立，也是在富兰克林·罗斯福总统任内完成的。

罗斯福是美国历史上举行新闻发布会最多的总统，在他执政的12年间一共会见记者998次，平均每年83次。其中，他在第一任四年间举行了340场新闻发布会。罗斯福的新闻发布会逐渐做到了内容丰富、形态成熟、程序规范、机制完善。他把发布会的时间设定为20分钟，既省时又高效，通过新闻发布会卓有成效地影响了媒体对政府的报道。他还严格规定了新闻发布会上所提供的材料，将其分为直接引述、间接引述和不供发表三类。① 这种分类方式不仅可以将信息快速传递给记者，而且能够辅助记者筛选不同层次的信息。罗斯福所创办的新闻发布制度不仅起到了政府与媒体间良好的互动作用，而且将政府的新闻发布活动规范化。罗斯福通过新闻发布的方式既拉拢了媒体又加强了与公众的交往。在罗斯福之后，杜鲁门、艾森豪威尔、肯尼迪等都保持了白宫新闻发布的传统，并且将新闻发布从单纯文字发布引向了实况转播时代。到了里根和克林顿时期，白宫的每次新闻发布会都成为一个"媒体事件"，记者们不仅关注发布会的内容，而且对新闻发言人的着装、谈吐以及会场布置等予以极大关注与不同的解读。

据统计，二战以来的美国总统中：

- 杜鲁门的记者招待会平均每年42次；
- 艾森豪威尔8年中举行了193次记者招待会，年平均24次；

---

① 丁海宴、赵鸿燕：《新闻发言人与媒体：沟通策略与技巧》，中国传媒大学出版社2009年版。

- 肯尼迪在任总统期间举行招待会 22 次，同时是肯尼迪第一个把电视实况转播引进了记者招待会，堪称历史性的创举；
- 约翰逊共举行 135 次记者招待会，年平均 25 次；
- 尼克松共举行记者招待会 38 次，年平均 7 次；
- 福特在任总统的两年半时间里，举行了 39 次记者招待会，年平均 16 次；
- 卡特年平均举行记者招待会 26 次。

4. 美国新闻发布制度的法律基础

今天，白宫新闻发布厅已经成为全世界媒体聚焦世界大事的一个中心，时常有影响美国甚至震动世界的消息从这里传出。白宫新闻发言人每天两至三次面对记者，说出想让世界知道的事情。美国总统和政府的其他高官需要时也来到这里指点江山，引导或误导国际舆论。每当这种时刻，仅有 48 个座位的新闻发布厅总被挤得水泄不通。①

图 1—1 白宫新闻发布厅

美国新闻发布制度法律化的重要根基是保障公民信息自由权的一系列法律，其中主要有以下几种：

- 1776 年《独立宣言》：宣扬人生而平等，造物者赋予他们若干不可剥夺的权利，其中包括生命权、自由权和追求幸福的权利。为了保障这些权利，人类才在他们之间建立政府，而政府之正当权力，是经被治理者同意后而产生的。所以，政府有义务就重大问题向公众作出解释。
- 1791 年颁布的《宪法第一修正案》：规定了国会不得制定关于下列事项的法律：确立国教或禁止信教自由、剥夺言论自由或出版自由，或剥夺人民和平集会和向政府请愿申冤的权利。
- 1967 年开始实行的《信息自由法》（即“阳光法案”）：该法应用于促使政府机关的资讯向民众公开，其基本假定是“在一个民主社会，公众有权利知道有关公共政策方面的决定究竟是如何达成的”。该法案的基本出发点是“人民有知的权

① 黄友义：《美国白宫新闻发布厅里的故事（之一）》，《对外大传播》2005 年第 7 期。

利”。

- 1977 年的《阳光下的政府法》：又称《阳光普照法案》，要求政府各部门公开一切属于讨论的会议内容，是有关新闻、信息的成文法，确定新闻是自由的，不受权力机关干预、限制，禁止对新闻自由的滥用。

这些法律中，在世界范围内影响较大的是《信息自由法》，这部法律建立了公众有权向联邦政府机关索取任何材料的制度，政府机关有义务对公众的请求做出决定。如果政府机关拒绝公众的特定请求，它必须说明理由。任何政府决定都可以被提起复议和司法审查。《信息自由法》规定了信息公开与不公开的标准，该法使美国政府的信息公开走上制度化之路。这部法律要求每个联邦机构公布详细规章，保证公共信息的自由流通。同时规定对拒绝提供情况的决定进行司法审查，对任意拒绝提供消息的官员实行罚款等手段，来杜绝来自官方机构的拖延和阻挠。因此，从美国的实践来看，新闻发言人制度就是一种有限的信息源，作为一种润滑油，协调着政府和媒体以及公众之间的关系。

二、从唐宁街到礼宾府：新闻发布制度在世界

美国作为政府新闻发布的起源地，已建立了相对完备高效的新闻发布制度，新闻发言人也普遍具备良好的公共素质。在美国之外，不同政治体制、文化背景和经济特征的国家也有着它们各具特色的新闻发布制度。

1.“唐宁街 10 号”的新闻发布：及时、迅速、主流、稳重

事件一

1998 年 4 月 7 日，布莱尔首相突然临时决定到北爱尔兰，亲自督促各党派签订和平协议。首相中午做出决定，下午出发。首相府的新闻官只有 40 分钟的时间告诉记者，于是，他们仅通知了本国的三家大新闻机构 BBC、英国新闻社和路透社。在首相府的新闻发布会只进行了 10 分钟，简化程序，开门见山，主题突出，仅仅宣布首相临时出发的原因、时间和目的，不纠缠任何与此无关的问题。

事件二

1998 年 8 月 24 日，英美两国提出在海牙设立法庭审判洛克比空难的两名利比亚嫌疑犯。利比亚开始同意在第三国审判，但后来又突然改变了立

场，使审判有半途夭折的可能。9月7日，英国外交部针对利比亚态度的突然转变，决定发表紧急声明。外交部新闻司接到通知，要在20分钟内举行记者招待会。

- 新闻司首先通知了本国的几家主要新闻媒体——英国广播公司、路透社、英国新闻社、泰晤士报社等，另由于此事与美国和阿拉伯国家有关，他们又通知了CNN和中东电视台。
- 20分钟后，有关记者全部赶到了指定地点——外交部新闻中心。
- 记者招待会的时间不长，只有几分钟，英国外交部外交次官就利比亚领导人的指责进行表态，表示英国关心审判事件的进展，然后回答了记者提出的三个问题，接着宣布记者招待会结束。

英国政府新闻发布制度的主要特点有四点：

及时——对英国政府来说在应对突发事件时，最重要的是在符合国家利益的情况下，在第一时间准确发布信息。英国政府认为，对重大突发事件，如果处理得当，媒体能在安抚公众情绪、保持社会稳定上起到非常重要的积极作用，媒体还能帮助政府迅速向公众传达一些重要的建议或指示。反之，如果媒体不能及时得到准确信息，信息的混乱、错误、拖延会在公众中造成非常不利的影响，引起恐慌。在突发事件发生时，越早发布消息，就越能阻止谣言和猜测的产生与扩散。

迅速——一般说来，发生突发事件时，英国政府举行新闻发布会的主要目的是发表声明和表态，时间不长，把事情说清楚就行了，而且只回答二到四个问题，不回答记者提出的与此无关的任何问题；地点也因具体情况而临时确定，有时在外交部大楼，有时在首相府。如果重要人物在某国使馆或饭店举行会谈并要发表重要声明，就通知记者赶到某国大使馆门口或饭店的会议中心。主要是根据当时的情况、方便程度、天气和安全等因素而定，灵活掌握。

主流——在发布紧急新闻时，英国政府会优先考虑主流媒体。如英国外交部在有紧急新闻需要发布时，他们首先会通知英国几家大媒体，如英国广播公司、路透社、英国新闻社和几家主要报社。如果与某些国家有关，那么他们还通知有关国家驻英国的新闻单位。由于时间紧迫，外交部新闻司一般是确保主要的通讯社和电视台参加，通过他们来传播信息，其他媒体不予考虑。

稳重——事实上，由于首相府新闻办公室每天都有例行的新闻发布会，所以一般不召开紧急事件的新闻发布会，以免给人一种事态严重或政府在某事上惊惶失措的感觉，产生负面影响。即使要紧急宣布重要事件，如 1993 年英国因经济危机而决定退出欧洲汇率机制，首相府也尽量显得平静，淡化处理发布会的程序，不给记者制造紧张空气。在有重大紧急事件需要宣布时，首相府的一般做法就是通知在议会蹲点的记者。英国各大报刊、电台、电视台均在议会派有专门的政治记者，他们在议会大楼里有自己的办公室和发稿设备。唐宁街需要发表紧急声明时，通过内部有线广播通知在议会的记者到指定地点参加新闻发布会。

英国政府对举行新闻发布会的各种细节也有详细的指导建议：

- 新闻发布场所应当拥有完备的通讯设施，以方便电视、广播、文字等不同媒体记者；
- 必须安排几位有关部门高层人物出席以增加信息的权威性与可信度；
- 应尽可能由医生、专家等专业技术人员直接参与消息发布，以增加公众的信任度和稳定公众情绪；
- 所有人员必须口径一致，不能提供互相矛盾的信息；
- 要定期发表最新情况，对过去发表的不准确信息要立即纠正，等等。

有关部门还会考虑到地方报纸和全国性报纸的不同截稿时间要求。在英国，次日发行的全国性日报的截稿时间一般是在晚 5 点至 6 点；而电视早餐新闻时间是早上 6 点。1995 年 1 月北安普敦贫铀事故中，警方急于在当天下午 4 点举行记者招待会，原因就是要确保官方消息能够在傍晚电视新闻播出，并能在次日日报刊发，以避免流言和猜测的传播。①

除了在全国层面的新闻发布活动之外，英国各地方也有自己的一套完整的新闻发布制度。以英国曼彻斯特市为例，他们关于新闻发布管理的具体规定开宗明义要求“我们所制订的严格程序是为了确保积极的报道最大化和负面的报道最小化”。为确保政府各部门能相互有效沟通协调，避免面对媒体时的口径不一致，市政当局授权新闻办公室担当协调中心，规定新闻办是连接媒体与市政当局所有官员的中心点。新闻办在面对媒体时必须遵循以下规定：

——所有来自媒体对市政当局的采访都必须通过新闻办；

——新闻发布必须由新闻办来协调；

——引述言论只能引述部门长官或其副手一级的官员，某些专业岗位官员的言论如要被引用，必须经新闻办和其主管长官同意；

---

① 宋双峰：《在第一时间准确发布信息——英国政府的新闻发布特色》，《新闻与写作》2005 年第 4 期。

——当记者要拍摄政府官员工作照片时，必须经新闻办和部门长官同意；

——与政府进行某些合作工作的相关单位，在处理媒体报道时也必须遵循此规定，必须服从新闻办的管制。①

2. 专业而有纪律性：克里姆林宫的新闻秘书

2012年俄罗斯总统大选即将拉开帷幕，统一俄罗斯党正式推举总理弗拉基米尔·普京作为该党候选人参加总统大选，而现任总统梅德韦杰夫也愿意在普京当选总统后出任总理。俄主流媒体当天援引该国政治学家尼科诺夫的话称，同意竞选总统的普京可能会连任第二任期，而梅德韦杰夫可能会在2024年替换他，再连任执政至2036年。这一说法立刻引来媒体和公众的极大关注，克里姆林宫的政权交替成为俄罗斯各界评论的焦点。面对甚嚣尘上的种种言论，俄罗斯总理新闻秘书德米特里·佩斯科夫代表普京召开了新闻发布会，呼吁媒体不要谈论下届政府成员，因为现在谈这一问题还为时尚早。佩斯科夫说："现在谈论新一届政府的接班人首先毫无意义，其次为时尚早。不应陷入选举前狂热。"他强调说："政府的工作日程排得非常紧密。政府有许多极重要的计划，也面临许多来自外部的挑战。因此，所有这些讨论毫无根据。"外界普遍认为，佩斯科夫的这一发言代表着统一俄罗斯党的主流意见，既没有完全否定普京将和梅德韦杰夫轮流"坐庄"的可能性，也站在官方立场上回击了外界的各种无端猜测。

在俄罗斯政坛上，像德米特里·佩斯科夫这样的新闻秘书备受重视与关注，因为他们的发言直接代表着总统、总理或国家杜马成员。2010年总统新闻秘书娜塔莉涯·季马科娃关于梅德韦杰夫收入的发言有效地澄清了媒体对政府部门财务不透明的批评。与英国和美国不太一样，在俄罗斯并没有新闻发言人制度这种提法。因为新闻发言人在这里被当作一种职业。俄语中把从事新闻发言人工作的人叫作新闻秘书。

新闻秘书这一职位从苏联时期就开始存在了，当时的新闻秘书代表国家和政府向报纸、广播、电视等大众媒体提供官方的信息。随着社会和经济的发展，新闻秘书不仅存在于政府机关，而且逐渐扩展到大型企业、公司、社会和民间的各种组织，甚至连名人都开始专门聘请自己的新闻秘书。2008年盛传的"普京、卡巴耶娃婚礼"传言，正是被卡巴耶娃的私人新闻秘书伊利莎白·奥夫奇尼科娃于4月19日澄清的，并要求刊载这则新闻的报纸推翻报道。有统计显示，如今新闻秘书在俄罗斯正在慢慢成为热门

---

① 林霓涛：《完善新闻发布制度建立快速反应机制——曼彻斯特市政府新闻管理管窥及启示》，http://www.whxc.org.cn/shownews.asp? news_id=735.2011－10－8

职业，当然，要想成为新闻秘书也绝对不是那么简单的事，必须具备以下素质：①

一是名校高学历毕业——纵观当今俄罗斯总统、总理、外交部长再到大公司“一把手”的新闻秘书，可以肯定的是，不是任何人都能轻易涉足新闻秘书这一行业的。因为这些社会高层人士的新闻秘书大多数都毕业于莫斯科国立大学、莫斯科国际关系学院等俄罗斯名校。他们攻读的专业大都是公共关系或新闻传播。例如，俄罗斯总统梅德韦杰夫的现任新闻秘书季马科娃就毕业于莫斯科大学哲学系。

二是丰富的媒体经验——当然，要成为国家高层领导人或者大公司老板的新闻秘书，只具备必要的教育背景和从业经历是远远不够的。渊博的学识和丰富的公关经验也是必须具备的条件。季马科娃在担任新闻秘书前曾经长期做记者、政治评论员，在媒体界摸爬滚打多年之后才进入政府新闻部门工作，2008 年被当时刚刚上任的梅德韦杰夫任命为总统新闻秘书。

三是纪律性——除了需要有高学历，具有媒体经验之外，善于保守秘密、同上级保持观点一致、有纪律观念、懂得服从也是俄罗斯新闻发言人需要具备的重要素质。俄罗斯官员的新闻秘书发言一般都十分谨慎，发布会也不会说太多，相当具有气势。当然，新闻秘书的形象及穿着打扮也是很重要的。良好的外表和精神面貌不仅有助于增加自信，更会增强新闻秘书的亲和力，拉近他与媒体及他人之间的距离，这样做起事来才能事半功倍。

3. 狮城：“一部管理、自由流动”的新闻发布

2010 年 12 月 29 日，马来西亚柔佛州丰盛港一艘客船疑因风浪太大和超载，在距离码头约 200 米处遭海浪打翻沉没，导致船上 29 名乘客及 1 名舵手落海，酿成 4 死 1 失踪的惨剧，死者、失踪者和大部分乘客都是新加坡人。针对这起丰盛港岸外发生的沉船事故，新加坡外交部发言人在第一时间作出回应，将马来西亚当局的通知迅速传达给本国媒体：发言人称共有 19 名新加坡人搭乘那艘翻覆的客船，其中 14 人获救，而当中 7 人被送入医院住院治疗，其余则接受门诊治疗。三名死者已证实是新加坡人，失踪的两名男子也是新加坡人。

发言人说，新加坡国驻新山总领事馆人员正在丰盛港提供必要协助，外交部已和三名遇难者以及两名失踪者的家属取得联系。外交部将协助有关家属将遇难者的遗体运回新加坡，同时也协助能够行动的生还者返回新加坡。最后，发言人表示，外交部

---

① 《世界各国的新闻发言人和新闻发言人制度》，http://www.china.com.cn/international/txt/2010-07/01/content_20393058_2.htm. 2011-10-2

将继续和马来西亚当局紧密合作，搜寻两名失踪的新加坡人。

由于快速而专业地进行了新闻发布，这次发生在新加坡国外的事故减轻了信息不透明带来的伤痛，但事实上，像这样的新闻发布活动在新加坡却非常少，只是因为此次事件涉及外事，所以由外交部出面发言。

相比美国、英国、俄罗斯，1965 年才获得独立的新加坡有着极具特色的新闻发布制度：

- 新加坡有一个部原先叫文化部，现在叫新闻通讯及艺术部（Ministry of Information，Communication and Arts），代表政府负责新闻发布；
- 大部分情况下，新闻通讯及艺术部会派出官员到其他政府部门去充当新闻发言人，和媒体打交道，这是比较正式的渠道；
- 各部都没有例行发布会，但是 24 小时向媒体开放，记者可以随时打电话去询问或索取相关资料；
- 另外还有发布新闻稿的方式，以及国会制度：部长们要到国会去接受议员的质询，在回答议员问题的时候，就会透露出许多信息。

在新加坡，一方面，记者可以出席各种政府活动并进行报道；另一方面，新加坡各部首长经常下基层走动，很多商业活动和慈善活动也都喜欢邀请部长出席剪彩仪式、晚会等，媒体记者会利用这些机会围绕部长，就其所负责的事务、对政策的思考等提问。因此，在新加坡，政府官员和媒体的接触是相当频繁的，渠道也多，相对来说不是很需要由一个重要的机构提供平台，定期地召开新闻发布会。①

更值得关注的是，新加坡是世界上发展政府公共服务电子化的先驱之一。从 2009 到 2011 年，在早稻田大学“世界电子政府”排名中，新加坡连续三年排名第一。如今，新加坡推广电子政务的思路发生变化，“电子政府 2015”的五年计划更加注重民众感受，普通公众能在著名社交媒体上和政府部长们聊天，还能通过手机终端访问“新加坡 REACH 计划”，更加方便地发表公共意见。这也将进一步有利于新加坡新闻发布制度的建设。

4. 新闻发布在香港——严谨有序

1999 年 2 月，香港特别行政区政府开始实行每周新闻发布会制度，通过信息公开来加强政府的透明度和开放度，以进一步加强特区政府与各界和市民的沟通。时任特

---

① 雷向晴：《一个新加坡驻京记者眼中的中国新闻发布制度》，《对外大传播》2006 年第 2 期。

区政府行政长官办公室新闻统筹专员的林瑞麟表示，政府为了加强透明度和开放度，主要开展三个方面的工作：一是行政长官办公室、政府新闻处和各政策局的新闻组将通力合作，拟定出完善的新闻发放和公关策略；二是通过与传媒编辑、时事评论员以及政党、议员的联系，不断掌握政情和民情；三是由行政长官办公室全面统筹特区政府的新闻发放。[①]

香港特区政府通过强大的新闻官队伍系统地、专业地和有组织地向传媒发布新闻，为社会制作宣传品，试图积极主动地塑造自己的正面形象，帮助市民更清楚地理解政府的政策、工作和服务。香港政府新闻处从源头上把握、协调政府新闻，但在香港这样一个新闻竞争激烈、媒体勤于批评政府的社会里，耗费大量人力、物力和财力，并不能保证政府新闻处能有效地引导传媒。[②] 所以，即便有如此完善的机构设置以及人力、物力支持，香港特区政府依旧需要对媒体的各种质疑和询问做出快速回应。

总体而言，由于媒体的高度发达，市民民主参与意识提升，香港特区政府在面对媒体时保持了一贯的冷静、客观态度，并且能够及时地将讯息发出，以免带来更多的问题。特区政府十分重视信息的公开透明：香港政制及内地事务局局长林瑞麟 2011 年 5 月 25 日在立法会会议上说，在新闻发布方面，政府政策局和行政部门新闻组均秉承公开、透明原则，平均每年举行 1000 多个记者会，发放约 4 万份中、英文新闻稿，近 5000 张图片，回应传媒查询近百万。

三、香港特区政府新闻处的专业与服务

香港作为一座现代化的国际化大都市，不但经济发达，法制健全，新闻事业也十分繁荣。尤其在政府公共传播方面，通过有效学习和借鉴了欧美发达国家的“新闻执政”理念，创造出具有鲜明个性色彩的新闻服务模式。

简言之，港府新闻处的特色在于：服务媒体专业、服务市民周到。

对于新闻发布制度建设起步晚、起点低的中国内地同行，港府新闻处在机构设置、工作理念、服务标准、社会监督等诸多方面，都有不少值得我们了解、学习与借鉴之处。

港府新闻处成立于 1959 年 4 月 1 日。香港回归后，称为香港特区政府新闻处。但至今人们依然习惯称之为“港府新闻处”。

---

① 《香港特区政府将实行新闻发布制度》，《新闻三味》1999 年第 2 期。

② 以上有关香港新闻处的资料援引自袁舟：《香港特区政府新闻发布与管理制度》，《新闻界》2004 年第 2 期。

港府新闻处的定位是:“政府的公共关系顾问”。

港府新闻处主要负责政府出版、宣传及新闻工作,是政府与传媒之间的桥梁,并通过传媒提高市民对政府政策、决定和工作的认识。

抱负——追求卓越专业表现,成为杰出的政府新闻传讯机构。

使命——提供专业公关意见,宣传政府政策、服务,为香港在境内外建立确切形象。

价值观——准确、易达、主动、专业、优秀。

(一)服务传媒专业

政府新闻处下设有四个科:本地公共关系科、宣传及推广科、香港以外地区公共关系科和行政科。

1. 本地公共关系科

(1)新闻组

新闻组负责发放的政府消息,由政府政策消息至例行通告及天气报告不等。该组传送这些消息给报社、新闻机构、电台和电视台,并全天 24 小时处理新闻查询。遇有紧急情况,该组便成为通讯中枢。

遇有台风、暴雨或其他紧急事故,新闻组随即组成资讯发放中心,抽调各部门新闻主任全天 24 小时提供服务。各主要部门也有联络人员值班,以确保最新的消息能随时传送到总部,转发传媒及市民。

自 1994 年 12 月开始,新闻组引入一套电脑系统,能迅速传送中、英文新闻稿给传媒机构。另外,政府新闻图片也通过数码图片系统发放给新闻机构。传媒可利用这一系统进行线上搜寻及下载图片。而且新闻组提供全日 24 小时的咨询服务,终年不断。

同时,新闻组负责安排决策局局长及部门首长出席的记者会和简报会。该组并设有一个媒介服务小组,为主要政府官员和到访的外国嘉宾出席公开活动筹划采访安排,方便传媒到场采访。

新闻组还发布与政府政策、报告及政府声明有关的新闻。自 1998 年 4 月起,主要篇目发送给传媒后便自动上载于互联网政府网页上。这种安排确保市民可以通过信息高速公路直接、快捷地浏览已发放的新闻稿。

(2)大众传播研究组

大众传播研究组专责向政府反映报章及电子传媒所表达的民意。这有点类似于内地的舆情收集。该组每天制备新闻摘要，简述新闻及社评，同时亦就政府关注事项编写报告，呈送给有关部门及相关首长做参考。

(3)主要官员的新闻秘书、政府总部新闻组及部门新闻组

现共有 12 位新闻主任调任主要官员私人办公室，出任他们的新闻秘书。此外，34 个决策局及政府部门设有新闻及公共关系组，以加强政府与传播媒介之间的资讯传递，增进政府与市民的联系。

新闻处派出各级新闻主任出任各新闻及公共关系组的职位，负责以下工作：

就公关事务向决策局局长/部门首长提供意见；回应传媒及市民的查询；撰写新闻稿；为所属部门安排记者招待会和筹办特别宣传活动。

公共关系科辖下有 12 队政府总部新闻组的新闻主任，就制定及推行公关策略和宣传事务，向各决策局提供意见与协助。

新闻主任的职责：新闻主任会陪同决策局局长/部门首长出席海外重要会议及展览，协助安排传媒采访。

2. 宣传及推广科

宣传及推广科负责政府刊物、宣传活动、广告、创作、设计及政府摄影事务。该科基本上有两大任务，即为该科所属部门及其他政府部门提供支援，同时充当公共服务广告的行政机构。宣传及推广科分为：本地宣传事务组、创作组及国际推广组以及刊物销售及行政组。

(1)本地宣传事务组

本地宣传事务组将员工分别编排到不同宣传组别，负责新闻处及其他决策局、政府部门推行的宣传运动，担当宣传策略及技术范畴的顾问。

该组协助筹办大型的政府宣传活动，支援所宣传的节目，目的是借一些社会关注的大事教育市民，并启发他们的公民意识。

电视台及电台在传递宣传信息方面扮演重要的角色。该组负责在电视台及电台播放政府宣传信息事宜。

特区政府近年不断通过互联网加强宣传，形式包括文字和影片，并在适当时加插问答等游戏，以期达到生动有趣和互动的效果。此外又广泛使用报章广告、户外广告、展览、电视台和电台节目、海报和刊物、纪录片、综合表演及其他大众参与的活动，以传递宣传信息。

互联网资源中心专责管理香港特别行政区政府网页。政府设立网页，利用互联网发布有关政府政策和计划等资讯，并与市民建立沟通。

互联网资源中心也协助各决策局及部门管理和改进它们的网页。该中心留意各政府网页更新资料的情况，并且就各网页的质量包括设计提供意见。

政府新闻处于 2000 年 1 月开始，在政府网页上直播记者会实况，并设立了“网上广播资料库”，收集曾播出的记者会供浏览。

(2)创作组

创作组负责为各政府部门提供设计及展览服务、视听制作及摄影服务。该组为政府的主要宣传运动、各部门的宣传活动，以及政府新闻处新闻组提供协助，工作包括构思创作概念，设计、制作插图和正稿，以及拍摄图片、录像带及影片。

创作组设有三个分组。其中设计及展览组负责设计工作，种类广泛，包括书籍、海报、通讯、小册子、广告、横幅、宣传标志、展览会摊位、展览板板面、吉祥物、布景板、活动程序表、纪念品及政府文件等。

视听制作组负责制作包括纪录片及电视台、电台播放的政府宣传短片/声带等，以传递政府的宣传性、教育性及资讯性的信息。部分优秀的政府宣传短片还会赢得国际奖项。此外，该组的视像制作小组也负责拍摄政府记者招待会、简报会和其他政府活动，以供网上广播。

摄影组为所有政府决策局和部门提供有关图片的服务。拍摄的图片和幻灯片大部分都会用于制作刊物、宣传品及政府宣传短片。该组通过数码图片系统，将新闻或宣传图片发送给传媒，方便传媒机构从网上查阅及下载政府图片。

(3)国际推广组

国际推广组负责推行港外宣传计划，在选定的主要城市举办大型推广活动。其负责的项目多元化，包括筹办商界高层会议和专题演讲，访问政界领袖，安排旅游及文化推广活动等。

(4)刊物销售及行政组

刊物销售及行政组专责销售可供购买的政府刊物，以及统筹政府部门在报章刊登政府通告事宜。香港市民可采用多种方法购买政府刊物。

3. 香港以外地区公共关系科

(1)海外公共关系组

海外公共关系组为驻海外办事处的新闻及公共关系小组提供所需资料，使他们能在海外提供准确及最新的香港消息。该组与驻港传媒机构及外地记者保持密切联系，提供资料及跟进查询，也负责访港记者的采访安排。该组也负责往世界各地分发宣传资料，包括书籍、小册子及录像带。

(2)香港以外地区办事处新闻及公共关系小组

香港设在境外经济贸易办事处的新闻及公共关系小组，为当地市民及传媒提供一般新闻及资料查询服务，并出版有关香港新闻、活动及统计资料的刊物。

(3)探访事务及国际会议组

探访事务及国际会议组统筹政府新闻处的访客赞助计划，代表特区政府邀请港外贵宾来港访问，以增进他们对香港的了解。这些访客包括政府官员、政界领袖、学术界人士和智囊团成员；商界方面则有资深银行家、金融机构的主管和工商界领袖。该组亦为其他以私人性质访港(即并非由访客赞助计划资助)的港外贵宾安排访港行程。

该组也统筹香港以外地区讲座计划，以建立和加强海外投资者对香港的信心，并宣传香港为亚洲的“国际都会”。该计划邀请政府高级官员和本地知名人士到海外参与形形色色的活动，包括会议、研讨会、向具影响力人士发表演说、与各界人士(包括编辑)会晤、接受记者的访问和举行新闻简报会等。该组还协助决策局/部门物色适合在香港举行的国际会议。

港府新闻处在主动向政府机构、各类媒体以及全体市民提供上述多种服务的同时，还积极接受媒体、社会各界与市民的监督。比如，政府新闻处还通过政府网站向市民和媒介作出最新服务承诺，并列出该处的服务成绩。市民如对他们的服务有任何意见或建议，可联络该处职员。

(1)服务承诺的范围包括下列各项服务：

发放新闻稿及新闻图片；

处理传媒的查询；

安排采访活动，例如新闻简报会、记者招待会、访问及传媒参观；

为驻港内地及外国传媒、访港记者及摄制队提供协助；

售卖刊物及数码图片；

派发免费刊物及单张宣传广告；

通过新闻处网页和香港政府新闻网发放资讯。

(2)服务标准及目标

目标：为传媒及市民提供快捷和高效率的服务，并尽量改善服务水平。

标准：通过互联网把所有新闻稿和新闻图片发放给传媒，并将有关新闻稿和新闻图片存放在电脑资料库内，方便记者随时通过互联网检索、浏览和下载。

(3)处理传媒的查询

当值新闻主任会立即答复查询，如未能即时回应，也会设法在同日内答复。如需就所索取的资料进行搜集或研究，则需较多时间才能作出回复。

(4)安排采访活动

相关人员会在接到传媒采访安排要求后1个工作日内，与有关记者或新闻机构联络，然后作出跟进，直至工作完成为止。

为驻港内地及外国传媒、访港记者及摄制队提供协助。

该处如接到有关提供协助的要求，会指派一名人员专责跟进，直至工作完成为止。该名人员会在接到要求后1个工作日内，与有关记者/机构联络。

(5)在互联网上直播记者招待会

凡在政府新闻处新闻会议室或添马政府总部演讲厅或多用途厅举行的重要记者招待会，均会通过政府网页直播。直播完毕后，有关的录影片段亦会同日上载政府网页。

从上面所述港府新闻处各职能部门明确细致的分工、划分精准的职责中，我们可以窥见港府新闻处的专业水准，以及强烈的服务媒体的意识。对于内地同行，不论是政府新闻办及其负责人，还是政府新闻发言人，都应该认真研究与借鉴港府新闻处的相关经验，以推动我们的新闻发布制度建设能日趋完善与成熟。

港府新闻处还有一个负责提供政府网上新闻的网站——“香港政府新闻网”(www.news.gov.hk)。香港政府新闻网是港府加强电子政府服务的一项新措施。网站以生动的形式，提供详尽的港府新闻、观点及资料，并根据香港多元文化共融的特点，设有英文、中文繁体及简体版本，供读者选择。正如港府新闻处处长蔡莹璧所言：香港政府新闻网是目前全球少数由政府每日更新内容的一个多媒体新闻网站，将有助于香港特区政府解释政策、宣传各项活动以及加强与市民的联系。

(二)人才素质全面

港府新闻处如此高标准、严要求的工作，需要怎样的综合素质才能胜任呢？我们来看看港府新闻处新闻主任这个职位的相关情况吧。

新闻主任的工作大致上可分为下列三类：

(1)一般工作:负责有关新闻及公共关系的工作;

(2)美术设计:负责设计及美术的工作;

(3)摄影:负责摄影及冲印工作。

新闻主任职系的招聘职级一般为助理新闻主任职级。部门主要通过内部晋升来聘任新闻主任或以上职级人员。若有需要时,部门亦会直接招聘新闻主任或以上职级人员。

新闻主任的工作十分多样化,除了在政府新闻处内工作外,还会有相当数量的人会派驻其他政府部门,负责下列不同的工作,发挥其所长。

新闻:工作包括发放新闻稿、特稿、有关政府政策的消息、例行通告及天气报告,以及提供咨询服务。

宣传事务:工作包括举办政府大型宣传活动和节目,印制刊物,负责创作、设计和摄影工作,以及管理香港特别行政区政府网页的工作。

大众传播研究:政府新闻处设有大众传播研究组,专责每日监察报章及电子传媒,以及记录新闻、社评和有关政府政策、工程及计划的意见。该组每天制备新闻摘要,让政府高级官员知悉事态的最新发展;同时也就政府关注的事项,编写专题报告。此外,该组也负责监察市民对政府政策和公布消息的反应,并向政府决策者汇报。

海外公共关系:负责这方面工作的新闻主任主要为访港的海外新闻从业人员提供协助,包括向他们简介香港的最新发展、安排他们与政府官员、私人机构高层和社会贤达会面,以增进他们对香港的了解,以及对海外新闻从业人员提出的问题和要求作出回应。他们会印制多款彩色刊物,并分发到海外各地,另又制作录像带供宣传活动使用。该组同事每天和每周都会为政府官员提供海外报章的报道摘要。该组亦与通讯社、驻港的海外通讯员及香港特区政府驻海外办事处的公共关系小组保持密切联络。

公共关系:负责就公共关系事务向各决策局/部门首长提供意见、回应传媒及市民的查询,以及撰写并经新闻处新闻室发放新闻稿。也为所属决策局/部门安排记者招待会,以及筹办特别宣传活动及其他传媒采访的活动。新闻主任有时候需陪同决策局/部门首长,出席海外会议及展览。新闻主任亦会被调派到香港特区政府驻海外办事处,负责公共关系的事务。①

---

① 本节资料主要来自香港特区政府网站。

第二节　新中国新闻发布制度的建立

“新闻发布”、“新闻发言人”并不是中国土生土长的事物，这种新闻活动是一种完全意义上的“舶来品”。在西方国家逐渐设立并完善新闻发布制度的同时，中国正在经历史无前例的变革之痛，对于政府新闻发布这样的新事物是完全没有概念也无法理解的。现今比较公认的中国最早的新闻发布活动是在辛亥革命之后，1912 年首届内阁总理唐绍仪首倡在国务院设“新闻记者招待所”，这标志着新闻发布会在我国的出现。[①] 另外，在抗日战争和解放战争期间，周恩来总理在与国民党谈判期间，曾多次举行记者招待会，争取舆论支持。

一、“洗脑筋”的记者招待会

1.陈毅元帅主持的一次记者招待会

1965 年 9 月 29 日，300 多名记者和工作人员满满地挤在人民大会堂东大厅，大家都在焦急地等待着时任国务院副总理、外交部部长陈毅的出现，并相互交流着可能要发布的主题。由于这场招待会是在 1964 年中国试爆原子弹，国际社会对中国外交政策普遍关注的大背景下举行的，所以许多来自英国、日本、中国香港等地的记者被邀请参加本次发布会。很快，陈毅元帅仪装整齐地出现在记者面前。他首先致了简短的开场白，欢迎各国记者来中国进行新闻采访，然后话锋一转：“各国记者阁下可要警惕啊！你们到中国来，存在着被洗一次脑筋的危险。”话语刚落，笑声与掌声同时响起，陈毅针对西方媒体长期以来与中国的意识形态隔阂，用高超的政治幽默拉近了和记者之间的距离。之后，由主持记者招待会的外交部新闻司司长龚澎宣布记者可以即席提问，请陈毅副总理兼外长答复。

此次新闻发布会并没有特定的新闻主题，主要目的是借庆祝国庆 16 周年的契机向全世界宣传、介绍中国的内政和外交情况，向世界揭开中国的“神秘”面纱。在此次招待会上，陈毅外长的一段话语引起国外舆论的强烈反响。当香港记者提到美国发动越战并以香港为据点时，陈毅严肃地说道：“我们等候美帝国主义打进来，已经等了 16

① 丁海宴、赵鸿燕：《新闻发言人与媒体：沟通策略与技巧》，中国传媒大学出版社 2009 年版。

年。我的头发都等白了。或许我没有这种幸运能看到美帝国主义打进中国，我的儿子会看到，他们也会坚决打下去。”这一宣告很快通过外国记者的电讯稿传遍世界，引起了国际社会的瞩目。国际社会中有的声音评价中国是一个“好战”的国家，有的则认为这是中国反对霸权主义的外交政策雏形。[①] 这次记者招待会也是新中国成立以来具有里程碑意义的发布活动，它奠定了在之后的几十年间中国政府新闻发布的原则，那就是“以我为主，重在宣传”，同时这也决定了在未来很长一段时间内，中国政府新闻发布的原则和技巧会与西方主流发布制度产生巨大偏移。

2.新中国早期新闻发布的特点

新中国成立之后，新闻发布工作发展缓慢，尽管有一些对外的发布活动，但在总体上不具备现代新闻发布制度的特征。因为新中国早期新闻发布会最主要的目的，并不是公开透明地传递新闻信息，而是进行鲜明的意识形态宣传。在当时，大多数新闻发布会中，担任主持和发言任务的一般是官员，他们并没有受过相关的知识和技能培训，唯一需要重视的只有宣传与意识形态，新闻发布和国家形象的关系并没有得到更多的重视，造成了新中国早期新闻发布大多是自说自话，没有考虑政府和媒体的真实需要，更不用说遵循新闻传播规律考虑发布效果了。

实际上，这种状况并不是政府有意为之，缺乏相关经验和“政治挂帅”严重影响了中国新闻发言人制度的确立。我们将政治制度与主张毫无保留地呈现出来，却没能找到一个合适的代表制度发言的“人”。僵化、形式主义、官僚主义等负面评价成为官员型发言人的“硬伤”。

这一时期，中国的新闻发布的主要特点是：

(1)新闻发布会要强有力地表达政府宣告性信息、政策和态度。

(2)新闻发布会是符合国际惯例的对外宣传工具，在面向国际社会的传播中，尤其是在对中国外交政策的传播上，具有特别的意义。

(3)政府尚未形成新闻发布制度，政府的新闻发布活动主要是基于宣传，是为政府的执政统一思想服务的。

(4)中国政府对新闻发布实践并没有形成系统化和制度化的认识，在政府信息对内传播的维度上，没有使用新闻发布会的形式。政府对内传播的信息主要通过指令性的方式经由党报党刊的新闻和新华社电讯等方式向公众传播。[②]

---

① 李晓虎：《中国政府新闻发布制度研究》，复旦大学2007年博士论文。

② 同上。

而在"文化大革命"期间，由于整体社会局势的动荡，政治经济发展停滞不前，民主、公开、理性等新闻发布的要件完全被主流社会价值观所无视，所谓的信息发布也就牢牢地控制在少数人的手中，将信息流转限制在高层。

二、新闻发布制度伴随改革开放起步

20 世纪 80 年代，随着改革开放的逐步深入，新闻、信息等概念开始与宣传相分离，无论学术界还是新闻界都注意到政府信息公开的重要性和必要性。另一方面，伴随着国门打开，各种外国资本流入中国，政府也意识到：为了改善中国投资环境、吸引投资以促进经济发展，公开透明的对外传播十分必要。于是，经过多方面的考察与探索，新闻发言人制度的建设开始进入政府工作日程。

- 1982 年初，中央对外宣传领导小组起草了《关于设立新闻发言人制度的请示》。
- 1983 年 2 月，中宣部、中央对外宣传领导小组联合下发《关于实施〈设立新闻发言人制度〉和加强对外国记者工作的意见》，要求外交部和对外交往较多的国务院各部门建立制度，定期或不定期地发布新闻。
- 1983 年 4 月 23 日，中国记协首次向中外记者介绍国务院各部委和人民团体的新闻发言人，正式宣布我国建立新闻发言人制度。这是在当时改革开放的形势下，为了满足中央政府对外宣传的必要之举。
- 1983 年下半年，国家统计局、外经贸部、国台办等部门的新闻发言人逐渐走到前台。
- 1988 年，中央进一步明确要逐步建立和完善新闻发布制度，新闻发布工作从此进入了制度化建设阶段。

1."三句话"的新闻发布会

1982 年 3 月，在外交部主楼门厅，受邀的数十位中外记者站在时任新闻司司长钱其琛周围，听其发布了一个只有三句话的简短声明："我们注意到了 3 月 24 日苏联勃列日涅夫主席在塔什干发表的关于中苏关系的讲话。我们坚决拒绝讲话中对中国的攻击。在中苏两国关系和国际事务中，我们重视的是苏联的实际行动。"声明念完后，没有提问环节，也没有回答问题，新闻发布会就这样结束了。这是钱其琛以外交部新闻发言人的身份主持的第一次新闻发布会，也是最后一次，但这场发布会却开创了中国新闻发言人的先河。

不过，由于时间太短并缺乏互动环节，且当时钱其琛是以新闻司司长的身份发言，所以目前比较公认的中国第一位新闻发言人是齐怀远。

1983年3月1日，接替钱其琛任外交部新闻司司长的齐怀远作为中国第一位正式的新闻发言人，出现在中外媒体的面前。齐怀远在回忆这个“第一次”时说道：“当天，在容纳近百人的国际俱乐部大厅内，座无虚席。中外记者各半，长枪短炮架了一排。那时记者多用小型录音机采访，比手机稍大，我面前的桌上摆了半桌子小录音机。时任外长吴学谦亲自主持了第一场发布会的准备工作，会上，我主要对印度新德里不结盟国家和政府首脑会议的召开表示热情欢迎，并宣布一项有关柬埔寨问题的外交部声明，受到很大关注。但因经验不足，这次没有安排答问。随着准备越来越充分，以后逐渐形成了记者招待会的形式。”①

外交部新闻发布制度建立初期，每周举办一次发布会，只发布消息，基本上不回答提问。1983年9月开始尝试在每月第一周的发布会上作现场答问。从1986年起，现场答问增加为每月两次。1988年后，改为每次发布会上都让记者提问。从1995年起，发布会改为一周两次，1996年取消翻译，1997年将翻译改为同声传译。发布会的时间增加了，记者提问的机会也多了，对外提供的信息量大大增加。不仅如此，外交部新闻发布会还取消了对记者提问次数和发布时间的限制，每次发布会都持续到无人提问才结束。

事实上，当时中国政府最初建立新闻发言人制度的主要目的，是为了加强同外国驻京记者或临时来访记者的联系，主动说明和宣传中国，阐明中国的立场、方针和政策。在实践中，新闻发言人制度基本局限在中央一级人民政府。在中国，由于对外宣传和联络的需要，新闻发布和新闻发言人制度也大多是在外交部实践的。

此后，新闻发布制度在不断的探索实践中成为各级党政部门进行服务和管理的有效方式，在政府与公众、媒体的沟通中反复实践着其价值效能。新闻发布制度的不断规范，各地区、各部委新闻发言人培训的常态进行，充分体现了植根于现代社会的信息传播理念中，对公众知情权这一逻辑出发点和落脚点的保障。

2. 新闻发言人制度大事记②

- 1983年6月，全国人大和全国政协六届一次会议首次举行新闻发布会。6月4日，时任六届全国人大一次会议副秘书长的曾涛和全国政协六届一次会议副秘书长的孙起孟作为“两会”首任新闻发言人，同时向中外记者发布了关于召开

① 李晓虎：《中国政府新闻发布制度研究》，复旦大学2007年博士论文。
② 同上。

“两会”的新闻。从此,“两会”建立新闻发布会的制度一直延续至今。

- 1987年,中宣部、中央对外宣传领导小组联合发文,就国务院新闻发言人制度做出规范:国务院会议做出的可以公开报道的重要决定,由国务院新闻发言人定期(每月1—2次)举行中外记者招待会加以介绍,还可以就一个时期国内政治、经济、文化等全局性的重大问题和群众关心的问题发布新闻并答记者问。
- 1988年,中共中央办公厅转发《新闻改革座谈会纪要》,对中央政治局和国务院会议发布工作制度化,健全中央和国家机关各部委新闻发言人制度,定期举行新闻发布会、记者招待会等提出了积极的建议。
- 1989年4月4日,七届全国人大二次会议通过《全国人民代表大会议事规则》,明确规定:“全国人民代表大会会议举行新闻发布会、记者招待会。”
- 1995年6月起,外交部记者招待会由每周一次增加到两次,定期于每周二、四举行。
- 1995年,中央大部分部委都设立了新闻发言人,全国总工会、妇联、作协、文联等主要人民团体和全国人大常委会、全国政协均设立了新闻发言人。中国政府新闻发言人制度的建立明显加快。
- 1997年香港回归后,特区政府推行行政公开,政府新闻发言人的角色日益突出。
- 1999年2月29日,最高人民法院院长肖扬表示,各级法院要逐步建立新闻发言人制度,定期向社会公布法院审判活动情况,自觉接受新闻舆论的公开监督。
- 2000年1月,澳门特别行政区第九届全国人民代表大会代表选举会议建立新闻发言人制度。
- 2000年7月19日,国务院新闻办公室新闻发布厅正式启用。
- 2000年9月5日,国务院台湾事务办公室举行首次新闻发布会,新闻发言人张铭清表示国台办正式建立对台新闻发布制度。
- 2001年1月17日,国务院新闻办公室主任赵启正在记者招待会上说,2000年国务院新闻办举行记者招待会40次。

三、SARS不能忘却的制度之痛

1.“非典”之痛——新闻发布走向制度化的肇始

- 2003年春节前,从河源到广州,一种可怕病毒正在空气中传播,人只要将其吸入肺中,便会出现发烧等症状,随时会被“死神”带走。听闻消息的敏感市民奔走相告,通过网络、手机短信和书信诉说着这可怕的病毒,但大部分习惯了官方话语的民众却对“谣言”不以为然……更多的死亡案例开始出现。于是,在南粤大地,鼠疫和中国被生化武器所攻击的谣言愈演愈烈,一时间人心惶惶,一个喜庆的春节没有了半点儿年味。

- 2 月 11 日,农历正月十一,广州市政府召开了新闻发布会,新闻发言人简单公布了广州地区“非典型肺炎”情况,而此时,“非典”早已扩散开来,许多省市已经遭遇到了病毒的强大威胁和危害。
- 3 月,“非典”入侵北京,但多数人仍处于无知状态,市民们只见越来越多的人被抬上急救车,每一家医院都笼罩着神秘而紧张甚至恐怖的氛围。
- 4 月,随着死亡人数的增加,坊间开始风传“非典”进入北京的消息,然而,卫生部和北京市政府对北京的疫情仍保持乐观态度,在记者招待会上宣称“非典”已得到“有效控制”。尽管越来越多的病例开始出现,但卫生部在 4 月 3 日对“非典”首次表态时说:“北京由于汲取了广东的教训,有效地控制了输入病例以及由这些病例引起的少数病例,所以没有向社会扩散。”他们向世界宣称:“在中国工作生活都是安全的。”
- 4 月 11 日,北京被世界卫生组织确定为疫区。然而,国内所有的媒体对此再一次保持了沉默。
- 4 月 20 日,卫生部再一次举行记者会。新上任的卫生部副部长高强发言,坦率地承认,“北京疫情已经很严重,‘非典’有漏报问题……截至 4 月 18 日,北京已确诊‘非典’患者 339 例”。此后,卫生部又连续举办了 67 次新闻发布会,这是新中国成立以来举办新闻发布会最密集的时期,也是中国全面建立新闻发言人制度的初始。

至此,“非典”在肆虐两个多月后才被政府公布,而在这期间,上百人因为官方隐瞒“非典”疫情而失去生命。卫生部发言人所说的“有效控制”却进一步加剧了疫情的扩散,政府决策也因此受到严重影响。

2003 年的“非典”事件成为中国新闻发布和新闻发言人制度建设的“转折点”,鉴于如此惨痛的教训,政府开始重视信息公开的制度化建设,先前从来没有任命过新闻发言人的部分国家机关和省市任命了新闻发言人。当年,国务院新闻办在北京市顺义区举办了两期新闻发言人培训班,来自 66 个中央、国家机关和各省市单位的 177 位学员参加了培训,接受为期数天的新闻培训,揭开了新闻发言人制度全面推行的帷幕。

后来参加培训的部委官员被称为“黄埔一期”新闻发言人，其中，就包括现任卫生部新闻发言人毛群安、铁道部原新闻发言人王勇平、教育部原新闻发言人王旭明等人。

2004 年，国务院新闻办公室首次公布 62 个组成部门的 75 位新闻发言人的名单和电话，并宣布以后每年年末均会公布更新的名单与电话。

2005 年 3 月，中共中央办公厅、国务院办公厅联合下发《关于进一步推行政务公开的意见》，将中国政府新闻发布制度的建设列为中国政府政务公开的一项重要内容。

2006 年 3 月 5 日，国务院总理温家宝在第十届全国人民代表大会第四次会议上做的政府工作报告中指出：“大力推行政务公开，完善政府新闻发布制度和信息公布制度，提高工作透明度和办事效率。建立健全行政问责制，提高政府执行力和公信力。”

2007 年 4 月，中国政府出台了《政府信息公开条例》，2008 年 5 月 1 日正式实施，政府信息公开逐步法制化，新闻发言人制度化初见端倪。

2008 年，在“5·12”汶川特大地震灾害的处理和第 29 届北京夏季奥林匹克运动会期间，官方举办了多场新闻发布会，积极地向社会各界传递了有关地震及奥运会筹备的各种情况，透明度比以往大有提高，这也被普遍认为是中国新闻发言人制度逐渐走向成熟的标志。

2009 年 12 月 29 日，国务院新闻办举行的 2009 年度最后一场新闻发布会上，国新办主任王晨表示，2010 年将大力推进党委新闻发言人制度建设。

2010 年底，党中央 13 个部门单位、31 个省区市和新疆生产建设兵团党委的新闻发言人全部“就位”，并开始进行各种方式的新闻发布活动。随后，大多数省会城市和计划单列市也设立了党委新闻发言人。

2. 前事不忘后事之师

从 2003 年至今，新闻发言人工作越来越受到各级政府部门的重视，但是，貌似欣欣向荣的场面却并没有想象的那么美好，各级政府官员在面对记者镜头或处理信息公开时往往掌控不住，窘态乃至失态时常显现：

> “去看新华社通稿，不要来找我，你们爱找谁找谁去吧！我对你没兴趣！”
>
> ——“徐武精神病事件”中武汉钢铁集团有限公司新闻发言人白方。
>
> “经济越发达的地区，水越黑。”
>
> ——海南省海口市水务局副局长、新闻发言人符传君回答记者“海口污水问题为何长年未解决”的提问。
>
> “对极个别误导公众的媒体记者建黑名单！”

——卫生部新闻宣传中心主任毛群安在“科学认识食品添加剂”座谈会上的发言。

“有本事就把录音发到网上来。”

——重庆江津回应“风水门”。

“不要拿法律当挡箭牌。”

——姜瑜在“两会”记者招待会上回答某境外记者关于537号令的提问。

“信不信由你,反正我信了。”

——铁道部新闻发言人王勇平在“7·23”特别重大动车事故新闻发布会上答记者问。

“难道你们来琼文学校是来享受的吗?请记住,你们是灾民,是没有被子的。”

——海南省文昌市女市长刘春梅恶语向灾民。

“啥叫公平,什么都不给你,就公平了,领导都得骑马坐轿,那能一样吗,那不能一样,臭不要脸。”

——辽源市环保局局长郭东波在2011年春节后的一次全局大会上的讲话。

“1万块钱,不算大事。”

——大中专学校开学之际,媒体接到一些同学投诉,说自己专升本的时候,被迫交了1万块钱的捐资助学费。对此,湖南省教育厅新闻中心主任李让恒在接受湖南人民广播电台新闻频道《潇湘之声》记者采访时,力挺高校的乱收费。

近几年,类似的雷人语录比比皆是,这一度让人产生了幻觉:大力建设的新闻发布制度怎么变成这样了?信息公开和发言人制度才实行几年,居然还出现了如此搞笑、不堪的发言,难道新闻发言人制度在度过地震和奥运后的黄金期后遭遇了“七年之痒”?

在王勇平事件发生后,《新京报》引述教育部原新闻发言人王旭明的话:最担心的是现有的新闻发言人会从此形成“不说比说好”,“谁能说谁倒霉”的认识。

总的来看,虽然新闻发布制度在不断完善,但许多发言人却缺少新闻发言人应该具备的理念、能力和技巧,在来自上级和舆论的双重重压下,许多发言人“噤若寒蝉”。2010年底国务院各有关部门新闻发言人名单与2004年首批75位新闻发言人名单对比,7年之后,仍然守在新闻发言人岗位的有11人,占比不到两成。这些新闻发言人所在的部门大多与大众沟通并不多，召开新闻发布会的次数较少。大多数处在媒体和公众关注中心的新闻发言人大都已经卸职，具体原因政府方面也从未公布，其中有多少是因为发布会表现不佳而被调离我们并不清楚，政府新闻发言人看似已经成为一项高危的职业。

因此，必须进一步完善相关制度，使新闻发布制度建设更上一层楼，使发言人不断提升媒体应对能力，不断增强政府与市民、媒体之间的互动互信，营造科学理性、多元共治的社会氛围，使新闻发布制度成为信息传播全球化背景下创新社会管理、提升执政水平的一项重要机制。

四、从“信息发布”走向“新闻执政”

伴随经济全球化到来的传播全球化，迫使政府执政理念和方式发生颠覆性的变革，其中，最为显著的就是政府公共传播的日益强化。

政府公共传播，是指政府机构或人员通过大众传播媒介，向公众进行的公共信息传播。它既是现代社会公众及时获知公共信息、监督政府、参与公共事务、实施民主管理的前提，也是政府了解民意、宣传执政纲领和施政措施、树立良好形象、争取公众理解并在此基础上给予支持的重要手段，以及化解矛盾、度过危机的重要方式。在大众传播空前发达的当今社会，世界上大多数政府都把公共传播作为有力的执政保障。

政府新闻发布正是政府公共传播的主要方式之一。

美国新闻发言人率先提出了“新闻执政”的概念：所谓新闻执政，是指运用媒体传播主流新闻来提高公共政策部门的执政形象、执政公信和执政的合法性，向广大群众传播执政者的决策、方针路线等，以达到贯彻落实的目的。在当今高度商业化的媒体生态环境里，新闻执政已成为成功治国不可缺少的重要部分。①

改革开放以来，中国新闻发布制度的总体发展趋势是从“外交需要”到“内外兼修”，从“中央实行”到“地方实践”，逐渐将新闻发布活动当作政府与媒体(社会)信息交流的过程，而非单纯的宣传。在进入 21 世纪后，随着互联网的迅猛发展，公众接触信息的手段和方式更为多样，民间舆论场逐渐形成并越来越强势，政府部门如何利用新闻发布会这个平台，直接决定了是否能够提供主流信息引领舆论。

在这样的大背景下，“新闻执政”的理念与实践逐步进入了中国各级政府的新闻发

---

① 清华大学政府发言人制度课题组：《新闻发布与新闻执政的紧迫性》，《新闻记者》2005 年第 1 期。

布制度建设进程。

1.用表态“制造”新闻

各级政府领导要学会在事件发生后及时表态，第一时间发出政府声音把人民群众迅速凝聚到政府的周围。这是占据舆论主动的关键举措。用表态来制造新闻具体包括：

愿意并及时表态：许多机构一直以来都存在“防火防盗防记者”的陈旧观念，对媒体拒之于千里之外，不愿也无意被媒体采访、被社会监督。由此往往带来极坏的效果：每一次拒访和对立，都会如实被记者写入新闻报道中，将一个冷漠与不负责任的机构呈现在读者面前。所以，在建设新型新闻发布制度中，各级政府部门必须转变观念，主动积极地配合媒体采访，至少让社会感觉他们在“态度”上能够充分地尊重媒体、尊重公众。切记：你的拒绝对于媒体而言，本身就是在接受采访。记者记录下来的，将是你的冷漠、你的推诿、你的躲闪、你的不负责任……于是，一个现代官僚的形象第二天便会活生生地跃然纸上。

策划特定场合表态：积极应对之后，还需要学习表态技巧。2011 年“7·23”动车事故中，王勇平非常不合适地以微笑“淡定”的仪态出现在媒体面前，还询问媒体“让自己坐着说还是站着说”，完全没有考虑到事故严重性给社会带来的巨大冲击，极端不合时宜地用一种常规的“发言人微笑”给世人留下了漠视生命、冷酷无情的印象，进而将其十分无奈的“信不信”作为笑柄。反观温家宝总理，无论在汶川还是温州，都是在苍凉的废墟或惨烈的事故发生地召开新闻发布会，将个人情感与现场氛围有机结合起来，让人体味到政府对灾难的重视和对生命的尊重。

采用新闻语言表态：新闻发言人的目的是将政府机构的信息发布给记者，最后成文并为公众所见的是记者的言语。如果在表态时，直接采用新闻体，加入记者即公众所关心的多种要素，可以使政府话语作为“直接引语”较完整地呈现在媒体的报道当中。这样原汁原味的新闻信息，可以避免因为报道者有意或者无意地变异信息而产生更多的误读和曲解。

2.用行动“制造”新闻

2013 年 3 月下旬，全球刮起了强烈的“习旋风”——习近平当选国家主席后首次国事访问获得巨大而圆满的成功。

习近平主席偕夫人彭丽媛以及有关党和国家领导人出访 9 天共出席了 66 场活动，与俄罗斯、非洲、金砖国家等 32 位国家元首及政要举行会谈和会见，发表了 20 多次演讲和重要讲话，多角度、深层次阐述了中国的外交政策和重大主张。据透露，访问途中，习近平有时一天内不间断工作 15 个小时。如是，新时期新一代中国领导人出访的行动本身就是具有足够震撼力的新闻。媒体评价为，“这是一次有中国特色大国外交的成功实践，将有利于维护我国周边稳定，夯实外交基础，推动大国关系良性互动。有效地对接了‘中国梦’与‘世界梦’”。

而美国总统的每次出访，前后都簇拥着众多记者，这都是白宫新闻办公室的功劳。政府新闻发布部门应当把主要官员每天的活动日程提前告诉记者，让记者把领导人的行动和讲话及时变成新闻，告知公众，使公众能够及时了解国家领导人的行动、言论和思想。

特别在一些突发事件发生后，政府新闻发布部门也应当注意积极向媒体通报政府领导人的具体行动，而非简单地说“领导重视、非常关心”等无用的套话和空话。只有明确清楚地传达领导人的行动信息、态度立场等，才可能相对消解社会对政府工作的不满。另外，还需要针对事件的特殊性提前向媒体透露相关行动，以方便媒体采访。

3. 用政策“制造”新闻

2013 年 3 月 1 日上午 8：40，“深圳市商事登记制度改革新闻发布会”在深圳市人民政府新闻发布厅举行。这个时间点对于习惯当“夜猫子”的记者来说确实有点儿太早，但厅内 70 个座位却座无虚席，有的记者只好靠墙而立。

这场新闻发布会之所以如此吸引记者，得益于其所发布内容具有极高的新闻价值——酝酿三年的深圳商事登记制度改革正式启动。20 分钟前，在深圳市民中心行政服务大厅，深圳市前海富德能源投资控股有限公司成为深圳第一家拿到营业执照的企业。国家工商总局副局长刘玉亭和深圳市委书记王荣亲自颁发了深圳商事登记制度改革后首张营业执照。

这场新闻发布会发布的内容不但新闻价值极高，而且信息也十分丰富。此次改革，大大降低了创业的门槛，不再记载营业范围、注册资本、实收资本；简化了前期审批程序，颠覆了以往“重审批轻监管”的状况，改为“轻审批重监管”，实现了经营范围由企业自主备案，注册资金由企业自主认缴，企业提交年报取代年审。同时改革还实现了四个提速，提速后，在深圳开公司只需要“四个一”：一张表格，一套材料，一项申请，一套证照。在实行了电子档案、电子证照后，整个申请、审核流程全部可以在网上完成，无需提交纸质申请……海内外媒体对此次发布会内容进行了多角度的报道和解读，完全达到了预期的传播目的。

“不是好新闻的政策绝不是好政策。”虽然不能围绕“新闻性”制定政策，但是，修改或制定一项政策，除了必须合法更要合理，还必须考虑它是否有益于公众。如果一项政策没有新的内容、好的主张，连一个新闻点都找不到的话，那就不仅不会受到媒体的关注，而且也不会受到公众的欢迎，其存在的价值就得画上一个大大的问号。

比如2011年，民间已经热传许久的《新婚姻法》走上台面，8月12日，最高人民法院召开新闻发布会，通报适用《最高人民法院关于适用〈中华人民共和国婚姻法〉若干问题的解释(三)》有关情况。这一发布会引起了社会的高度关切，在当下买房难、买房贵、离婚率上升的情况下，婚姻财产纠纷已经成为全社会的“热点新闻”，在这样的情况下，最高人民法院针对婚姻法修改的一些解释召开了新闻发布会，正是合民心合民意的举动，它不仅在法律层面上解决了群众争论已久的问题，也提升了政府部门在社会公众中的权威形象。

4.政府要成为新闻“第一定义者”

政府如果不成为新闻事件的第一定义者，其弊端十分明显，那就意味着自己将掌控引导舆论的话语权拱手送给谣言的制造者与流言的传播者。然后，再被所谓的负面舆情撵着屁股追，陷入被动的舆情应对。

政府往往能够成为新闻的第一定义者，尤其是在突发危机事件中。但其先决条件是政府主动出击，在第一时间发出政府的声音。

突发事件往往不可预料，带来的后果也难以判断，在这类事件发生后，政府必须尽快占据舆论主导地位。但是，尽快发声未必就能够主导，必须有权威和准确的声音才能达到这个目的。

政府权威的新闻发布正是“定义新闻”的关键步骤。

第三节 中国地方政府新闻发布制度的建立和发展

近年来，我国各级地方政府开始建立新闻发布制度，并通过新闻发言人向媒体和社会公众介绍政府的政策，通报某个事件的相关情况与信息，说明解释某项政策，或就某个事件、某个问题政府所持的立场和采取的措施明确表态，并回答记者的提问。这与以往有些地方对公共信息或者事件真相秘而不宣的封堵、对传媒所持的回避做法相比，无疑是开放和一定进步的体现。有些地方政府还涌现出一批明星发言人，其中包括南京市委宣传部部长叶皓，前上海市政府新闻发言人焦扬等。

所有这些，都表明中国新闻发布制度正在发生可喜变化。然而，地方政府新闻发布制度的建设毕竟起步不久，总体呈现出参差不齐的不均衡态势，并且，无论是发布会的数量，还是质量，都有着巨大的提升和改进空间。

首先，从统计数字看，地方政府新闻发布会的次数还是相当之少，许多省一年只有两三场新闻发布会。特别是在重大突发事件发生后，他们还是习惯直接向新华社和主流媒体传送通稿，这就不能完全满足当今社会媒体和公众日益增长的对于政府信息的强烈需求。

其次，无论是发布会的质量，还是发言人的整体素质与表现，都不尽如人意。比如，为作秀而发布，导致发布会上只有领导做报告似的“演出”，并无实质性的新闻发布；不按新闻发布的科学规律准备和组织发布，导致在发布会上被记者问得张口结舌，使新闻发布会本身成为一桩负面新闻的事也时有发生……

处在南粤大地的深圳，作为国家的一个计划单列市，年均却可以举办 40 多场新闻发布会，除去各种假期几乎保证了每周一次，这样高频率的发布次数是连北京、上海都无法比拟的。因此，本节将侧重解剖深圳新闻发布制度建设，从其成功实践和曲折的探索中，管窥中国地方政府新闻发布制度建设的状况。

一、质疑声中问世的深圳新闻发言人

深圳市作为中国改革开放和现代化建设前沿，新闻发布制度建设起步较早，早在 1985 年就开始设立市政府新闻发言人，在当时制度规范和支持配套不完善的情况下，新闻发言人积极开展工作，在经济特区创建之初的关键时期积极主动地对外发言，起到很好的效果，为新时期深圳新闻发布制度建设的创新发展奠定了坚实基础。

1984 年 2 月 24 日，邓小平就办好经济特区和增加对外开放城市的问题同中央几位负责同志谈话。他说：“我们建立经济特区，实行开放政策，有个指导思想要明确，就是不是收，而是放。特区是个窗口，是技术的窗口，管理的窗口，知识的窗口，也是对外政策的窗口。除现在的特区之外，可以考虑再开放几个港口城市，如大连、青岛。我们还要开发海南岛。要让一部分地方先富裕起来，搞平均主义不行。”在深圳视察期间，邓小平挥笔题词：“深圳的发展和经验证明我们建立经济特区的政策是正确的。”国家政策重心的转移以及各种资源的涌入带来了令世界瞩目的“深圳速度”，但是也有人认为，“深圳速度”是内地许多省份的牺牲换来的，贫富差距的拉大、沿海内陆的强烈反差使得越来越多的境外媒体开始质疑深圳，进而质疑改革开放。

1985年6月29日，邓小平在会见阿尔及利亚民族解放阵线党代表团时说："深圳经济特区是个试验，路子走得是否对，还要看一看。它是社会主义的新生事物。搞成功是我们的愿望，不成功是一个经验嘛。"

1985年7月间，香港《信报》针对邓小平的此番讲话，连续发了十多篇署名"邓凡"的评论文章，其中包括《建筑在假大空的基础上》、《有关特区"输血"的争论》、《百病缠身的"深圳特区"》、《由上到下大发"改革"财》等，这些报道直指中央的深圳政策，引起海内外各界的关注。

市委市政府有关领导获知上述言论和报道后，马上安排时任深圳市政府秘书长的邹尔康接受香港《大公报》记者陈永平的采访，就深圳经济发展和香港《信报》的批评作了诚恳、客观的解释。陈永平的采访文章《邹尔康谈深圳特区发展中若干问题》于1985年7月26日在香港《大公报》刊登。随后，邹尔康去香港公干时，还同新华社香港分社秘书长杨奇和深圳市委宣传部部长李伟彦一起会见了数十家香港媒体，当面澄清了一些问题，这场风波才平息下来。《信报》随后还派人登门道歉。①

在回顾当时情形的时候，邹尔康说道："1984和1985年是海内外对深圳的质疑声音最大的两年，正是在这样的形势下，客观、公正地发布信息对回应海内外质疑、消除疑虑的作用充分体现出来。"

从特区创办到1985年，有110多个国家和地区的外宾和媒体到深圳访问，共有1980多批15600人。虽然此前还未成立新闻处和设立新闻发言人，但邹尔康对中央政策、深圳经济特区的总体情况都比较熟悉和了解，所以一有外宾、内宾来到深圳，就由他来接待，实际上担当了新闻发言人的职责。

在此之后，为了正确地宣传我国对经济特区的决策，对一些不正确的理解、非议、攻击及时作出必要回应，解除投资者的顾虑，正式的新闻发言人制度应运而生。1985年8月8日，市领导决定成立新闻处，设立新闻发言人制度，并由邹尔康担任首席新闻发言人。此后，深圳每年数次邀请香港新闻界、学术界来深圳，向他们介绍情况，回答问题，让世界各国和国内各界准确地认识、了解深圳经济特区，为深圳投资环境营造良好的舆论氛围。②

可以说，在20世纪80年代中期，深圳便有了良好的新闻发言人制度的建设基础。到了1998年，深圳又建立了市、区和各政府部门三级新闻发言人制度，确认了全市38

---

① 邹尔康：《一心一意当好"试验田"和"排头兵"》，中国共产党新闻网，http://cpc.people.com.cn/GB/64093/64102/11841688.html.2011－10－12.

② 王志明：《25年前深圳就有新闻发言人了》，《晶报》2010年8月8日，A14版。

个单位和 40 名新闻发言人，成为深圳新闻发布制度由襁褓走向成熟的分水岭。

二、问责新闻发言人：深圳的破冰之旅

2011 年 8 月 16 日中国铁道部表示，王勇平不再担任新闻发言人的职务，原哈尔滨铁路局局长韩江平接任铁道部新闻发言人。尽管铁道部相关人士表示，这是正常的职务调动，但外界普遍认为，此次调动与王勇平在“甬温特大铁路事故”后新闻发布会上的表现有关，其发表的言论“这是一个奇迹”以及“反正我是信了”引起了极大的社会不满情绪。

有分析认为，此次铁道部对王勇平的调动“委婉”地体现了一种对新闻发言人的问责意识，但还远远不够。在这方面，深圳市走在了全国的前面，他们已经率先从制度上和政策上不断完善新闻发布的问责机制，并于 2008 年正式出台了以问责制为核心的《深圳市人民政府新闻发布工作办法》，此举被业内权威人士评价为“中国新闻发布制度建设的破冰之旅”。

早在 2008 年初，深圳市委常委、宣传部部长王京生就提出建立新闻发言人的问责制，要求各级新闻发言人要敢于直面媒体和公众，要对社会关切不回避、对媒体咨询不推诿、对重大事件不失语、对热点问题不搪塞，不准说假话，不准无故拒绝采访，不准对社会舆情熟视无睹，要及时准确地满足公众的知情权。

一直以来，深圳各级新闻发言人积极发布新闻信息，努力营造有利于经济特区建设的舆论环境。由于深圳毗邻香港，境外媒体高度关注，新闻发布工作异常繁重。近年来，深圳以建设阳光政府为核心，确定了“行政首长负责制”的工作原则，明确各级政府和各部门的行政首长是新闻发布工作第一责任人，同时大力推行多层次新闻发言人队伍建设。

《深圳市人民政府新闻发布工作办法》率先对新闻发布工作的“问责”机制作了明确规定，这在全国范围来讲也是一次有益的探索，体现了深圳市完善政府信息发布机制、打造“阳光政府”的决心和信心，有利于改变政府新闻发布随意性、被动性、无序性的局面，促使新闻发布工作规范化、法制化、常规化，为政府相关部门有效处理各种事件提供了原则与依据。

华侨城“太空迷航”事故

——“当时那批人进去了，我买了票，排在下一批的第二位，很快就轮到我了。等待期间突然听到一声巨响，然后就从太空舱中传来凄厉的哭声，随

后满身是血的游客从太空舱中爬出来。”

——“当时人砸人，出现了血肉横飞的恐怖一幕。”

大型娱乐项目“太空迷航”出现严重事故，造成6人死亡，9人受伤。事故发生后，深圳市政府新闻办第一时间联系深圳市华侨城与盐田区委宣传部，了解了详细情况，于29日晚19时在深圳政府在线上发布了第一条新闻通稿。

30日凌晨0：10，后续第二条新闻通稿发布，内容包括事件处置工作意见和市、区政府已采取的积极应对措施、华侨城集团的对外道歉声明。

凌晨0：30，盐田区政府和华侨城集团在事发现场举行了新闻发布会。

30日上午，深圳市政府新闻办再次发布两条新闻稿，公布了伤亡者名单及调查组获得黑匣子的消息，盐田区委宣传部组织媒体对区人民医院伤员救治情况进行集中采访，省、市、区和港澳媒体共20余家参加。

下午18：00，新闻办协助盐田区政府与华侨城集团召开新闻发布会，到会媒体40多家，记者超过80人，会上发布的新闻通稿内容包括调查进展、设备情况、伤员救治情况和死伤者名单等。

7月1日，有关调查组初步调查结果及获得“黑匣子”的消息发布。

7月7日，针对有新闻媒体报道有人员被刑拘及网上有关伤亡人数的不实传言，再次发布相关消息，有效引导了舆论。

由于本次应急新闻处置做到了突发事件120分钟首次发布，以及后续滚动发布，媒体报道基本上保持客观态度，舆论引导效果良好。

2011年8月12日，第26届世界大学生夏季运动会在深圳举行，这是继北京奥运会和广州亚运会后，我国举办的又一个国际性大型体育综合赛事。被称为“青春盛会”的大运会，共有152个国家和地区的1.2万多名运动员和技术官员参赛，近5000名中外媒体记者参与报道。

在大运会召开前后，一些负面消息首先扩散开来，比如“深圳清理80万高危人群”、发布“菜刀实名制政策”、个别部门发布“禁止农民工上访讨薪”政策，等等，对世界大运会以及深圳的形象产生了不利的影响。面对这种情况，深圳做出了一系列创新性的发布举措：

一是书记、市长担纲“发言人”。7月14日，深圳市委书记王荣接受了“全国网媒深圳大运会采访团”、“全国卫视看大运”以及“全国都市类报纸大运会采访团”的集体采访；7月20日，深圳市长许勤在国务院新闻办发布深圳大运会筹备进展，进一步主动“引爆”和“释放”此前媒体质疑和炒作的热点问题，并对深圳市民给予大运会筹办工作的支持表示感谢。

二是赛前重点发布引导媒体热点。为进一步推动大运会舆情的全面转型，7月21日起至8月11日大运会开幕前夕，深圳市政府新闻办统筹协调有关各方，精心策划，陆续推出了“市民如何看赛事”、“门票购买”、“交通出行”、“火炬城市传递”、“开幕式预报”等贴近市民、服务市民的13场专题发布会，特别是关于开幕式不放烟火、不请明星大腕儿的发布，成为新一轮媒体报道热点，彰显了新闻发布服务市民、引导舆论的功能。

深圳市政府新闻办在大运会期间深化了“城市发布”与“大运会发布”的有机融合，一手抓正面发布，用“不一样的发布”向中外媒体传播了深圳大运会以及深圳城市“不一样的精彩”；一手抓危机处置，强化正面引导舆论，为大运会筹办提供了可靠的舆论保障。

从上述案例中我们看到，深圳市新闻发布制度正在逐步完善，并日臻成熟。主要特点体现在以下几个方面：

1.三级发言人制度

在政府组织层面，早在2003年，深圳就开始实践三级发言人制度，设立“深圳市政府新闻发言人”、“深圳市政府新闻办公室新闻发言人”、“区和政府各部门新闻发言人”。

在大运会期间，深圳市政府新闻办完善了新闻发布机制，开展多级发布。在组委会媒体宣传指挥部框架下，形成了“大运会组委会新闻办”具体执行、各业务部门分工负责的大运新闻发布和应急运行机制。制定了《深圳大运会新闻发布工作总体方案》，建立了规范统一、运转高效的新闻发布统筹协调机制，明确要求各部门既要积极发布，又要依程序、依口径、依授权进行；确立了大运会组委会、专职部门及赛区与场馆的三级新闻发布机制。

为了提升各赛区、各场馆等基层部门新闻发布水平，大组委新闻办还专门编制了《系列新闻发布活动说明及注意事项》、《新闻发布筹备工作指引》，为各级新闻发言队伍提供精确细致的指引服务。

大运会期间的新闻发布团队规模达到了129人，共举办了各类新闻发布会360余场（包括赛区赛事新闻发布会）。“赛事发布”重在体现赛事活动青春活力、参与分享的大运特色。

如今，深圳市、区政府及其工作部门乃至街道、社区基本都设立了新闻发言人，多层次、多部门、多角度的新闻发布制度应运而生，据统计，深圳市各级各类新闻发言人队伍已达上千人。

2."120 分钟"：第一时间主动发布

从龙岗大火发生时的隔天发布，到"太空迷航"事故发生的当晚发布，再到大运会的时时动态发布，深圳市已经成功实践了"120 分钟"的发布原则。

《深圳市人民政府新闻发布工作办法》规定：对政府主动发布的常规信息，将在该信息审定完后 7 个工作日内组织新闻发布；对发生的突发公共事件和有可能发生的影响公众生活的事件，将在启动事件处置预案 120 分钟内发布已掌握的事件时间、地点、基本事实及现状等基本信息，并视事态发展及处置进展进行后续发布，必要时设立新闻中心接待记者。

这种对常规新闻具体到"工作日"(7 天)、对突发公共事件信息具体到分钟(120 分钟)的量化做法，在我国政府新闻发布制度建设中并不多见。

深圳市委宣传部有关负责人在接受《南方日报》采访时谈道："这是在参照了国内外发达城市先进做法的基础上，结合了各类突发公共事件应急响应的制度规定，比如自然灾害、火灾。这些制度规定对于应急响应的时间有不同规范，120 分钟指的是重大突发公共事件应急响应机制启动开始之后计时的 120 分钟之内。我们要求 120 分钟内首发信息，首发信息是基本信息，不要求很完备，有时间、地点、基本情况。这个首发信息可能非常简短，可能就一两句话，但要首发出来，这也主要是为了解决突发公共事件新闻发布的'第一时间问题'。"

3.行政首长负责制

在龙岗大火事件中，龙岗区区长亲自担任新闻发言人，负责事故调查结果的发布；而大运会期间，更是书记市长齐上阵，为大运会新闻发布工作护航。

事实上，这样的举措得益于市政府制定出台的新闻发布工作规范性文件，"行政首长负责制"等创新原则也因此得以正式确立。根据深圳市政府办公厅的相关要求，市外事办、市台办和市政府新闻办的新闻发言人由分管负责人担任，各区政府的新闻发言人须由了解全面情况的区政府分管负责人或综合协调部门的主要负责人担任，市政府直属单位的新闻发言人由分管负责人担任。为使新闻发言人制度有效运作，深圳还明确规定要为发言人配备一到两名"新闻助理"。助理们不但要协助新闻发言人工作，包括新闻发布会的申报、筹备、会务组织等，还要为记者提供相关服务，监测新闻发布效果等。[①]

4.党委、政府新闻发言人建设齐头并进

自2010年8月，19位党委系统新闻发言人集体亮相后，深圳党委系统新闻发言人首次集中迎来向公众主动“发声”和面对媒体直面追问的“实战”大考。作为深圳市纪念建党90周年系列活动中的一部分，深圳市党委系统从2011年6月21日起至7月底，陆续举办了10场左右的党委各部门新闻发布会，直接与媒体互动。[②]

2010年7月18日，深圳市委组织部召开第三次新闻发布会，介绍市委全委会差额票决8位正局级干部人选情况，8位拟任人选直接与记者面对面。本次公推直选鼓励个人自荐，8位拟任人选中陈倩雯、冯现学便是通过自荐产生。外界普遍认为，这是深圳干部竞争选拔常规化、制度化的直接体现。事实上，通过新闻发布会通报这一结果也是一种巨大的进步，是新闻执政的绝佳体现。以往，任命干部都是通过组织部的红头文件逐级下发，记者想获取原件实属不易，即便得到了文件还要考虑是否能刊登，公众见到这种任职新闻的几率就更小。现如今，通过新闻发布的形式来向媒体和社会公开选举情况和选举结果，并让当选人直接与媒体接触，是实践“阳光政府”的最好方式。

三、破冰之旅能行多远——对发言人问责制的思考

深圳的实践证明：新闻发言人问责制对于信息公开有一定的督促作用。但要真正建立可靠有效的制度保障，面临怎样从行政层面扩展到司法层面的问题。在当今社会，公众公民意识不断增强，政府有关部门必须以诚取信，通过信息的公开来构建政府和公众的互信。日常新闻发布与危机新闻应对过程，实际上既是还原真相的过程，政府对媒体和公众解疑释惑的过程，满足公众知情权的过程，更是以此树立政府公信力的过程。

但是，新闻发言人问责制在具体的实施过程中，也遭遇到了很多意想不到的困难甚至阻力。

2012年4月25日，《四家媒体轮番发问未能问出深圳公车数量》的消息在全国主

---

① 王志明：《25年前深圳就有新闻发言人了》，《晶报》2010年8月8日，第A14版。

② 王莹：《建党90周年系列发布会深圳党委新闻官迎“实战”》，http://gcontent.oeeee.com/3/10/310ce61c90f3a46e/Blog/a05/58cfe3.html.2010－10－20

要媒体上成为当日的热点新闻。

前一天，在深圳市发改委、市财委、市交委、市交警局、团市委等五家单位联合主办的“绿色出行新闻发布会”上，有《中国青年报》、《深圳特区报》、《南方日报》等四家媒体连续追问深圳公车数量，均未得到上述部门发言人的正面回应。

“那是怎样的一个场景，四家媒体轮番追问深圳公车的数量。当事官员真的可以左躲右闪……深圳乃至全国各级政府，真的宁肯背负如此模棱的恶名，而咬紧牙关不松口？何苦来哉？”(《南方都市报》)

本来这场新闻发布会的主题与初衷，是把深圳在2011年世界大学生运动会期间“政府不用行政手段强制限行，倡导市民自觉申报停驶，主动绿色出行”的创新之举进一步完善和常态化。应该说完全是一个积极正面的发布会。然而，因为种种原因，出现了上述尴尬的场景。

正面的发布会成为负面报道的源头，而且被全国媒体广泛转载，追踪报道，发表评论。严格说，这是一次新闻发布事故。

既然是事故就该实施问责。可是，问责制真要较起真来，并不那么简单。

首先，由谁来问责？问责主体不明确，市政府新闻办显然不能担此“重任”——仅从行政级别上看，比另外五家单位还低半级。

其次，问责谁？上述五家单位到底谁才是公车数量信息发布的直接责任人？除了团市委，另外四家单位似乎都有相关性，又都没有直接的责任划分……

再次，如何问责？提示、通报？是一种行政处分吗？

于是，我们不得不提出“破冰之旅到底能行多远”这个问题，让全国的新闻发言人一起思索、探讨与实践。

1.关于行政层面问责制的局限性

在通过问责制促使新闻发布制度发挥有效作用的实践中，一方面感受到它的有效性，比如在2011年抢盐风波中，深圳有关部门出现的“选择性发布”引发公共舆论事件的问题，便是通过行政问责来有效促使其得到解决与改善。在近几年的工作实践中，也确实从很多方面体现出用问责制来保障信息公开透明的有效性。但是，另一方面，该《办法》总体上仍然显得粗疏，并且太过理想化，主要是它并不具有强制执行的保证机制。因此，对于新闻发言人的问责制，必须要进一步细化相关内容，完善健全机制，同时要从政府及有关职能部门的角度来强化执行力度，方能具有强大的生命力，从而有效促进新闻发布制度的健康发展。

2. 关于建立立体问责制度的构想

毋庸讳言，仅靠某一个部门或某一个新闻发言人是难以有效完成整个政府的新闻应对工作的，必须要相关涉事部门以及有关人员的积极介入和参与处置，要成为一种长效的制度性保障。目前单纯行政层面的问责制主要存在问责主体不甚明确，权威性有限，问责对象与问责方式无法明确界定等问题，导致其有效性大打折扣。有鉴于此，深圳提出构想：探索新闻发布制度化建设，必须要构建一个立体的制度保障体系——要从单纯的行政层面扩展到司法层面，用多元监督力量对新闻发布制度进行规范，以切实提高新闻发布的质量，从而有效地杜绝新闻发布中的不作为、不及时、不规范、不准确等失职行为，牢固树立公权力的公信力。

第二章　新闻发言人的媒介素养

【本章要点】

媒介素养是政府新闻发言人的必备素养，媒介素养的缺失或者低下，都将成为新闻发言人致命的“短板”。媒介素养提升的关键，在于“善知媒体”：无论是多元的舆论生态，还是复杂的媒体特性，都必须了然于胸，这是一个称职的新闻发言人最基本的素养；而能够遵循新闻传播规律掌控议程，自如地驾驭与运用媒体，引发和引导舆论，使之服务于我们的工作，有利于社会和谐健康发展，则是新闻发言人媒介素养的最高境界。

第一节　新闻发言人的媒介素养

为什么新闻发言人需要媒介素养，答案很简单，因为我们的工作就是跟媒体、跟记者打交道。正如原国务院新闻办主任赵启正所说：“掌握事实，才能实事求是；心存善意，才能对话。在很多场合，我们沟通不仅是为了获取对方的好感，而是自己真实观点的表达，这是原则。我们就是要通过记者来表达我们正确的观点和内容，这是我们的职业需要。”

所谓“知己知彼，百战不殆”，我们必须了解媒体，了解记者，掌握新闻传播的基本规律：他们的工作性质是什么？有哪些不同的媒体类别？他们需要什么样的信息？他们喜欢问些什么问题？了解清楚之后，我们才能进一步运用媒体这个强大的信息传播平台，有效地传递我们的信息，成功地引导媒介导向，进而影响社会舆论。

在2010年全国宣传部长工作会议上，李长春同志也要求我们要进一步加强对媒体的建设、运用和管理，努力提高与媒体打交道的能力，切实做到善待媒体、善用媒体、善管媒体，充分发挥媒体凝聚力量、推动工作的积极作用。

一、新闻发言人的媒介素养是什么

首先我们要解决的问题是：媒介素养是什么？

广义的媒介素养是人的综合素养的一部分，指人们所具备的对于各类媒介与媒介信息，能够科学地认知、解读、应对与运用的能力。

对于新闻发言人而言，我们可以相对狭义地将媒介素养更为通俗地解释为：与媒介打交道的能力。

为了方便理解和记忆，我们不妨来一个新闻发言人的“媒介素养层次论”，请记住四个关键词：认知、解读、应对、运用，以及它们在“媒介素养金字塔”所对应的四个层级。

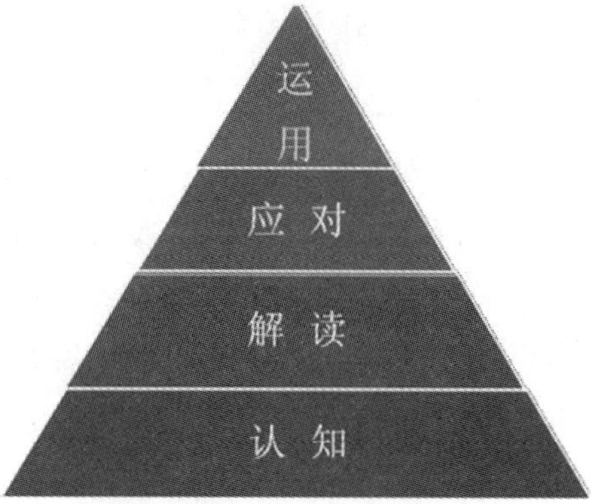

图 2—1 媒介素养金字塔

第一，认知——知其然；

第二，解读——知其所以然；

第三，应对——在认知与解读的基础上，要能够相对被动地与媒体打交道；

第四，运用——媒介素养的最高境界是遵循新闻传播规律，主动运用媒体来推动和帮助我们的工作。

在具体工作实践中，我们不妨把抽象的新闻发言人必备的媒介素养具体阐释为“三善媒体”：

善知媒体——了解媒介规律

善待媒体——调整媒介关系

善用媒体——掌控媒介议程

早在 2009 年，习近平同志就明确指出，“同媒体打交道的能力”是领导干部必备的六种能力之一。

（一）善知媒体

1. 知悉媒体特性、了解媒体本质

对媒体了解的范围自然是越广越好，从媒体生态的多样性到媒体间竞争的激烈

性，从媒体的自然属性到社会属性，以及媒体的主要职能与功能；从新闻采编的流程到不同媒体的定位与特点，从记者的个人偏好到编辑的重重把关，最好是懂得并掌握一些新闻与传播的理论……了解得越多越深入，就越能够保证政府新闻发言人与媒体实现良好的交流，进行有效的互动沟通，在此基础上遵循新闻传播的基本规律，去善待和善用媒体。

2. 理解媒体和记者

为什么记者总是喜欢问那些敏感的问题？为什么媒体总是来挑我们的毛病？答案是，媒体为了履行社会公器的职责监督政府，这是它的社会属性；为了吸引眼球与关注获取更高的收视率与发行量，这是它的商品属性……有了更多人的关注，媒体才能实现利益的更大化。今天绝大多数媒体都是市场化运作，因此为了生存，它们必将在政府、公众与商业利益三者间不断博弈、权衡利弊，努力找到平衡点。而基于媒体责任与自身生存的需要，他们往往会把受众的需要置于更高的位置。这一点在都市类媒体、商业媒体、网络媒体中表现得更为突出。

2009 年 6 月 18 日，中央人民广播电台的一则报道在网上引起轩然大波，节目录音和文字稿在各大网站和论坛上被疯转。

据传，河南郑州市须水镇西岗村原本被划拨为建设经济适用房的土地上，被开发商建起了 12 幢连排别墅和两幢楼中楼。

为了解事件的真相，中央人民广播电台记者任磊萍赶赴郑州进行了深入调查。在郑州市规划局主管信访工作的副局长逯军的办公室，记者拿出市规划局出具给村民宋先生的信访意见书。一看到意见书上宋先生的名字，逯军就要求检查记者的采访设备，在拔掉了采访机话筒之后，他的第一句话居然是："你们广播电台管这闲事干什么？"当记者要求他对出具的信访处理意见进行解释时，这位副局长却问记者："你是准备替党说话，还是准备替老百姓说话？"

逯军的言论在网上曝光后，舆论哗然。6 月 22 日，郑州市人民政府新闻办公室发布消息，称涉事别墅已被调查，逯军已被停止工作，接受调查。

这一事件迅速成为全国媒体和网民关注的热点。对于逯军的不当言论，网民认为，他说出部分官员抗拒舆论监督的真实想法，即媒体替老百姓说话，就是与自己过不去，就是与政府过不去。

《人民日报》发表文章《"替谁说话"与"为谁执政"》指出：副局长开出的"选择题"，公然将党和人民对立起来，全然忘记了"全心全意为人民服务是党的根本宗旨"，忘记了“党的一切奋斗和工作都是为了造福人民；除了工人阶级和最广大人民群众的利益，党没有自己的特殊利益”。

无独有偶，2012年，贵州毕节的一位干部在面对贵州电视台记者采访时，言词严厉地质问记者：“你是为人民服务还是为党服务的？”

一南一北两位官员颇有异曲同工之妙的雷人话语，在很大程度上反映出当下相当一部分党政干部对待媒体极不正常的心态。特别不能忽视的一个现实就是，持此种心态的“逯军”们不在少数。究其成因，是长期以来片面地理解“喉舌论”的严重后果——媒体只能为我们唱赞歌？

从与媒体打交道的角度看，“逯军”们的问题，出在严重缺乏正确的媒体意识。一是没有认识到媒体是党和政府的喉舌，同时也是人民的喉舌，党和人民利益应是高度一致的，媒体作为公众代言人的身份正在彰显。二是没有意识到即使面对一个记者的言论，也会产生召开新闻发布会的效果。三是他想推心置腹地与记者说些“悄悄话”，以为没有话筒等采访设备就“安全”了。①

但事实上，从记者打算采访你的那一瞬间，采访就已经开始了，而并非是你与记者面对面的时候，才进入采访过程。无论你是在电话中回应记者，还是当面交流，你所有言行都有可能成为记者报道的内容。

政府与媒体，发言人与记者的关系，特别是在重大事件中，是相互需要、相互借力的。政府需要媒体把自己的声音传播出去，但媒体对新闻的报道和传播又具有一定的自主性和自身的规律。媒体需要权威渠道的声音，但为了新闻的趣味性、事件性，还会采访其他当事人以及专家学者等。一方面，媒体是社会的良知和公器，没有媒体与舆论监督，社会的进步就变得更为艰难；另一方面，在媒体产业化和商业化的今天，媒体又是一个以赢利为目的的企业，为了抢占独家新闻、重大新闻、吸引眼球的新闻，为了寻找猛料，保住自己的饭碗，记者在遇到令人兴奋的新闻点时会似饿虎扑食，而不会将发言人或通讯员的叮嘱：“这个暂时不要报道”或“尽量不要报道”当回事。

媒体是一把双刃剑，可谓“成也媒体，败也媒体”。从信息传播的本质来讲，政府新闻发言人也是记者的“报料人”即消息来源之一，记者与消息来源的关系，既受到组织间关系的影响，也受到新闻生产规律的影响。如何处理记者与消息来源之间的关系，既要考虑到记者的个人因素，也要考虑其新闻工作的性质。

---

① 叶皓：《走出新闻发布的误区——政府新闻发布不当案例分析》，《对外传播》2010年第2期。

3.要认清“两个时代”大背景

2012年高考期间,福建某中学在高考现场打出了一条巨额横幅,上书“考过高富帅,战胜官二代”。以如此方式来“励志”,令人啼笑皆非之余,不免深思:这个时代到底怎么了?解读这一现象,就是所谓的“三仇时代(仇官、仇富、仇警)”使然。

我们正处于社会转型期,由于各类社会矛盾高度集聚且频繁地爆发,诸如收入分配不合理加剧了贫富差距、各类社会资源配置不公、楼价高企股市低迷、CPI跑得比刘翔还要快……导致社会中普遍存在强烈的仇官、仇富、仇警心态。

与此同时,我们还处于一个全媒体时代——人人手里都有麦克风,个个都是新华社。过去,一些社会问题可能被隐没于时间之中,难以成为有广泛影响的新闻;现在,人们维权意识强烈觉醒,遇到问题后希望与政府沟通,并迫切地希望广泛告知社会。人们急切地将自己看到的、经历的、心中思考的,乃至道听途说的东西传播出去。

“三仇时代”原本多事之秋,“逢官必骂,见富必仇”之说虽难免偏颇,但“高富帅”与“官二代”几成众矢之的在一定程度上已是不争的事实;而全媒体时代信息传播的方式更为多样、渠道更为广泛,于是,各类公共舆论事件便层出不穷,且呈现极易发酵蔓延之势。

(二)善待媒体

善待媒体,就是要调整好与媒介的关系。但善待不是“膳待”。

很多在基层工作的领导干部,认为请记者吃饭喝酒,甚至洗脚唱歌就是善待记者。切记:千万不要试图用红包或者烟酒来“搞掂”媒体与记者,真正意义上的善待媒体,就是最大程度地服务好媒体及记者,尽最大可能为他们的采访报道创造便利的条件,提供一切可以也应该提供的信息。必须清楚,采访报道是记者的首要工作,如果不能从官方获取消息,他就会自行采访,四处寻找信息。通过别的途径找新闻,一方面,可以对政府工作形成实际监督作用;但另一方面,也可能会因为信源的单一、提供信息者有意无意的片面意见,造成失实新闻或者片面报道的产生。

同时,我们还要研究记者的心理。大多数新闻从业人员具有一定的新闻理想,富有正义感,希望通过自己的报道特别是揭露性的舆论监督报道,革除社会弊病,推动社会健康发展。他们希望通过自己的工作实现理想。因此,对记者包括他们的职业,要有足够的尊重,千万不能用官僚主义的态度居高临下对待记者,不能与记者为敌;否则,要吃大亏的。

(三)善用媒体

1.善用媒体,就是要学会掌控媒介议程

近些年来,在中央外宣办和全国外宣系统的大力推动下,各级党委政府新闻发言人应对舆情事件的素养在不断提高,在实践过程中管理和运用各种资源的能力也在增强,从不会、不懂、不敢面对媒体走向相对成熟。越来越多的官员和新闻发言人面对舆情与危机处置能自信表达,实现了良性互动,但与目前公民社会发展趋势和民意诉求的差距仍然相当大。因此,有必要从技术应对完成向实体应对的转变。也就是说,各级官员也都应当具备新闻发布意识。不是"为了发布而发布"的技术性应对,而是将新闻发布作为执政的重要手段。这是当今时代发展的更深层次要求。

2."为我所用":树立"新闻执政"理念

对于媒体,新闻发言人不能只是停留在不回避、不排斥的层面,更需要着力的是如何从被动的应对,变为主动地掌控媒介议程,自如地驾驭媒体,为我所用。

时代不同了,我们的执政观念与方式也需要随之发生变化。所谓新闻执政,就是指通过媒体来完成政府与公众之间的信息交流与沟通,倾听民声,吸纳民意民智于城市管理和国家治理;有效传播与强化政府声音,使政令畅达,法规普及。具体来讲,就是运用媒体新闻来提高公共政策部门的执政形象、执政公信和执政的合法性,向广大群众传播执政者的决策、方针路线等以达到贯彻落实的目的。在当今高度商业化的媒体社会里,新闻执政已成为成功治国不可缺少的重要部分。

以新闻发布为主要方式的政府公共传播,将在很大程度上取代官方红头文件和冗长无效的各种会议,是时代发展的必然趋势。

3."骂声我们都要听"

越是遮遮掩掩、欲说还休,就越会引起媒体的格外关注,公众的加倍猜疑。所以,对待媒体的批评、建议甚至指责,我们都应该笑纳,诚如王岐山同志所言,网络上的骂声我们都要倾听,更何况意见。主动提供信息,欢迎媒体监督。采取正确态度对待媒体监督,转变观念,是客观形势的要求,是时代的要求,也是党和政府的要求。党中央多次明确要求,落实党内监督条例,加强民主监督,发挥好舆论监督作用,增强监督合力和实效。并且明确提出"保障人民的知情权、参与权、表达权、监督权"。我们调整好了心态,树立了公权力就必须接受监督的观念,就会乐于通过媒体的监督来改进工作。

习近平同志强调，要把权力关进笼子里。这个笼子是什么？就是完善的法制与公开透明的舆论监督。因此，以正确的观念和良好的心态来对待舆论监督，是善待媒体的思想基础。我们必须清醒地认识到，媒体（公众）对于政府的监督与批评，对于权贵的质疑与挑战，都有利于“把权力关进笼子里”。

作为政府新闻发言人，切不可以公权力的化身自居，必须要彻底摒弃“双起论”的错误立场——视舆论监督为“专政对象”，而应以开放包容的心态，“创造条件让人民群众监督和批评政府”。

4. 顺应时代，遵循规律

全媒体时代，以微博为主的新媒体正在成为议程设置的主角。全媒体时代的新闻发言人，必须顺应时代发展和技术进步所带来的挑战与要求，遵循新闻传播的科学规律，方能自如驾驭媒体，掌控舆论引导的主动权。

纵观近年来的重大公共舆论事件，传统媒体对于事件进程的报道走向几乎完全被微博、微信为主体的网络舆论所主导。而在网络这个虚拟的公众舆论场，意见领袖的作用不可忽视。

因此，我们必须思考，如何让“沉默的大多数”随意见领袖的鼓点起舞唱和。在当今公共危机事件新闻应对中，我们应该怎样发现在某一个领域、某一个话题中关注度较高的网友，并利用他们在网民中强大的影响力和号召力，消解公众对于政府公权力部门的逆反心理，为我所用去设置议程，引发和引导舆论。比如，主动与他们沟通并回应其有代表性的质疑，适当提前释放正面信息，由他们去“转播”给网民，等等。总之，这是一个十分具有挑战性但必须去探索与尝试的课题。

二、别让媒介素养成为你的“短板”

政府新闻发言人通常综合素质很高，知识渊博，谈吐不俗，人缘好，形象气质佳，还有足够强大的内心。但是，我们也不能忽视，媒介素养同样是新闻发言人综合素质的重要组成部分，它的缺失或者不足，极有可能成为新闻发言人的“短板”。

2011 年一场突发的意外事故，让铁道部新闻发言人王勇平进入中外记者的聚光灯下，成为社会关注的焦点人物。

7 月 23 日晚 8 时 30 分左右，北京南至福州 D301 次列车与杭州至福州南 D3115 次列车发生追尾事故。事故造成 40 人死亡，210 人受伤。

7 月 24 日 22 时 43 分，铁道部在浙江温州召开甬温线特大事故新闻发布会。王勇平的一些语言："这只能说是生命的奇迹"，"至于你信不信（由你），我反正信了"引起外界争论。随后有传言称，王勇平因言论欠妥被停职。

图 2—2　媒体将王勇平团团围住

（图片来源：《法制晚报》）

王勇平在新闻发布会上的言论引起民众强烈不满，一时间谴责如潮。教育部原新闻发言人王旭明也撰文认为王勇平在 7 月 24 日"7 · 23"甬温线特别重大铁路交通事故新闻发布会中的表现欠妥，语态太强势，语调过于高亢，神态也不合适，更不该说"至于你信不信（由你），我反正信了"之类的话。

实际上，王勇平作为我国部委一级的专职新闻发言人，可以说是身经百战，经验丰富，并且一贯表现良好，还被媒体评为最受欢迎的嘉宾之一。但为何"7 · 23"成为中国新闻发言人制度"黄埔一期"高材生的"滑铁卢"呢？

有专家分析说，如果当时上场的不是王勇平，而是新闻发言人队伍中的绝大多数中的一员，估计情况不会好多少。

这说明，王勇平所暴露出来的问题并不只是他个人的问题，而是新闻发言人制度以及这支队伍中存在着不可忽视的短板与软肋。其中一个最主要也是最普遍的问题就是：媒介素养亟待提升。

政府新闻发言人媒介素养的欠缺，主要表现在：

首先，现任的绝大多数新闻发言人都由政府行政官员来兼任，很多人自嘲是"赶鸭子上架"。这样，从心态上就已经不具备担当一名合格政府新闻发言人应有的素质。

其次，即便是这些官员乐于和热爱新闻发言人的工作，我们也必须清楚地认识到，一个好官员未必是一个好的新闻发言人。由于他们基本没有受过新闻发布从理论到实践的系统培训与锻炼，故从理念、思维范式、行为模式等诸多方面都表现出先天不足的劣势。

政府新闻发言人制度是以政府部门为传播主体，以媒体和公众为传播客体的，发言人最终要通过媒体的新闻传播，向公众传播政府信息，和社会进行及时的、准确的、全面的信息交流与沟通。唯有具备较高的媒介素养，发言人才能尽量避免失误，杜绝错误，从而正确、成功地发布信息；也才能变被动为主动，充分发挥自身的主观能动性、积极性、创造性，自觉地、有意识地利用新闻传播规律为自己的新闻发布服务，从而达到预期的目的和效果。①

三、新闻发言人媒介素养的提升路径

1. 培训：快速充电

培训，是一个快速提高的好办法。如今从中央到地方，举办了很多不同层次的培训班。具体时间、内容也许不同，但目标都是一致的，基本原则也是一致的：快捷有效地提高发言人与媒体打交道的能力。

但是，现在的培训中，问题不少，误区多多。

比如，一些地方对新闻发言人的培训中，首先把新闻发言人和记者对立起来。有的老师甚至说，教的就是怎样“消灭”我们的敌人！打败我们的对手！在这里，有必要廓清一个最基本的理念：新闻发言人与媒体（公众）不是对立关系，而是有很多共同利益、共同原则、共同目标。两者是一种工作关系，是可以通过博弈与互动达到双赢的合作关系。当然我们也可以通过与媒体的互相监督，实现共同进步。

此外，新闻发言人课程体系的设置也不是特别合理。一般有关新闻学的课程比较多，其实，传播学的相关课程也要受到重视。有了扎实的传播学知识，我们才能更好地设置社会议程，引导舆论走向。还有一个误区就是，重理论轻实践。来自象牙塔的理论多，来自新闻发布厅和舆情处置第一现场的实战经验少，导致听的时候好像是那么回事儿，回到实际工作中面对具体问题又一筹莫展，教授们那些高深的理论不知道怎样化为切实可行的应对举措。所以，我们必须要强调，媒介素养的提升与新闻发布工作能力的锻炼，必须深深扎根于工作的实践。

2. 学习：持续补充

培训是速效的，就像我们生病了打点滴，迅速控制病情，但要根治，还要长期坚持服药、慢慢调理身体。所以，发言人要发挥自身的主观能动性，长期坚持学习，不断在实践中感悟和积累经验。

“读万卷书，行万里路”，学习的方法无非两种：读书和实践。

读书，主要读新闻学、传播学的书，了解媒体和信息传播规律。当然，优秀的新闻发言人需要的是综合素质，因此，读书的范围要更广更深些，政治学、公共关系学、社会学、管理学乃至心理学等相关学科知识的学习与积累，对我们提高媒介素养都是非常

---

① 闻学峰：《论新闻发言人的媒介素养》，《宁波大学学报（人文科学版）》2007 年第 5 期。

有用的。

实践，是更重要的学习方法，也是发言人必要的学习途径。“实践出真知”，关键是我们敢于和善于在实践中不断锻炼，不断总结，不断提高。要大胆地走上新闻发布台，直面记者的挑战，经受得住失败的考验，方能体味到发言人的个中甘苦。同时，不但要总结自己的实践经验，而且还要观摩和学习海内外一些重要的新闻发布会，从其他新闻发言人的实践中总结经验教训，在实践中领悟，再在实践中升华。

3. 队伍：尝试新办法

据美国全国政府传播者协会统计，在美国各级政府中，大约有 4 万名政府信息传播者。其实，更重要的问题不仅仅是数量多，而在于“质量好”。

在西方，新闻发言人通常是职业化的。

国际上很多新闻发言人，他们都具有新闻从业背景：克林顿的发言人麦柯里曾为从属于《华盛顿邮报》的《特伦顿时报》工作过 3 年；安南的副发言人、联合国第一位华裔新闻发言人江华，曾在英国广播公司工作了 17 年。

但是，目前我国政府新闻发言人中，绝大多数都是现职官员兼职的，发言人只是他们职责的一部分，甚至被认为是可有可无的一小部分，能推则会毫不犹豫地推掉。准确地说，目前我国大多数政府新闻发言人既没有职业化，更远远谈不上专业化。

当然，在新闻发言人制度建设上，我们没必要也不可能全部套用西方的模式，但它们的一些好的做法还是可以借鉴的，一些基本的理念、原则和方法是共通的。比如，我们也可以尝试逐步建立新的发言人选拔机制，一方面使政府新闻发言人逐步走向职业化、专业化；另一方面要尽量选拔那些有新闻传播专业背景的或有新闻传播从业实践经历的人，这两方面都有利于我国政府新闻发言人队伍整体媒介素质的提高。①

第二节　善知媒体是发言人的基础课

一、媒体是舆论的引发与引导者

2011 年 9 月，一个记者撰写的《10 万元手术最终吃 8 毛钱药搞定》引发了一场关于医患纠纷的激烈争论。这就是轰动全国的“八毛门”事件。

---

① 闻学峰：《论新闻发言人的媒介素养》，《宁波大学学报（人文科学版）》2007 年第 5 期。

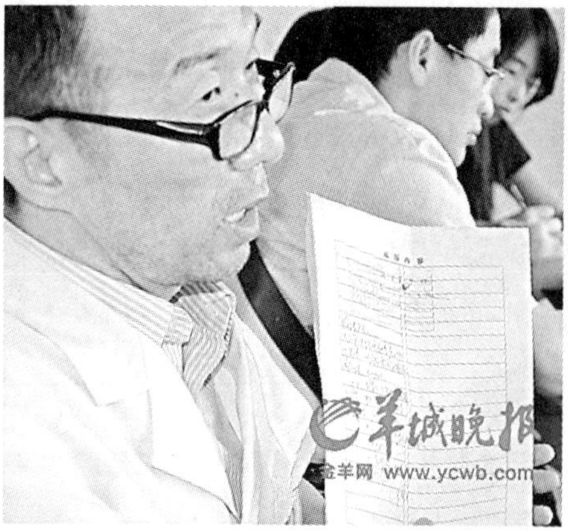

图 2—3 深圳市儿童医院的李主任展示广州市儿童医院病历(图片来源:《羊城晚报》)

该文称,在深圳市儿童医院,面对一名尚未满月的患儿,医生开出 10 万元的天价手术费。但患儿转至广州市儿童医院后,该院门诊医生仅用八毛钱的药就治好了孩子的病。全深圳全广东乃至全国媒体一时间仿佛炸开了锅,“八毛门”成为人们街谈巷议的焦点话题,深圳市儿童医院首当其冲成为“千夫所指”的对象。舆论矛头直指“黑心的医生”、“黑暗的医院”、“黑暗的医疗体制”。一起并不复杂的医患纠纷,迅速演变成一个全国关注的焦点新闻,把本已经十分脆弱的医患关系推向了强烈对立的鸿沟状态。导致这一演变的原因和力量就来自媒体的广泛报道。

媒体可以通过集中报道的方式,将形形色色的社会事件中的一部分拎出来,并将事件放大,引起集中广泛的关注,引发舆论。而实际上,媒体的强大威力还不仅仅如此。

在“八毛门”事件经媒体报道后,深圳市儿童医院成立了专家组对事件进行了调查。并认为根据患儿的临床表现和相关检查,诊断是有充分依据的,处置也是得当的。深圳市儿童医院的检查对于广州儿童医院门诊诊断是有参考作用的。患儿情况缓解与之前在儿童医院的积极治疗是有关的。而且,院方强调说,从来没有和患者说过手术费用“10 万元”。所有手术费用加起来,不超过两万元。①

更值得一提的是,首发媒体的记者与编辑部均是在没有采访深圳儿童医院和广州儿童医院的情况下,仅凭患儿家长的一面之词写出并发表该报道的。在广州媒体采访广州儿童医院当事医生时,对方一再强调:“深圳儿童医院的诊断是正确的。我们也从来没有说治好了该患儿的病。”后来的事实也证明了深圳儿童医院关于患儿“先天巨结肠”的诊断是正确的,当时采取的一系列检查与治疗措施也是必需的。患儿家长最后在武汉一家医院给孩子动了手术,治愈后主动在媒体发布道歉信向包括深圳儿童医院在内的有关方面表示歉意……即便如此,首发媒体之前的报道早已以一种压倒性的力

① 《深圳称市委领导高度关注“10 万元手术 8 毛钱药解决”》,《深圳特区报》,http://news.ifeng.com/society/2/detail_2011_09/08/9034227_0.shtml? _from_ralated.

量控制了舆论导向。

这到底是为什么呢？

我们生活在一个媒介世界中，公众长期持续不断地从媒介获取信息，媒介的价值取向对公众态度形成起着重要的作用。虽然每个人的世界观、价值观不一样，因此对事情的看法总会有不同，但事实上，媒体强大的声音对我们每一个人都有着不能忽视的引领作用。媒体所传递的信息，特别是媒体强化传播的信息，也即他们有意设置的议程，对于事先并无明确态度的所谓“沉默的大多数”具有更为强大的引导作用。

因此，我们必须了解到媒体具有一种强大的力量——引导舆论，并在此基础上，学会在新闻发布中掌控议程，主动引导舆论的走向。

二、新闻生产中的多重把关

把关，是新闻生产中的重要过程，只不过它经常隐藏在幕后，仿佛看不见，摸不着，但却无处不在，力量巨大。

把关，简单地说，就是指对信息的筛选和过滤。从新闻采访到编辑再到发布，整个新闻生产流程中处处存在把关人的身影。我们通过媒体所接收到的信息，实际上已是经历了无数道把关的最终“产品”。

媒体对信息的选择和把关是一个非常复杂的活动，把关的标准也极其复杂，除了新闻价值和新闻要素外，还要把政治、经济、文化价值、意识形态、媒体利益等因素考虑在内。

媒体对信息的传播绝对不是纯粹的客观中立，把关活动及其结果，在总体上是媒体组织的立场和方针的体现。①

与把关活动密切相关的还有“议程设置”的问题。通过把关，媒介关注了一些事件，而过滤掉了另外一些事件。这种做法导致的结果是，人们倾向于了解媒体关注的那些事件，并按照媒体对这些事件的报道程度，决定自己对这些事件的关注程度。

了解了“把关人”和“议程设置”，我们对于媒体为什么在引发和引导舆论中有着如此强大的力量和重要的作用，便有了清晰的了解和深刻的认识。由此我们也会明白在新闻发布工作中如何引导舆论——学会掌控媒介议程和“把关”流程！

在新闻生产过程中，新闻发言人也充当着把关人的角色，如何通过“把关”和“议程设置”活动，主导信息发布和舆论导向，是新闻发言人的重要工作之一。

---

① 郭庆光：《传播学教程》，中国人民大学出版社2010年版，第165页。

1.新闻发言人的把关

新闻发言人首先是要做好自己这个环节中的“把关人”。把好新闻发言人这一关，可以有效地引导媒体信息发布，并成功掌控舆论导向。

新闻发言人要尽量满足记者的合法合理的需求，做到坦诚相待。但是，也并非记者需要什么我们就说什么。哪些应该说，哪些不该说？哪些可以说，哪些不能说？选择在什么时间说？通过怎样的方式说？这就是新闻发言人必须面对的把关问题。

把好信息关，主动设置议程，将所代言部门的正面形象和信息传递出去，是政府发言人的职责所在。作为新闻发言人，适时借助媒体，主动发布新闻，还可以防止不实信息的扩散和蔓延，进而实现对舆论的引导。

当新闻事件发生时，尤其是突发、敏感的重大危机事件，媒体就成了新闻发言人接触公众最便捷的途径。作为新闻发言人，虽然不能改变所面临的事实，但是可以控制大众媒介传播给公众的信息。

因此，在面对媒体时，新闻发言人也要有“议程设置”意识，不要只单纯把新闻发布看作是与媒体的“答问”，而是要跳出“答”和“守”的习惯性被动思维，从而让自己获得主动发布新闻和掌控信息走向的机会。[①]

2009 年 9 月 22 日，中共中央统战部常务副部长朱维群在接受德国《焦点》杂志采访时，曾被问到西藏“3・14”事件，对此，朱维群给予了斩钉截铁的回答，并亮明我国的态度和立场。

记者：如果中方如此肯定达赖喇嘛和他的一些支持者是去年“3・14”事件的背后主谋，那为什么中国不能请一些国际人士去搜集相关的证据。如果来龙去脉搞清楚的话，国际社会一些人的猜疑，不就可以打消了吗？

朱维群：我理解您提出这个问题是出于好意。但是我们中国人办事有一个原则，就是我们的内政不受外国的干预，包括外国人，也包括外国的机构。西藏的事情纯属中国内政。我们会向外国朋友介绍有关的情况，解释有关的问题，包括请您到西藏去采访，但是我们不会允许外国人、外国机构来插手，干涉我们的内政，在中国事务上充当什么中间人，充当什么道义的执行者。中国人站起来已经 60 年了，事实证明我们中国人完全有能力解决好我们内部的一切事务，外国人插手中国内部事务，给中国人带来什么？我想大家都

① 王婷:《面对媒体的策略》，中国传媒大学出版社 2011 年版，第 84 页。

非常清楚。1840 年以后的 100 多年当中，中国是帝国主义列强侵略的受害者。受害者的感受和加害者的感受是不一样的。在中国人心目中，外国干涉者的道义形象并不像他们自己想象的那般美好。

记者：不好意思，我并不是要质疑中国处理内政事务的能力，我只是想说，是不是可以借助国际上的一些机会，让大家能够对达赖喇嘛去神圣化，解开他身上神秘的面纱。在西方很多国家，达赖喇嘛拥有非常多的同情者。

朱维群：我知道一些外国人和外国机构十分热烈、十分迫切地想介入到我们和达赖喇嘛的关系中来，介入到所谓的"西藏问题"中来，我再次说，没有这个必要和可能性。

至于说达赖喇嘛在一些国家有众多的所谓"同情者"，这是这些国家的当政者和新闻媒体自己造成的。大家可以回顾一下，在 1989 年以前，达赖喇嘛在西方有多少支持者和同情者？甚至有多少人知道这个喇嘛？达赖喇嘛是被西方一些人作为整治中国的工具而抬高的。包括授予他"诺贝尔和平奖"，实际上是 1989 年西方国家"制裁"中国的行动的一部分。

但是这种状态一旦形成了以后，想要改变这种状态就有点麻烦了，这就给有关国家后来发展同中国的关系带来了一个很不利的因素。当这些国家当政者认识到需要改善与中国关系时，却不能不受到达赖喇嘛"同情者"的牵制。这个问题是这些国家自己造成的。希望有些国家从中汲取一些教训。

我们并不想把西藏的门对世界关上，西藏作为中国的一部分，它的门应该是向世界敞开的。我们欢迎大家到西藏来旅游，来帮助建设，来进行采访，但是我们任何时候都不会欢迎外国人来这里指手画脚。

我举一个例子，不久前我会见一个国家的政要，他说，我们向中国索要十几个关于"3·14"事件以后被捕者下落的个案，而中国只提供了少数几个，我们感到很不满意。我告诉这位朋友，中国是一个主权国家，我们没有义务向外国提供我们主权范围内的刑事案件的处理情况。我们之所以向你们提供了若干个案，是因为我们两国关系不错，而不是我们负有这种义务和责任。我告诉他，如果是我来决定这个事情，我一个都不提供！

由此可知，"把关"是政府新闻发言人的重要职责之一。

2. 对媒体把关的提醒和引导

朱维群在接受采访的两个小时中不仅详细回答了记者的提问，把好自己的这一关，而且还主动要求媒体，做好“把关人”。

朱维群：首先对德国《焦点》杂志古德隆·多梅泰特女士和您的同事到中央统战部来表示欢迎。我希望你们的采访能够自由一些，随意一些，包括提出你们认为是尖锐的问题。但是我也希望我谈的主要内容，你们能够刊出。因为我见过不少西方记者，发现他们有一个不大好的倾向，就是当我谈的内容不是他们需要的东西的时候，他们没有勇气予以报道。

……

记者：感谢朱副部长给我这么详细的解答。我知道“西藏”这个题目是一个非常困难的题目。在很多情况下很少能够像朱副部长谈得这么长，这么详细。

朱维群：我本来希望您今天提问的火力更猛一点。我认为当记者的基本准则就是报道事实，这里既包括您在西藏所看到的事实，也包括我们今天谈话内容的事实。①

三、“媒体偏见”是客观存在

深圳“八毛门”事件最终以患儿父亲公开向医院和社会道歉画上了句号。

从严格意义上说，“八毛门”最多算是医患之间的误解：患者家长对于医院的诊断与处置方案存在质疑，故转院去广州，最后去湖北武汉动了手术。而事实证明深圳儿童医院的诊断是正确的，所建议的治疗方案也没有错。

回顾事件的发生与演变过程，人们疑惑不解：原本连医患纠纷都谈不上的一件事情为何会炒成全国关注的焦点新闻？

据悉，首发此新闻的记者并未采访相关当事各方，包括所谓治好了患儿疾病的广州市儿童医院，而只是听取了患儿家长的单方面投诉信息，在长期以来存在的“医患关系高度对立”思维定式的作用下，带着医生都是要开大处方、动大手术、做多重检查的个人偏见生产出了不客观公正的新闻产品，从而给社会、医患双方乃至记者个人带来了很大的伤害。

据报道，在那段时间，仅深圳市儿童医院已经至少有 3 名患儿受到“八毛门”的影

---

① 《朱维群答德国焦点杂志记者问：达赖喇嘛如果真想同中央改善关系就应当改弦易辙》，新华网，http://news.xinhuanet.com/politics/2009-10/15/content_12239817.htm.2009-10-15.

响而执意拒绝医院建议的手术治疗。结果一名患儿肠穿孔，另两名患儿则阑尾重度化脓。整个事件中，医院和医生群体的信誉再一次受到损害，初始的恶劣影响已经造成，辟谣永远没有造谣传播的速度快。而最早报道此事的记者也深陷社会对其“无良记者”的指责。

什么导致了这样多输结局的出现呢？

美国“自由论坛”发表的《公正新闻学》一书中，列举了报纸常常出现的九大不公正现象之一就是：报纸把编辑记者个人的意见掺杂在新闻报道中。我们姑且称这种“不公正现象”为“媒体偏见”。

2011 年 10 月 25 日，一篇题为《公务员打骂亲生父 扯碎衣服咬破肩膀》的长篇报道出现在《南方都市报》上。

> 年近六旬的老父老母，从湖南郴州老家来深圳帮助儿子带孩子，没想到得到的竟是身为公务员的儿子的辱骂和殴打。昨日一早，59 岁的老父廖祥光和儿子廖某再次发生冲突，廖祥光的衣服被儿子撕破，身体多处受伤，左肩膀上被儿子用牙齿咬得鲜血直流，光明新区东周派出所已经介入调查。
>
> 这名殴打父亲的儿子，是受过高等教育的北京大学硕士研究生，深圳市光明新区发展和财政局职员。对于记者“为何要打父亲”的提问，廖某以“家庭矛盾”四个字回应，并称“你们还要管啥，（我和父母）反正都这样了，无所谓了”。
>
> 据廖祥光说，他之所以被儿子打，是为了替老伴廖惠莲讨说法。廖祥光说，去年 4 月份发现儿媳妇李某怀孕后，廖惠莲来深圳照顾媳妇，结果媳妇瘦了，儿子就对母亲破口大骂，还动手打母亲，结果把廖惠莲气回了老家。
>
> ……

报道一出，迅速引起全国媒体和社会的强烈反响。当事人也迅即被舆论推上了道德审判台。由此引发的连续报道与评论中，许多媒体包括境外的香港媒体，都以《深圳公务员辱骂殴打亲生父母》为题展开追踪报道和述评。

回首这宗事件的演进过程，媒体特别是首发媒体的“媒体偏见”确实起到了非常重要的推波助澜的作用。

首先，记者接到报料后，激发了自己原本固有的“公务员队伍好人不多”的偏见，进而演变成了公务员道德沦丧、不孝敬父母等预设立场，直接表现为只听投诉一方的诉说，不进行多元的信源采集和平衡报道。

其次，在这种带有严重偏见的预设立场的驱使下，将报道定位在“考上公务员后才不孝敬父母”、“辱骂殴打亲生父母”、“北大硕士”等极具新闻煽情的要素上，引发了社会公众的愤怒情绪。而事后证明，上述新闻的“卖点”中，有许多与事实不符，而且是严重不符。比如，当事人并非北大硕士，这宗家庭矛盾也不是当事人从企业考进公务员后才发生，而其父亲肩膀的咬伤也完全不是该当事人所为，等等。

一宗普通的家庭纠纷，演变成了一宗媒体和公众对“公务员队伍家庭伦理道德危机”的批评与谴责的公共舆论事件，最后不得不由深圳市委主要领导出面，动用了包括当地主流媒体、文明办、关爱办、妇联等多方力量，才调停并平息了事件。但是，由此引发的关于深圳公务员队伍的舆论风潮及其造成的恶劣影响，远未能彻底消除。

作为政府新闻发言人，对“媒体偏见”及其强大的负面影响，必须要有足够清醒和深刻的认识：媒体的不客观是一种客观存在。

正因为“媒体偏见”是一种客观存在，为了最大程度地消除这种不公正现象，唯有通过新闻发布的手段，以多种方式，尽可能多地传递相关权威、真实信息，从而使记者的报道能最大化地消解媒体偏见，变得相对客观公正。

四、了解港澳媒体

香港媒体热衷于热点人物花絮以及“故事化”、“娱乐化”的风格。如《生活中的李克强》：“在媒体看来，李克强有些‘神秘’，内敛低调是记者对他的共同感受。不过，普通人的兴趣和情感也体现在这位年纪最轻的政治局常委身上。”小标题分别为“嗜书如命”、“惜时如金”、“习语如痴”，让读者了解到常委的“另一面”，摆脱了官员平日里严谨、权威的惯有形象，拉近了读者和官员的距离。①

2001年，香港和澳门新闻机构获准在内地设立常驻记者及派遣常驻记者，常驻人员必须为港澳人士。根据中国记协发表的香港、澳门新闻机构在内地设立常驻记者站及派遣常驻记者须知规定，在香港、澳门依法注册或经香港、澳门政府批准出版、发行、经营的时事类报纸、刊物以及电台、电视台等新闻机构均有资格提出此项申请，但非时事类新闻机构则不在其列。

1.香港媒体的构成

香港目前报纸主要有《东方日报》、《信报》、《明报》、《经济日报》、《大公报》、《文汇

---

① 张瑜烨、高笑寒：《香港媒体对重大时政新闻的报道特点——以〈大公报〉十七大报道为例》，《当代传播》2009年第2期。

报》、《香港商报》、《太阳报》、《南华早报》，电视台则有 TVB、亚视、Cable TV 等。

香港凤凰卫视原时事评论员杨锦麟在 2007 年 7 月的《青年记者》杂志上发表了《回归十年：香港媒体探索新路》一文，谈到了香港媒体的不同角色和类型，并以凤凰卫视、《文汇报》为例进行了说明。

香港是中国与国际社会接轨的桥梁，是中国走向现代化的先行者和试验田，也是内地接受现代文明以及普世价值观最直接和最便捷的信息窗口。因此，香港传媒生态的任何一种潜移默化，无不直接或间接影响到内地传媒的发展走向。

而凤凰卫视的成功，在世界华文传媒市场上异军突起，凭借和依靠的也是香港的地缘优势以及"一国两制"的大环境。凤凰卫视董事局主席刘长乐总结说：凤凰是香港回归的幸运儿和得益者。它的成功得益于主权回归给香港及其媒体所带来的优势。

香港历来就是亚洲最为重要的资讯中心，新闻自由以及媒体开放由成熟的市场所决定。回归之后，香港在资讯传播方面的优势，使其成为中国内地一个特殊的政治板块，和内地的联系远比殖民时代密切。这就使得香港传媒获得了立足本地、面向内地以及开拓华文传媒市场的难得机遇。

作为一个敏锐的媒体经营者和投资者，刘长乐以及他的经营团队充分利用了香港回归之后的天时、地利、人和这三大基本要素。

除了充分利用"一国两制"的地缘、政治和文化优势之外，凤凰卫视还尝试走一条左右逢源、别开生面、"里外不是人，东西不讨好"的路子。在经过 11 年的不懈努力之后，它所坚持的高端文化和商业运作相结合的传媒路线，同样获得了令人满意的回报。

一般的认知上，香港报业是近现代中国，尤其是国共内战时期政治角逐的延续。在相当长的一个时期，香港若干具有代表性的媒体在"资本主义飞地"有过亮点，有过辉煌。但这些被视为"亲中"的报刊，因为在"文化大革命"期间遭到极左路线的错误指引，使得它的经营者和管理者在后来各个历史时期，无法适应时代的变迁，难以把握港人心态，最后逐渐失去了在香港主流社会中的影响力，甚至陷入难以为继的状态。

对于这一切，在 1997 年之前固然可以从殖民地政府的限制和封杀中找到诸多自圆其说的理据，但在回归之后，那些动辄上纲上线、把不思进取的责任推卸给主观臆想的对立面，就缺乏说服力了。

香港《文汇报》被诸多国际以及香港研究机构视为"一座正在拆迁中的城市"，这些年来的表现更加受到香港及海外华人读者的关注。它也不断努力，试图充分利用香港地缘优势以及回归之后的政治环境融入主流社会，最终在营造和建立舆论权威方面取得了值得称道的进步。

根据一项调查显示，对于《文汇报》近些年的变革，国际主要通讯社、驻港外交机构、研究单位以及香港和香港以外的大专院校新闻系，均将它作为研究中国问题、中央对港政策的信息来源和参考对象。既要履行某种政治职责，又不违背资本主义制度下新闻传媒运行的基本规律，对于这个难以协调的矛盾，《文汇报》在求新求变的探索过程中，似乎已经找到了一个很好的契合点。因此，肯定它的作为和成绩，并不为过。以香港为立足点，努力营造全球华人话语平台的凤凰卫视，以及在历史废墟上构建新版图的《文汇报》，足以帮助我们解读香港回归后传媒生态的变化与进步。

2. 澳门媒体现状

根据澳门特区政府新闻局的刊物登记资料，澳门本地出版的日报现有 14 种，其中 9 份为中文日报，分别是《澳门日报》、《华侨报》、《大众报》、《市民日报》、《现代澳门日报》、《正报》、《星报》、《新华澳报》和《濠江日报》；3 份为葡文日报，分别是《今日澳门》(*Macau Hoje*)、《澳门论坛日报》(*Journal Tribuna de Macau*)和《句号报》(*Ponto Final*)；2 份为英文日报，分别是《澳门每日时报》和《澳门邮报》。不同语种的周报、月刊和季刊等定期刊物有 20 多种，已登记的刊物实际上大于此数，另外，澳门本土还有不少没有在新闻局登记出版的刊物，这些都是澳门印刷传媒的主体。澳门的报刊在市场上的实际占有率并不乐观，其生存环境受香港传媒的直接威胁。

澳门奉行资讯自由流行政策，刊物进入澳门市场不用经过特别审批，因此，除了本土出版的报纸杂志以外，澳门市面上还可以买到不少在中国香港特区、中国台湾地区、中国内地以至世界其他地方出版的报纸杂志，其中香港的报刊在澳门的流通量最大。

电子传媒方面，澳门现有一个由政府持有全部股权的澳门广播电视有限公司(以下简称“澳广视”)。澳广视辖下有一个广播电台和一个电视台，两者均设有中葡语两个频道，分类播放两个语种的节目。目前澳广视还在试行高清(High Definition)广播，准备发展多条高清广播电视频道。此外，澳门还有一家私营的有线电视公司和多个私营的卫星电视台，一家私营广播电台——绿村电台。除本土的电台和电视台以外，长期以来，澳门居民均可以收听和收看香港地区电台和电视台的广播节目。近年来在澳门的部分地区，居民还可以收看到中国内地、中国台湾地区等的电视节目。

过去十年，新兴的传播技术在澳门也有长足的发展，为澳门的新媒体发展提供了硬件基础。根据澳门特区政府统计局的资料，互联网渗透率接近七成，同样居于世界前列。

从居民选看的电视频道看，本地电视台同样面对来自香港的市场竞争，香港的电视节目在澳门居民当中有更高的收视率。根据报告，在 2006 年及 2007 年，香港无线电视翡翠台占据收视率的榜首，接近九成观众收看，占绝对优势；其次是澳门电视台，也只占约一半的收视率；第三是亚洲本港台，约维持接近四成的收视率，稍微有下降之势。[①]

3. 港澳媒体新闻观

"香港媒体运作模式大多引用西方模式。上世纪 90 年代的新闻媒体卷入了新闻娱乐化的浪潮，逐渐形成了今天大众化、平民化、娱乐化的写作风格。"[②]

《京华时报》2010 年 6 月 17 日报道：近日有香港媒体报道称深圳大亚湾核电站发生泄漏事件，随后有关部门予以澄清。15 日，广东核电集团工作人员接受采访时表示，不达安全等级则无需公布，不然会引起市民恐慌。

5 月底，大亚湾核电站把这一事件向安全咨询委员会作了通报。安全咨询委员会有来自香港的代表。大亚湾核电站每年向委员会汇报两次。这次通报后，香港代表在会上没有作出质疑，然而其中一人把材料带回了香港，香港一家媒体获得了这一消息，作了报道。

"早上起来发现掉了几根头发，这有什么好大惊小怪的呢？如果掉几百根头发，才是需要注意的事。达到安全级别，早就报上去了。"被问到这个问题时，广东核电集团办公厅一位工作人员说。

曹景行是凤凰资讯台副台长兼言论部总监，曾任《亚洲周刊》副总编辑，《明报》主笔、中天新闻频道总编辑。作为一名香港资深记者和媒体从业人员，他分析了市场竞争中香港媒体的新闻选择标准："新闻的概念从我的角度理解，我是针对特定对象，去把信息加工成一个产品。这是我理解的新闻。而加工的过程不是我一个人能做到的，我是在一个媒体机构，这个机构可以大一点，也可以小一点。可以大到几万人，小到几十人，上百人，但它是一个机构，我通过这个机构制造出来的产品，才是新闻。信息是大量的，信息是无限的，但我只会按照我的对象、我的市场，也就是我的受众，选取当中非常少的一部分做成我的受众愿意接受的样子的东西，这才是新闻。……这就像我们政治经济学中商品价值、产品价值这个道理是一样的。但观众接受的才是新闻。……产品消费掉了，我才承认你这个东西，我把茶喝掉了，我才承认茶的价值体现出来了，不然它就是一堆没有卖出去的茶叶。"[③]

---

① 本节详细内容参见 http://www.china.com.cn/news/zhuanti/amhg/2009－12/06/content_19017170.htm

② 刘江：《港报和内地报纸时政新闻比较》，《当代传播》2004 年第 6 期。

③ 汪兴明、李希光：《政府发言人 15 讲》，清华大学出版社 2006 年版，第 255－276 页。

五、了解西方媒体

> 我感到愤慨的是，达赖集团和西方国家的一些人士把暴徒的打砸抢烧行为说成是“和平示威”，把我们依法处置这一严重危害人民群众生命财产安全和社会秩序的暴力行为说成是“镇压和平示威”，真是颠倒黑白，岂有此理。试问，世界上有哪个民主法制国家能容忍这种暴行？……对于个别媒体的歪曲报道，包括西藏人民在内的中国人民群众感到不满，我是非常理解的，我也深感不满。
>
> ——西藏自治区主席向巴平措在关于西藏打砸抢事件的新闻发布会上的发言

2008年3月初，西藏拉萨发生了打砸抢烧的严重暴力事件，一些外国媒体在对这一事件进行报道时，出现了大量失实的报道，这些报道引发了境内外众多网民的抗议。CNN是美国著名的新闻媒体，一直强调以客观公正的态度报道新闻，但在报道拉萨发生的暴力事件中，以CNN为代表的部分西方媒体却发布了大量失实报道。

对此现象，国内民众表示愤慨，并谴责西方媒体的不实报道。一些网民甚至自发建立了一个anti－cnn网站，反对CNN的不实报道。从网站搜集的证据来看，大致而言，国外媒体关于拉萨事件报道的谬误可分为四类：①

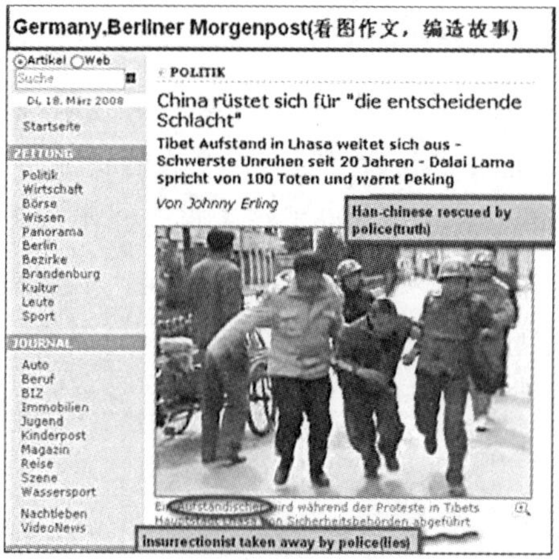

图2—4　一家德国媒体把警察救助汉族百姓的图片解释为“警察带走了暴乱分子”

其一是“以偏概全，混淆视听”。3月17日，CNN和法新社在各自网站上使用了同一张图片，图中两辆绿色卡车一前一后正向两名平民驶来。事实上，如果完整展示图片的话，可以看到当时有约10名暴徒在向军车投掷石块，虽然CNN网站的图片说明是“藏人向军车投掷石块”，但图中却看不见这一已被裁去的场景。

其二是“看图说话，编造故事”。德国《柏林晨报》网站在3月18日刊登一张照片，图片说明为“警察在抓捕藏人”。而事实上，图片上显示的是西藏公安武警正解救被袭汉

① http://news.hsw.cn/gb/news/2008－03/26/content_6880621_2.htm.

族人。

其三是“张冠李戴，指鹿为马”。德国 RTL 电视台在其网站的新闻栏目中刊登出一幅表现四名挥舞棍棒的警察追打游行者的照片，图片说明为“中国警察在西藏镇压抗议者”。但该网站于 23 日发表声明，承认对照片做了错误的文字说明。照片实际上拍摄的是尼泊尔警察 17 日在加德满都驱散游行者。美国福克斯电视台网站则刊登图片称，中国军人将藏人抗议者拉上卡车，可图片中却是印度警察；而德国 NTV 电视台也将尼泊尔警察抓捕藏人抗议者说成是“发生在西藏的新事件”。

其四是“颠倒黑白，肆意歪曲”。3 月 17 日，BBC 在其网站上刊登题为《藏人描述持续骚乱》的报道，所配照片说明是“拉萨目前有大量军队”。而事实上，配图是西藏当地公安武警协助医护人员将骚乱受伤人员送上救护车的场景，图中救护车上“急救”二字颇为醒目。即便不识汉字，救护车上大大的红十字也让人难以视而不见。

针对英国《世界新闻报》窃听事件，新华社在 2013 年 7 月 19 日发布文章《西方媒体的阴暗面》：

> 英国伦敦警察局助理局长耶茨 18 日辞职，成为继伦敦警察局局长斯蒂芬森之后因卷入《世界新闻报》窃听丑闻而辞职的又一名警方高官。19 日，《世界新闻报》老板、传媒大亨默多克将参加英国议会下院的一个听证会，就这一丑闻接受质询。
>
> 显然，此次窃听事件并没有因为《世界新闻报》的关张而偃旗息鼓，相反，随着一个个黑幕被揭开，窃听事件不断发酵，被捕人数不断增加。从这一事件可以看出，一些西方媒体为了追逐利润，不惜侵犯人权、违反法律，而政府慑于媒体威力，与其暗中勾结，共同侵犯了公众的利益。

1. 人权成为利润牺牲品

西方媒体习惯把自己标榜为“人权卫士”，但事实上，其中一些媒体，尤其是小报往往不择手段，采取窃听等侵犯公民隐私的方法，以获取“独家新闻”，吸引眼球，从而实现利润最大化。

近些年来，英国媒体的竞争日趋激烈。英国只有 7000 万人口，但面向一般读者的全国性小报却有好几家，其中包括已经倒闭的发行量最大的周报《世界新闻报》，同属新闻集团、英语世界发行量第一的《太阳报》，以及《每日镜报》、《每日星报》等。《旗帜晚报》和免费报纸《地铁报》也在不断蚕食这些小报的市场。此外，随着手机、网络等新媒体的异军突起，英国报纸，特别是小报面临的压力进一步增强。为了遏制发行量不断下滑的趋势，小报从业人员使出浑身解数寻找新闻线索，例如翻垃圾桶、非法侵入他人电子邮件账户等。

2011 年 7 月 4 日，英国《卫报》在头条曝料，英国老牌报纸《世界新闻报》在 2002 年非法窃听失踪少女米莉・道勒及其家人的电话，扰乱警方破案。消息一出，举国哗然。随后，更多深水炸弹被引爆，《世界新闻报》窃听阀门被彻底打开，丑闻如洪水涌出，在英国掀起惊涛骇浪。这家有着 168 年历史的报纸，因为"窃听丑闻"而关闭。

这样一份大名鼎鼎的报纸，在 168 年的历史中，深得中下层民众喜爱，独家爆料"害了"不少名流巨贾。被默多克收购之后，它在"膻色腥"的道路上越走越远。2007 年，《世界新闻报》记者因窃听威廉和哈里王子的手机信息被捕入狱。然而，对王室的"不敬"并没有阻挡它的脚步，这次对平民的窃听(窃听被绑架女孩误导警察)终于激起民愤———它轰然倒下。更多"龌龊"的隐情浮出水面，英国人人自危。自此，默多克旗下的英国小报，包括著名的《太阳报》，好似多米诺骨牌，都被拉下水。默多克传媒帝国在英国的触角遭到重重一击。

"窃听门"之所以如此受到英国政府、公众以及世界的关注，一方面反映了英国社会和全球传媒界对于违反职业道德和规范行为的"零容忍"；另一方面，也暴露出传媒为了眼球效应也即自身的经济利益，而不惜公然违背职业道德进而违法的问题已经不容忽视。

西方一直标榜"自由公正"，那么，他们是否在社会生活的各个方面，包括传媒领域，都有真正意义上的"自由公正"呢？

西方三权分立的政治体制，确实在形式上可以保障一定的自由与公正，比如，市民可以直接对政府官员甚至国家领导人提出毫不客气的批评，直截了当地反映自己的心声，包括以游行示威的形式。理论上，这样的自由与公正，确实可以保障弱势群体的声音能够得以表达，并且有可能被公权力听到。但在现实中，正因为他们是弱势群体，虽然能够发声，但他们的声音往往因为过于弱小而被淹没在更为强势的声浪中。而这样的声浪，则极有可能是公权力或者别的利益集团所谓的"议程设置"的产物。

《世界新闻报》的"窃听门"，就是媒介以侵犯和牺牲他人的自由与公正权利来获得媒体利益的典型案例。该报为了制造具有轰动效应的新闻，窃听凶案受害人甚至前首相的私人事务等，就是对人权的蔑视，对"自由公正"的破坏。"刚开始的时候非常普遍，所有人都这样做，你实在没有理由不这样。"曾在《世界新闻报》任编辑的保罗・麦克米兰(Paul McMullan)如是说。

早在 2003 年，英国对隐私数据和政府透明度进行调查的机构——信息专员办公室(the Information Commissioner's Office)曾对另一位私家侦探史蒂夫·惠特摩尔(Steve Whittamore)进行了调查，结果显示，此人为多家英国报纸提供信息。在三年时间里，超过 300 名记者雇佣过惠特摩尔。这些报纸不仅限于各种小报，而是涵盖整个英国新闻界。《每日邮报》是最主要的顾客，《世界新闻报》排名第 15，新闻集团的《泰晤士报》和《星期日泰晤士报》也位列其中，另外还有卫报传媒集团的《观察家报》。除了电话窃听，他们还使用其他一些"黑魔法"，例如欺诈(装作某些机构，例如电话公司和银行，套取一些个人信息)，非法搜索警察局和政府部门的内部信息，或者利用手机号码获取私人地址等。

美国媒体也不例外。2003 年 5 月，《纽约时报》记者布莱尔编造多条虚假新闻的事件曝光，在美国新闻界引起强烈震动，致使该报执行主编豪雷恩斯被迫辞职。此后，《波士顿环球报》、《今日美国报》等主流媒体也纷纷曝出造假丑闻。

更为可怕和必须警醒的一个事实是：这种严重践踏新闻专业主义职业精神的恶俗做法，正在西风东渐，被我国某些媒体视为国际"先进经验"争相仿而效之，比如，所谓的"体验式暗访"、特殊拍摄(偷拍)之类，都是涉嫌违法之举。

2. 标榜"独立"却成工具

虽然西方媒体号称是"独立于政府的力量"，但实际上它们与政府有着千丝万缕的联系，往往成为政府"隐性宣传"的工具。

以美国为例，其媒体就远未做到对外所声称的"客观、公正"，还往往因为与政府的密切联系而成为政府影响和塑造民意的工具。

例如，2005 年美国媒体曾被曝出在伊拉克战争期间以及在众多领域内"预制新闻"，为美国的政策包装、开道。从表面上看，美国政府对媒体并没有政治上或组织上的直接管理，但政府将自身拥有的强大新闻资源作为与媒体进行协调的重要筹码，吸引媒体进行发布，从而引导媒体，让其心甘情愿地宣传各项政策。

前中国驻法大使、外交学院院长吴建民在接受《中国记者》杂志专访时，指出了同西方记者打交道的一些注意问题和基本策略。

记者：您认为，在和西方记者打交道的过程中，我们最应该注意哪些方面的问题？

吴建民：首先，我们要懂得如何向记者提供信息。我觉得，有些人没有弄懂西方记者的心理。实际上，极少有记者是借采访之名找吃找喝，还想找点礼品的。更多的是来找消息的。为什么来采访？主要是想获得消息。因此，如果你提供了消息他就很满意，你没有提供消息他就觉得没意思，还会把你骂一顿。

其次，我们要懂得如何“说话”。如何同外界进行有效沟通很重要。举例来说，我国大型国有企业中远公司的总裁魏家福在美国接受采访，记者问：“你这个一把手是谁任命的？”他回答说：“跟你们美国一样，股东任命的。”这个话就讲得很好。中远是国有公司，政府是大股东，股东任命和政府任命其实是一回事。但是一句话这样讲，人家容易接受，另外换个说法，人家反感。我们为什么不能投其所好呢？

我们现在存在一个误区，就是以为把中文翻译成外文就是外宣了。其实不然。双方的文化背景不一样，思想观念不一样，发展阶段不一样，当然有差别。我们应该像魏家福一样，讲出话来争取人家的理解。一个国家在世界上，理解的人多一点总比少一点要好。

记者：您认为，我国的外宣工作目前在哪些方面还存在可改进之处？

吴建民：我认为，做好外宣工作，重要的是要了解和把握西方人的思维特点，有针对性地处理好以下四对关系：

首先，要处理好虚与实的关系。举例来说，对西方人而言，说从去年起“人均国内生产总值突破1000美元”，比笼统地说我国社会主义建设“取得了巨大成就”更实在，因此我们交流时应多说些实在的。

其次，要处理好过与不及的关系。做事一定要实事求是，我们宁肯讲话留有余地，给人思考的空间，绝不要拔高，使人产生不信任感。

再次，要处理好成绩与问题的关系。不能只说成绩，不讲问题，否则会被人认为是不真实的。

最后，要处理好个人与集体的关系。在外宣领域，培养名记者很重要。如果我们的某位记者在西方受众中知名度高，他的文章大家都爱看，他的观点大家容易接受，这对我们就更有利。①

六、日益复杂多元的媒介生态

在计划经济时代，媒体吃的是财政饭，也就是“肩负喉舌的使命，捧着铁打的饭

① 陈芳、李勇华：《不断改进和西方媒体打交道的艺术——访外交学院院长吴建民》，《中国记者》2004年第12期。

碗”。那时候的新闻报道，更多的是一种政策的宣传，内容和形式都比较单一。但现在，是市场经济，媒体要靠自己找饭吃。换言之，受众与广告投放商是媒体的衣食父母。媒体不但要继续充当党和政府的喉舌，同时还必须为公众甚至广告商代言。加之如今媒体数量多、门类全、竞争强，它们各自的定位不同，报道的内容和形式就必须丰富多彩，还要不断追求标新立异。归根到底，就是一句话：媒体生态越来越多元，越来越复杂了。

新闻发言人如果不了解并迅速适应这个复杂的媒体环境，工作中就容易出问题。因此，我们必须下功夫，把所谓全媒体时代的媒体生态结构、媒体特性以及自己所处地方的媒体情况了解清楚，才能为新闻发布工作奠定可靠基础。

当今媒体生态很特殊，也很复杂。每个省市，除了庞大而发达的本地媒体、国内媒体，境外媒体也都关注着当地发生的大事小情，敏锐地从中捕捉新闻线索，并从各自不同的媒体定位与价值取向来进行解读与报道。总体呈现出媒体数量众多、活动非常踊跃、舆论形势复杂的特点。

比如每每负面舆情发生与发展的过程中，我们都会看到，既有境内媒体与网络的正面监督与主动披露，又有境外媒介站在特殊立场的独特解读，进而推波助澜。

不同定位、不同立场、不同地域、不同性质的媒体共同构成我们的媒介生态，各个媒体价值取向不一、关注点不一、风格不一、解读不一，媒介环境史无前例地复杂。

我们不妨把复杂多元的媒介生态加以梳理归类，以便了解其特性，有针对性地采取不同的应对措施。

官方媒体——喉舌、宣传；

网络媒体——虚拟的公众舆论场；

商业媒体——报道娱乐化、抢眼球；

意见媒体——满足受众偏见；

境外媒体——以西方价值观解读中国问题。

简言之，多元媒介生态下的媒介特性主要呈现为：主流传统媒体依然在传统体制的束缚下“戴着镣铐跳舞”；以网络和移动终端为基础平台的新媒体（微博、微信、博客、论坛、短信等）正逐渐成为主要的新闻源，并挑战官方新闻；境外媒体则高度关注中国改革开放进程中的各类新闻并以西方价值观解读。

第三节 发言人的媒介关系

新闻发布的过程，其实也就是新闻发言人在与媒体打交道的过程中塑造政府媒介形象和公众形象的过程。

有学者用绘画来打比方，塑造媒介形象就像描绘一个人的肖像，我们日常的每一次发布实践就像画笔的一勾一勒，就像是为肖像涂色上彩。有时候我们一不小心，画错了一笔；或者，在我们专心描绘的时候，一阵风刮来弄脏了画布，就需要修改或者清洁一下画布。

经过长期的努力后，这幅肖像终于完成了。

如果我们在宣传工作中漫不经心，这幅“画”完成的周期就要长一些；如果我们头脑中没有一个明确的追求，这幅“画”也可能流于随意。

媒介形象的塑造就是这样，我们总是处于设计、执行、控制、调整的过程中。①

一、媒体是发言人的“客户”

2013年3月17日上午，全球瞩目的2013年全国“两会”李克强总理记者招待会在北京人民大会堂举行。记者招待会尚未结束，已经有记者将本次招待会上新任中国总理李克强答记者问的主要内容在微博上进行了发布：(1)机构改革要有壮士断腕的决心；(2)特困群众生活要由政府“兜底”；(3)当官就要断发财梦；(4)政府过紧日子约法三章；(5)我为中国利益工作；(6)喊破嗓子不如甩开膀子；(7)让明规则代替潜规则；(8)触动利益比触动灵魂还难……这些“摘要”几乎都是李克强总理的原话。而总理睿智实在的风格，锐意改革创新的决心，便在这些如新闻标题一样的话语中得以凸显。换言之，总理不仅在阐释新一届政府的治国方略，更是在给记者们“撰写”新闻，甚至连标题都给媒体做好了。这样的新闻发言人无疑是深受记者欢迎的发言人，因为他把媒体当作自己的“客户”来善待，来服务。

国务院新闻办副主任王国庆认为，政府应对新闻媒体的态度经历了三个阶段，最初是“媒体控制(Media Control)”，后来叫“媒体管理(Media Management)”，现在叫“媒体合作(Media Cooperation)”。他认为，“控制和管理都是居高临下的，而合作是

---

① 王纪平、王朋进、潘忠勇：《如何赢得媒体宣传——公共组织宣传操作指南》，南方日报出版社2006年版，第53页。

把新闻媒体当作‘客户’，是主动向他们提供服务”。[1]他十分赞同“把媒体作为发言人客户”的理念。

图 2—5　国务院新闻办副主任王国庆[2]

这就体现出了服务意识。如果政府把媒体当作客户，要让它把政府信息如实地传递给公众的话，就要像生产商跟客户那样，去说服媒体。要通过最好的产品、最良好的售后服务，或者是产品服务去打动媒体。如果政府跟媒体的关系能够这样处理的话，我们的信息渠道就会更加畅通。[3]

CNN 驻北京分社的社长吉米也表示，做好新闻发言人的一个重要步骤就是要“懂得记者想要什么”，“这就像做生意要了解自己的顾客一样，要卖东西就必须了解顾客需要什么”。[4]

在教育部原新闻发言人王旭明的眼中，服务媒体是一门学问。

王旭明说，他当新闻官最重要的理念就是服务。在担任新闻发言人之前，他曾经当过 5 年新闻处处长，那个岗位培养了他对媒体的服务意识。

“服务媒体不是吃喝给钱。”他认为，一个优秀的新闻发言人在服务媒体过程中，除了要及时准确地传递政府信息外，还应具备新闻策划以及与媒体进行沟通和协调的能力。

深圳市政府新闻办每次召开新闻发布会前，都会通过深圳市政府在线、深圳微博发布厅等提前发布采访通知，并且通过短信平台告知和提醒记者。发布会的实录也在会后一个小时左右就上传到网上。这样做一方面为记者写稿提供便利；另一方面，也保证了诸如数据、专业名词、政策性规范提法等信息的准确传播。这里所体现出的，正是一种“服务媒体”的强烈意识，也就是我们常说的“善待媒体”的基本理念。

时代在变，发言人的追求不变。顺应时代发展的潮流，打造服务型政府，新闻发言人应从以下五个方面努力：

---

① 王国庆：《在第一时间抢占舆论制高点》，《对外大传播》2005 年第 10 期。

② 《教育部第三期司局级新闻发言人培训开班》，中国教育和科研计算机网，http://www.cernet.edu.cn/article/20060323/3180668.shtml. 2006—03—23

③ 《新闻发言人刚及格》，西宁市政府门户网，http://www.xining.gov.cn/html/120/17484.html 2007—07—17

④ 雷向晴、李蕴慧：《好的新闻发布会能帮记者写出好文章——CNN 驻京首席记者谈中国新闻发言人制度》，《对外大传播》2006 年第 1 期。

一是将新闻主动发布给记者；二是将民生政策提前透露给记者；三是突发事件第一时间告知记者；四是将负面报道解释给记者；五是将领导形象展示给记者。①

二、良好的公共关系靠平时积累

与媒体的日常沟通，实际上就是与记者打交道，与鲜活的“人”进行交流。就新闻发言人与记者的关系而言，是要加强发言人与记者的人际传播，即常态化的交流、沟通，在相互了解、理解的基础上，逐渐建立起一种良性互动的良好公共关系。

图 2—6 深圳市党委系统的 18 位新闻发言人首次集体亮相②

2010 年 8 月 3 日，深圳 18 个党委主要部门的 19 名新闻发言人集体亮相，宣称将热心服务媒体，真诚面对公众。这是深圳继 1985 年领全国之先创立政府新闻发言人制度以来，在新闻发布制度建设上再次推出的新举措。

该举措推出后，2010 年 8 月 5 日，深圳都市类报纸《晶报》记者携手市民拨打了 18 个党委主要部门的 20 名新闻发言人公布的个人座机，对各部门发言人提出了公众所关心的一些问题，如实记下了通话过程。③

通过对《晶报》所报道的通话过程进行统计分析，可得出以下信息：

- 20 名新闻发言人中，19 名直接或者通过相关工作人员间接回答了记者的提问，只有 1 名发言人无法联系到其本人。本人第一时间接听电话并直接回答记者提问的有 11 人；通过相关工作人员间接联系上，回答记者提问的有 5 人；将记者提出的问题转交给相关职能部门解答的有 3 人。
- 在对新闻发言人回答记者提问的描述中，多为褒义的正面描述。“热情”一词出现 4 次，“详细”一词出现 2 次，“爽快”1 次，“认真”1 次，“热情详尽”1 次，“耐心细致”1 次。

---

① 张志海：《提高领导者与记者打交道的能力——构建和谐媒体关系的新视角》，《中国浦东干部学院学报》2011 年第 3 期。

② http://news.sznews.com/content/2010－08/04/content_4804127.htm.2010－08－04

③ 《晶报记者昨天和市民一起“拷问”党委系统新闻发言人》，《晶报》2011 年 8 月 6 日，A3 版。

2010 年 8 月 11 日，《南方日报》记者拨打了 43 个深圳市政府部门和 18 个党委系统的新闻发言人电话，对其履职状况展开调查。

根据调查结果，记者得出的结论是：

- 大多数发言人在电话那头并非"触手可及"。

政府方面，65％的新闻发言人电话无人接听。其中，市人居委和市统计局新闻发言人的号码全是"空号"。

党委方面，44％的新闻发言人电话无人接听。即使是接听了电话的新闻发言人，一半以上以各种理由婉拒了记者的采访。

- 部分已调离的新闻发言人仍在联系表中。
- 有人"婉拒"采访，有人"有问必答"。①

同样是媒体记者，同样是拨打发言人电话，仅仅相隔 6 天，我们就看到了"差别很大"的调查结果。与《晶报》记者相比，后期《南方日报》拨打新闻发言人的电话接通率较低，相应的，《晶报》的报道偏向积极和肯定，而《南方日报》的报道偏向消极和质疑。

仅仅是从接听电话这一件日常的小事中，我们就可以看到因为电话接通率的高低而导致媒体的不同评价，由此可见，新闻发言人与媒体保持日常的沟通，是非常重要和必要的。

1.与记者建立密切的联系

上海市政府发言人工作小组每年都要召开一些座谈会，分别邀请中央和兄弟省市驻沪媒体、境外驻沪媒体和上海媒体的记者，采取轻松的形式，敞开心扉地谈，了解媒体要求和记者们关心的热点问题，交流想法，从而达到充分沟通的目的。②

我国每一位外交部发言人私底下都有一大群记者朋友，而美国的历任总统往往能叫出一些发布会上提问记者的名字。

2.建立跑口记者队伍

"跑口记者"指的是专门负责相关领域新闻报道的记者，比如专门负责财经新闻报道的记者就是财经口记者，专门负责报道教育新闻的记者称之为教育口记者。

---

① 黄超、孙晔、易榕、张菁菁：《记者调查：深圳逾 6 成政府新闻发言人电话无人接听》，《南方日报》2010 年 8 月 17 日 C2 版。

② 刘建明：《新闻发布概论》，清华大学出版社 2006 年版，第 448 页。

建立跑口记者档案数据库，将他们的联系方式、负责领域、报道风格等信息记录下来分发给所有的通讯员。与此同时，也给通讯员建立相应档案，提供给“跑口记者”。

组建“记者俱乐部”策划智囊团，时不时召集大家一起研讨。参与的记者并非要拿出具体的方案，主要是通过对行业内动态的介绍给予新闻发言人启发和思考，引发头脑风暴。①

2011 年 3 月 11 日，受日本东部大地震造成福岛第一核电站泄漏事故“核污染”传言的影响，自 3 月 16 日起，我国多地出现了多轮食盐抢购潮，沿海大部分地区多数超市货架上的食盐被抢购一空，深圳也出现了市民哄抢食盐现象。

3 月 17 日下午，深圳科工贸信委召开新闻发布会，然而却采取了选择性发布，限制大多数媒体进入采访。

“我们没有这个发布会。”——应对记者会议咨询。

“我们这个发布会只针对部分媒体开放。”——工作人员首次“清场”。

“这是上级安排的，你不要为难我们。”——工作人员再次要求记者离场。

“这次我们没有邀请这么多媒体。”——工作人员给出最后一个理由。

深圳科工贸信委这一选择性发布的举措经媒体披露后，遭到来自专家和公众多方的质疑，引发网络热议。②

3 月 22 日，深圳市科工贸信委负责人做客《民心桥》对该事件表示回应，“当时召开的是新闻通气会而不是发布会，选择媒体也可以让全市市民知道而且不会出现误报和混乱”。只解释不道歉的态度令媒体和公众不满。该言论一出，即遭到新闻学者和法学专家以及市民的质疑和抨击。

晚报早评

“选择性新闻发布会”的潜台词

图 2—7　科工贸信委“选择性发布会”的报道

“谁给他们权力指定媒体的？明天是否还可以指定读者了？”——文化学者胡野秋。

① 王纪平、王朋进、潘忠勇：《如何赢得媒体宣传——公共组织宣传操作指南》，南方日报出版社 2006 年版，第 183 页。

② 陈小荣、梁丽：《“盐慌”新闻发布会“选择媒体”遭抨击》，《晶报》2011 年 3 月 18 日，A4 版。

③ 胡文：《“选择性新闻发布会”的潜台词》，《深圳晚报》多媒体数字版，http://wb.sznews.com/html/2011－03/21/content_1487138.htm.2011－03－21

“这样欲盖弥彰的把戏既是对媒体的歧视，也是对公众的藐视。”——“@朵颐一凌乱”[①]

所幸，该部门的主要领导最后主动与媒体沟通，就“选择性发布”一事表示了歉意，在平息了舆论质疑的同时，也给其他部门留下了警醒的样本。

新闻发言人在发布新闻信息时不能随意选择媒体，这样必有厚此薄彼之嫌。对待所有的媒体记者要一视同仁。

再提示一次：你的拒绝对于媒体而言，本身就是在“接受采访”。

在全民皆记者、人人都有麦克风的时代，信息无孔不入，新闻发言人不能抱着“防火防盗防记者”的敌对态度。

对于政府部门而言，发布信息，尤其是重大公共信息，不仅是权利，更是一种必须履行的义务。要实现发布效果的“最优化”，新闻发言人对媒体的态度即便不能主动邀请、主动通报，至少也该是“来者不拒”，厚此薄彼的做法有悖于新闻发布的初衷。[②]

三、记者是敌人还是“知己”

据 2013 年 4 月 9 日《新京报》报道，河北霸州市环保局职工举报分管该局的霸州市副市长韩清华有 9 套房子。这位副市长在接受《新京报》记者李大超采访时承认只有 3 套，有 2 套已经出让。同时“劝”记者：“我希望咱们都不要互相伤害，你还年轻，还有很长的路要走。”

有网友就此评论说：“这真是赤裸裸的威胁啊！”

媒体对公权力和政府官员实施舆论监督，记者行使采访权利以满足公众知情权，这样的行为是与政府（官员）相互伤害吗？作为新闻发言人，首先必须调适与媒体的关系。

那么，公权力（官员）与媒体（记者）之间，到底是怎样的一种关系？

在我国，媒体作为党和政府的耳目和喉舌，承担着宣传党和政府理念和政策的职责，同时接受政府的行政管理。华中科技大学新闻学院的吴廷俊教授认为，中西新闻媒体与政府间的关系有着很大差异，大致而言，在中国，新闻媒体与政府是一种“血缘”关系，媒体作为国家喉舌而存在；而西方则是“契约”关系，媒体具有很强的独立性。“媒体与政府理想的关系状态应该是相互依托又相互制衡，在涉及国家利益的问题上应该相互协调。政府与媒体应各司其职，媒体依赖政府的消息来源，同时也对政府进

---

① 陈小荣、梁丽：《“盐慌”通气会不是发布会？》，《晶报》2011 年 3 月 24 日，A9 版。

② 刘建明：《新闻发布概论》，清华大学出版社 2006 年版，第 116 页。

行监督。努力寻找媒体与政府间'血缘'关系和'契约'关系最佳结合点，才是未来媒体与政府关系发展的必然选择。"①

然而，目前大多数媒体又是市场化经营的企业，为了在市场竞争中获得一席之地，它们必须想方设法扩大发行量，提高收视率。因此，为了迎合受众需要，必须有足够吸引受众眼球的新闻产品。"在大力提倡市场化和媒体产业化的今天，毫无疑问，媒体就是一个商业企业。作为一个商业企业，目的是为了利润和金钱。媒体每天要工作24小时，每周工作七天，每时每刻寻觅猎物，喂饱肚皮。如果我们看看媒体追求的头版图片、封面文章，追求的独家新闻，追求的专题报道，追求的轰动丑闻，一切都是为了追求独家的新闻报道、名人丑闻、明星绯闻，一切目的是获得最高的收视率、最高的发行量、最高的点击率，最终赢得广告商投来的滚滚财源。"②

白岩松有一个形象的比喻："记者和新闻发言人是两个桥头堡，这个桥的名字叫沟通。桥的一端是百姓，一端是政府，没有两个桥头堡之间的连带，这个沟通的桥就架不起来。"③新闻发言人与媒体保持日常沟通，做好公关工作，不仅可以塑造良好的媒介形象，也履行了对公众的义务。

1.对媒体要"区别对待"

多元化的媒介生态中，各类媒体的定位不同，受众各异，对于新闻的价值判断也大相径庭，其选择新闻素材的取舍标准、观照角度、解读的路径等都迥然不同。因此，在针对具体的媒体进行信息发布时，有必要也应该要"区别对待、各有侧重"，但千万要与选择性发布严格区分开来。恰恰是为了更好地服务于媒体的需要，才要尽可能满足不同媒体的个性化信息需求，提供更多更详细的背景资料，安排不同的采访对象等。这样做的好处，在于让多元化的媒体从不同的角度关注同一个新闻事件，利用媒体间各有侧重的报道进行互补，最后呈现给社会与公众一个更为立体、客观、丰满的新闻事实。

神舟五号发射成功，中央电视台《焦点访谈》侧重弘扬中华民族伟大复兴的民族精神；《科技博览》重在介绍航天技术；《实话实说》则关注航天人物的工作和生活。同一媒体的三个栏目侧重点都不相同，更何况不同媒体。④

---

① 《血缘与契约——中西媒体与政府关系比较》，http://blog.sina.com.cn/scujournalism

② 李希光：《转型中的新闻学》，清华大学出版社2005年版，第3—4页。

③ 相德宝：《新闻发言人与新闻记者的三种关系》，《青年记者》2006年第12期。

④ 刘建明：《新闻发布概论》，清华大学出版社2006年版，第217页。

不要对《南方周末》、《人民日报》、新华社用同一个版本的话语传递信息，今天是不能用通稿的时代，要让每一个媒体刊登出符合你要求的文章，要根据他们各自的特点影响他们。①

2. 从公众关注的角度出发

南京市政府新闻发言人徐宁每天要花费数小时来阅读报刊，包括南京的地方传媒及全国性大报。“公众对什么问题更有兴趣，什么是他们最切身利益方面最关注的”，她就会“根据他们关注的焦点和热点去组织有关专题的新闻发布，满足他们的知情权，保证他们的知情权”，同时“关注媒体的视角，做出回应或辟谣”，并且与政府各部门进行信息沟通，以“策划新闻点”。②

政府和新闻发言人在与媒体的日常沟通中，要多注意构建良好的政府公共关系，未雨绸缪，防患于未然。需要强调的是，新闻发言人自身的人格魅力对于政府公共关系的建构有着举足轻重的作用。新闻发言人的人格魅力，除了要懂新闻传播、业务娴熟外，还必须基于对媒体和记者的诚实、守信、尊重之上。

一个合格、称职甚至优秀的政府新闻发言人，必然是一个在媒体圈有着良好人缘的“新闻官”，他一定与记者有着友善的合作氛围与互动互助关系。要与记者无障碍地打交道，必须首先从内心深处摒弃那些令人生厌的官僚作风和习气，以平等构筑相互交流的扎实基础，以真诚赢得对方的信任，以热情互助收获记者的理解与支持。只有这样，政府新闻发言人才不至于在危机来临时手忙脚乱，面对媒体手足无措。

---

① 董关鹏：《政府如何应对媒体》，转自江边人的博客，http://blog.sina.com.cn/s/blog_6cb2193a0100sccn.html. 2011—04—05

② 高芳：《浅析新闻发言人与节目主持人的相似之处》，《记者摇篮》2004 年第 3 期。

第三章　发言人的工作理念与策略

【本章要点】

新闻发布的本质，是关于信息对称在发布方与媒体(公众)之间展开的博弈。从信息不对称到相对对称的动态平衡，实际上就是博弈双方达致阶段性良性互动"双赢"的局势。当这种动态平衡被打破，新一轮的博弈又将开始，如此循环往复……新闻发言人要能够掌控博弈，实现双赢，必须清楚并坚守自己的基本立场，紧紧倚靠着"发布金字塔"，并牢记"主动、及时、公开、准确"的八字方针。新闻发布会开始前，请再复习一遍："我不是去回答问题的！"

在大众传播媒介空前发达的当今社会，世界上绝大多数国家和地区的政府都把公共传播作为有力的执政保障。从白宫到克里姆林宫，从白金汉宫到香港政府，乃至北京、上海、广州、成都等地的政府新闻办公室，都在顺应着这一历史潮流。无论是渠道(全媒体)还是手段(信息高度公开)，都紧紧围绕着提升执政能力在不断拓展与创新。建立行政事务与新闻事务高度统一、决策科学化、执行专业化的政府公共传播机制，打通内外宣，统筹资源协同推进，主动策划新闻，塑造和展示良好的政府形象。以新闻发布为主的政府公共传播，将在很大范围内和一定程度上逐渐取代会议和红头文件的传统执政手段，这已经是世界性的必然发展趋势。

图 3—1　新闻发言人与各种舆论①

① 杨雪梅：《中国新闻发言人遭遇"七年之痒"》，http://politics.people.com.cn/GB/30178/15397302.html.2011—08—12

如何通过新闻发布来进行政府公共传播，包括引发和引导舆论等？作为政府公共传播的主要执行人，必须遵循哪些基本理念与法则呢？

第一节　发言人的基本理念

要做一个合格称职的政府新闻发言人，除了必须具备前述的基本媒介素养外，还有许多的基本功需要苦练。而这些功夫的修炼成功与否，又取决于是否牢固树立政府新闻发言人的基本理念。

当你西装革履端坐在新闻发布台前，在炫目的聚光灯下，面对“长枪短炮”的镜头和记者连珠炮似的提问轰炸，或者是一对一地接受记者的专访乃至从厕所出来时被成群的记者围追堵截，无论是怎样的场景，无论是友善的问询还是犀利的质疑，无论其言辞多么尖锐，口吻多么富有挑战意味，此刻，无论如何都要务必记住：你不是你，你是政府新闻发言人。

一旦你拥有了“政府新闻发言人”的桂冠，你的言行举止，无时无刻不在“代表政府立场，反映政府意志，表达政府观点，维护政府信誉”。

这就是政府新闻发言人的基本理念。

“鸿门宴”上坚守国家立场

2013年6月1日，第十一届香格里拉对话会在新加坡如期举办。

香格里拉对话（Shangri - La Dialogue，SLD），是指由英国伦敦“国际战略研究所”（IISS）主办、新加坡国防部协办的“亚洲安全峰会”（也被译作亚洲安全大会），该对话始于2002年，每年6月初在新加坡香格里拉饭店举行，也因此而得名。

香格里拉对话，是目前亚太地区安全对话机制中规模最大、规格最高的多边会议之一。对话的规模和影响日益扩大，并体现出包容性、灵活性、开放性、创新性和实效性等多方面特征。香格里拉对话实际上已成为亚太地区开展防务外交的重要平台。尽管香格里拉对话尚不是一个成熟的安全机制，但作为重要的信任建立措施，香格里拉对话的存在和发展仍然丰富了亚太地区多边安全合作的形势与内容，已经并将继续对亚太地区多边安全合作进程产生影响。

近年来，随着中国的崛起，有人恶意炮制的“中国威胁论”日益甚嚣尘上；与此同时，美国“重返亚太”战略的展开，使得香格里拉对话会的主要议题基本围绕中国与周边国家、中国与美国之间的关系展开。有人甚至戏言，香格里拉对话会已经成了香格里拉“对华会”。更有专家尖锐指出，香格里拉对话会是美国及其同盟国家为中国设下的“鸿门宴”。

2013年的这届会议，在为期3天的会议期间，来自亚太地区及区外等数十个国家和地区的国防部长、防务高官和学者，将讨论区域安全议题，并举行双边或多边会谈，内容涉及传统安全议题以及海洋安全、网络攻击等非传统领域安全合作，而美国“重返亚洲”军事战略部署成为会议的焦点。

如是，对于与会各国防长、武官和专家学者而言，椰风海韵的狮城少了平素的浪漫气息，平添了几许若隐若现的火药味儿。

在此背景下中美关系的互动，特别是在中国与日本、菲律宾之间领土之争的所谓东海问题和南海问题上，中国将发出怎样的声音，都备受全球关注。

此次率领中国代表团与会的是中国人民解放军副总参谋长戚建国。

不知是纯属巧合还是主办方的刻意安排，在香格里拉对话的这场题为“亚太安全新趋势”的全体会议上，菲律宾国防部长加斯明被安排在紧随戚建国之后发表演讲。鉴于近日中菲有关南海岛屿主权的争端不断，两国军方高级领导人同台演讲，备受各方期待。

2日，戚建国发表了题为《携手应对风险挑战　实现亚太共同发展》的主旨演讲。在20分钟的演讲中，戚建国指出，人类只有一个地球，各国共处一个世界，历史昭示我们，弱肉强食不是人类共存之道，共同发展方能带来美好世界，中国将坚定不移走和平发展道路，致力于促进和平的发展、开放的发展、合作的发展、共赢的发展。

出人意料的是戚建国与菲律宾国防部长加斯明两人的演讲，都未提及黄岩岛、仁爱礁或南海领土争议等敏感问题，没有出现言词交锋。互动环节被问及上述问题时，两人也只是各自重申本国立场。

但是，与会各方却并没有那么轻易地放过“拷问”中国代表团的机会。他们都从各自不同的立场试图在此高端国际对话中，获取中国政府在南海问题、东海问题乃至整个亚太政策上的立场与态度。

于是，在互动环节，戚建国成为本次大会被提问次数最多的嘉宾：一共被提问了

16次。

请看如下的部分问答，让我们一起体味在这场“鸿门宴”上，作为中国政府代言人的戚建国，怎样展现一个负责任的大国的新闻发言人的风采。

听众：您刚刚在演讲中说，中国致力于和平发展，中国和所有国家都应该关注到别人的关切，而不仅仅是关注自己的利益。但在亚太区域，很多人对中国还是表示怀疑，有人认为中国派出了强大的舰队对邻国进行一种“胁迫”，这是否自相矛盾呢？

戚建国：我想，衡量中国是不是坚持和平发展的道路，不仅要看中国怎么说，更重要的是要看中国政府怎么做。近30年来，许多大国基本都参与了战争，或者使用了武装力量。唯独中国已经有近30年没有挑起战争，或者挑起军事冲突。所以说，30年来中国维护和平的实实在在的行动，完全可以说明这一点。

那么，为什么中国军舰要在东海、南海巡逻呢？这一点大家也清楚，中国政府对东海、南海是中国领土的主权，这个主张是很清楚的。所以，中国军舰在中国主张的领土范围内巡逻，完全是正当的，也是无可非议的。

听众：中国为什么反对用联合国的仲裁机制来解决海洋领土争端？

戚建国：菲律宾要求将黄岩岛争议提到国际法庭进行仲裁，但中国在南海问题上的立场是一贯的，且这个立场是有充分的历史依据和法律依据的，中国一贯致力于用双边的谈判来解决争议。为了维护南海稳定，促进区域合作，我们和东盟各国签订南海各方行为宣言，其中有一个重要的条款，就是由直接有关的主权国家谈判解决有关争议，我们和菲律宾都是宣言的签约国，在认真全面落实宣言上是有承诺的。

同时，我们和菲律宾关于解决黄岩岛争端的对话渠道是畅通的，没有必要通过国际法庭来解决，我们双方完全可以通过平等的对话来协商解决这个问题。

听众：近期，有中国社科院的学者不仅对钓鱼岛的主权进行质疑，也公开对琉球群岛的主权进行了质疑。我想问：中国是否承认日本在琉球群岛的主权？

戚建国：最近，有中国报纸发表了一名学者对琉球群岛的主权提出质疑的文章，这篇文章仅仅代表了个别学者对这个问题的看法。因为学术是自由的、平等的，大家有什么想法都可以提出来，但它不代表中国政府的立场，请大家放心，中国政府的立场没有任何变化。同时，我也要表明，钓鱼岛和琉球群岛（冲绳岛）不是一个性质的问题，中国政府关于钓鱼岛的问题的态度也是清楚、明确的。

听众：如果要取得双赢，在东海地区，中国能不能允许别人共同开发，或者回到上个世纪70年代“搁置争议，让后人去解决”的情况？

戚建国：20多年前，中国领导人邓小平同志提出，钓鱼岛问题一时解决不了，后人比前人更有政治智慧，我们要有足够的耐心，留给后人解决。这是一个政治智慧的决定。实际上，现在，东海和南海问题都不具备彻底解决的条件，相关国家确实要有足够的战略耐心，相信一代比一代强。中国赞成搁置争议，留给后人用更加智慧的办法解决争端。

这场“鸿门宴”上，戚建国无论是主旨演讲，还是在答问环节，无论是谈到钓鱼岛、黄岩岛等海洋领土纷争，还是问及朝鲜半岛的核问题，都坚定地表达中国政府的立场，清晰地阐述中国政府的观点，明确地主张中国政府的权利，坚决地维护中国政府的声誉。

一、关于信息对称的博弈

新闻发布对谁发布？当然是对媒体（公众）发布。

因此，对于新闻发言人而言，媒体就是工作对象，甚至是新闻发言人赖以生存的必要因素。因为，没有发布对象的存在，发布便失去了意义。更为形象的说法则是“不是‘冤家’不聚头”。

新闻发言人与媒体记者这对“冤家”之间的关系，本质上就是关于信息对称与否的博弈双方：你想说的，未必是我想要的；而我想要的，有可能正是你不愿意说或者不愿意全部说的。

因此，这一对“冤家”就在这样“你进我退，你退我进”的博弈过程中，逐渐从信息的不对称达至相对对称，建立起良性互动，达至阶段性的平衡状态，获得双赢：媒体获得了想要的信息，发布方传播了想要传播的信息。直至下一次事件的到来打破这一动态的平衡，进入新一轮的博弈……如此循环往复。

所以，新闻发言人在与媒体打交道的过程中，要与媒体在博弈中建立并保持良好的交流与沟通，通过良性互动，最终实现“双赢”。这也是新闻发布工作的基本原理。

2009年的全国“两会”上，两位69岁的老人吸引了众多记者的眼光，他们是全国政协新闻发言人赵启正和全国人大新闻发言人李肇星。曾经在宣传和外交舞台上叱咤风云的两位老人，在发布会上妙语连珠，灵活自如地应对来自中外记者的提问，倾倒全场，成为“明星发言人”。

图 3—2　动车追尾事故新闻发布会后，王勇平离开现场①

这样的“明星发言人”，自然是我们景仰与学习的楷模。然而，即便是这样的“明星发言人”，其表现也未必无可挑剔。比如，在2012 年第十一届全国人大五次会议新闻发布会上，作为全国人大新闻发言人的李肇星，在回答记者关于“县乡两级人大换届选举工作”的提问时表示，中国地域辽阔、人口众多，经济社会发展不平衡，有些地方交通不便，一律实行直接选举还有困难。

此言一出，立即有网友在网上吐槽：北京、上海的交通非常便利，为什么不实行直接选举？

同年的全国政协十一届四次会议新闻发布会上，身为全国政协新闻发言人的赵启正在谈到王立军事件时指出，王立军事件发生后，一些媒体进行了报道，这些报道都是“拼图式”的，由于资料并不全面，缺的地方就靠想象绘制了。因此，这些“拼图”都是不准确的，甚至是荒唐的。

图 3—3　卡扎菲政权发言人穆萨·易卜拉欣②

赵启正话音刚落，便有人在网上“拍砖”：是媒体愿意荒唐地拼图吗？政府为什么不把准确的信息及时告诉媒体和公众呢？

可见，在新闻发言人与媒体记者的博弈中，要当一次两次合格的发言人也许不难，难的是做一辈子合格的新闻发言人，更别说是“明星发言人”了。

① 《王勇平离职：新闻发言人成长的“阵痛”》，http://www.zhgpl.com/crn－webapp/doc/docDetailCNML.jsp?docid＝101805684.2011－08－19

② 《卡扎菲发言人易卜拉欣被捕时着女装蒙面纱》，http://www.022net.com/2011/9－30/413557403071749.html.2011－09－30

说到“明星发言人”，不得不提到下面这两位。

一位是因在动车追尾事故新闻发布会上以“这是一个奇迹”“至于你信不信，反正我信了”两句“经典言论”开创“高铁体”，引发网友热议的原铁道部新闻发言人王勇平，他在铁道部宣传部工作了8年，但只用了不到8分钟就结束了自己的发言人生涯，在“名扬全国”的同时黯然走下新闻发布台。

另一位虽然不是我们的同胞，但其作为新闻发言人所表现出的“职业性”，却不得不令我们为之侧目。

他就是为卡扎菲将“大话”说到底，直到反对派攻进卡扎菲老巢阿齐齐亚兵营，甚至在占领了卡扎菲官邸时，仍表示“政府军有能力持续战斗数月，甚至数年”的卡扎菲政权发言人穆萨·易卜拉欣。

王勇平走出了动车追尾事故新闻发布会现场，也告别了他的新闻发言人生涯，带着些许无奈。易卜拉欣仍在坚持与利比亚过渡委进行“舌尖上的对抗”，却不得不开始了他的逃亡生涯，其被捕或死亡的消息不时传出。或许在不少人看来，“新闻发言人”这一职业似乎已不再如过去那般光鲜，而是成为“高危职业”。新闻发言人表现得好，人们往往认为这是其职责所在，理所当然；如果一旦没表现好，哪怕就这一次，就足以抹杀以往所有的成绩和付出，使得发言人“不敢高声语，恐惊媒体人”。

其实，媒体与公众并不是是非不分黑白不辨，公众的媒介素养也在与日俱增。尽管王勇平在当日的新闻发布会现场遭到众多记者的不屑，但他在记者中的口碑整体上不错，“在他去职后，有记者撰文回忆他任职期间，‘尽职尽责，尽可能满足记者们的要求’”。[①] 这与他平时敢说敢言勇于表现是分不开的。

每逢春运，王勇平必现身人民网和新华网，甚至搜狐这样的网站，偏好网络发言成为过去8年勤恳的王勇平的鲜明注脚。2008年，王勇平获选“人民网十大最受网友欢迎的嘉宾”。

若说早些年人们对新闻发言人的印象还停留在“一枝独秀”的外交部，那么，自2003年政府在应对“非典”危机过程中缴纳了“巨额学费”开始，“新闻发言人”这一群体才逐渐成长起来。因此，我国新闻发布制度的发展也被认为是“‘大事’倒逼下推进”的政府信息公开。

“一个显著的特点是，中国各级新闻发言人制度建立的过程往往是伴随着一系列

① 周至美、郭小为：《中国新闻发言人记者是你的挑战者》，搜狐网，http://news.sohu.com/20110823/n317126858.shtml，2011－08－23

大事件。不但有奥运会、世博会、亚运会这样的盛事，也有诸如贵州瓮安事件、湖北石首事件等公共事件催生下的地方新闻发言人制度。”[①]从事后的舆论来看，公众对新闻发言人在盛事中的表现大多是正面的肯定，至于公共事件，更多的则是批评和质疑。

比起平日里不发声不作为，一出事儿就上演“雷人雷语”或干脆埋头当鸵鸟的发言人，王勇平迈出的这一小步，可谓是我国新闻发言人发展历史上的一大步。

同样，逃亡的易卜拉欣，尽管被如今的执政当局嘲笑“试图伪装妇女逃跑”，但其忠于卡扎菲政权忠于自己职业操守的精神着实令媒体钦佩，“成为利比亚政府兵败如山倒时的一抹亮色”。从他身上我们更多的是看到其作为新闻发言人所坚守的基本理念与展现出的独特魅力。

其实，无论是王勇平，还是易卜拉欣，他们的新闻发言人生涯都充分表明：信息爆炸的年代，微博盛行的当下，媒体不能“回避”，公众不好“应付”，新闻发言人自身更是“伤不起”，个个都是“鸭梨山大”。若自以为是奉行官场上“言多必失”的潜规则，实行“视而不见听而不闻”的策略，将应该公开的政府信息视为自己口袋里的钞票，遮遮掩掩捂捂藏藏，同时还想要大伙儿买账，那只能是“很傻很天真”。

二、新闻发言人的基本立场

新闻发言人不是“人”，“它”是一种机制。新闻发言人只是作为这种机制的符号而存在，其代言的背后是某一单位、组织、机构或国家。因此，新闻发言人在新闻发布过程中的所有表现，当然是基于与某种利益相关的某一基本的原则立场。

新闻发言人的这一基本立场，不但决定了他在新闻发布过程中的基本态度，也决定了他将发布什么信息，以及怎么发布这些信息。从以下的例子，我们或许能更深刻地理解什么叫作“政府新闻发言人的基本立场”，以及政府新闻发言人应该怎样秉持原则，坚守这一“基本立场”。

普京怒斥日本记者

2013 年 4 月 29 日，俄罗斯总统普京与来访的日本首相安倍晋三在克里姆林宫举行了 5 个小时的会谈。会谈结束后，双方一起参加新闻发布会。俄日领导人在克里姆林宫共同会见记者，介绍会谈的相关情况。

---

① 周至美、郭小为：《中国新闻发言人记者是你的挑战者》，搜狐网，http://news.sohu.com/20110823/n317126858.shtml. 2011—08—23

普京在总结会谈成果时指出，俄日能恢复关于签署和平条约和解决领土争端的谈判，这事实本身就是一种突破。他还向记者们详细介绍了他对俄日能源合作前景的看法。当记者会接近尾声，一名日本记者的最后一个问题却彻底破坏了记者会比较轻松愉快的气氛。

该日本记者问普京："为什么俄罗斯在'北方四岛'继续修建地热发电站？这是日本绝不接受的举动。俄罗斯什么时候能够停止推行这一十分令人气愤的政策呢？"

普京听罢，立即收回其标志性的笑容，义正词严地对该日本记者说："我发现您是在认真地读写在小纸条上的问题。我想请您用口授的方式向指示您提问的人转达以下内容：这些领土问题不是我们制造出来的，这是历史遗留问题。该问题出现于100年前，我们是真心想解决这个问题，如果您想帮助我们解决这一问题，那就请您为工作创造条件，建立友善的关系。如果您想捣乱，继续直接提出强硬的问题，那您也一定会得到直接和强硬的答案。我可以告诉您：在这些岛屿上居住着俄罗斯的公民，我们的任务是关心他们的福祉。"

言毕，普京用日语说了句"阿里嘎多(谢谢)"，结束了记者会。

随即，安倍一行也起身，黯然离开了记者会现场。

按常理，在两国首脑同时在场的情况下，一国总统对他国记者如此态度强硬，言辞严厉，是极为罕见和不甚友好的表现。

那么，为什么又会出现这样的情况呢？

安倍晋三此次对俄罗斯为期3天的正式访问，是日本首相10年来首次正式访俄。访问期间，俄日双方同意恢复处于停滞状态的关于两国签署和平条约问题的谈判，并表示将加强双方的经济合作。

通过安倍此次访问，日俄相互走近一步，主要原因是双方各有所需。正致力于发展振兴的俄罗斯需要一个稳定的周边环境，而日本是俄罗斯邻国，又是美国盟友。理顺与日本的关系，有利于俄国家安全，也能为俄远东地区的发展创造良好外部条件。此外，受美国"页岩气革命"等因素的影响，俄对欧天然气出口萎靡不振。为应对供求关系的变化，俄希望扩大对日本的天然气出口。并且，俄西伯利亚和远东地区发展滞后，俄希望吸引日本资金来推动该地区的发展。

而对日本而言，安倍访俄的主要目的是加强日俄关系，重启并加快关于日俄签署和平条约问题的谈判进程，争取赢得将于夏季举行的日本参议院选举，巩固其政权基础。为了满足俄方的要求，安倍此次带去了规模庞大的经济界代表团，以展示加强日俄经济合作的姿态。

尽管双方都有如此之多的各自利益诉求，但是，正如分析人士指出，日俄关系的发展前景取决于双方能否消除在领土问题上的分歧。两国国民都不会允许在领土问题上作出让步，而如果不能在领土问题上取得进展，那么两国和平条约的签署就无从谈起。

而领土问题的焦点，就是南千岛群岛(日本称北方四岛)的归属问题。

俄罗斯强调南千岛群岛具有战略意义，是俄罗斯不可分割的领土，并表示只愿意与日本共同开发。而日本则将解决日俄领土争端与两国签署和平条约挂钩。

在这样的大背景下，面对来自矛盾一方的记者尖锐的提问，普京再次在宏大的国际舞台上展现了强势强硬的一贯作风。在重大原则问题上，必须坚定地表述国家观点、坚守国家立场、捍卫国家利益、维护国家声望，这是对政府新闻发言人最基本的也是最高的要求。

作为一名新闻发言人，必须清醒地认识到：我不是"我"；更需时刻提醒自己：我的基本立场是什么，我在为谁代言。

三、发言人不是应答机器

"我是来发布信息的，不是来回答问题的。"这是欧美若干成功的新闻发言人严格遵守却又秘而不宣的金科玉律。

这条金科玉律来自于新闻发布的"金字塔法则"。

所谓金字塔法则，说的是每一场新闻发布会发布方必须有一个事先设定的"核心信息"，这便是金字塔的塔尖。确立了塔尖，整场新闻发布会就有了灵魂，所有的发布内容与答问口径，都必须紧紧扣住这个灵魂，要做到发布始于塔尖，收于塔尖；答问时则无论问题来自何处，皆要能巧妙地收于塔尖(比如很多教程所说的"桥接法"之类)。如是，你才能真正做到胸有成竹地掌控整场发布会，收放自如地有效传播你想要发布的核心信息。

· 记者"神提问"与部长"妙回答"

2013 年 3 月 14 日上午，十二届全国人大一次会议举行记者会。民政部部长李立国、副部长姜力、窦玉沛同台回答记者提问。

这场几乎是例行的记者会，却成了2013年“两会”除了总理记者会之外，备受关注和热议的一场新闻发布会。

之所以备受关注和热议，是因为会上出现了一个“神提问”。

记者会上，一名男记者提问：“此次浙江大规模死猪事件，据说是因为付不起火葬费，所以才把它们江葬了，请问是不是这样？谢谢。”

问题一出，全场笑倒一片。民政部的发布会，却问起了黄浦江上的死猪。对于发言人而言，一个如此与民政部的业务工作毫不相干的问题，一个明显调侃搞笑的问题，一个肯定是事先没有准备口径的问题，该怎么作答？无疑是对新闻发言人综合素养与专业功底的考验。

对这位记者戏谑性的“神问题”，台上的部长们也忍俊不禁，但还是很认真地回答了他的提问，而且还是两位部长作答。

李立国：“对于这位记者刚才的提问，我按照关于殡葬管理服务的收费问题来理解和回答。殡葬收费与服务，分为基本殡葬服务和选择性殡葬服务。前者包括遗体接运、冷藏、火化和骨灰寄存，收费标准是政府定价，并且接受监管。这部分费用是合理的，比较低。而选择性殡葬服务，包括购买不同价格的骨灰盒，租用告别厅，甚至还有的选用装棺二次土葬和豪华葬，应该靠个人的消费能力，提倡文明节俭办丧事。”

窦玉沛补充：“比如骨灰盒，所有殡仪馆必须有100元的骨灰盒，但有的消费者进去之后，就问哪个最贵。说这个3万，他在这时不去看看值不值3万，认为只有花了3万，他对死者的心才是尽到了，就是这种心理消费，扭曲了殡葬的价格。”

这段“神提问”以及部长的淡定“妙回答”，立即走红微博。不少网友甚至不敢相信，怀疑是编出来逗乐的“段子”。

后来，那位提问记者自己也表示，他就是想用调侃的比喻，来质疑近年来殡葬费高“死不起”的民生问题，让农业部和民政部都能更加重视这个问题。“李立国部长立刻就明白了，他自己也笑出了声。”对部长的回答，这位记者表示很满意。

这就是“金字塔”法则的运用，就是“金字塔”法则的效果。

此外，该场记者会还涉及“乌坎事件”、“袁厉害事件”、“低保的错保骗保问题”、“慈善捐款资金的监管”等一系列发散性问题。但部长所有的回应，显然都围绕一个核心信息在展开。这个核心信息就是：“民政部作为国务院管理有关社会行政事务的职能部门，主要负责专项社会行政事务管理、基层民主政治建设、社会救助与福利、服务军队和国防建设等方面的工作。对于事关民生、民权、民利，与人民群众的利益息息相关的所有问题，都是高度重视、认真负责的。”

事实上，类似李立国部长这样遭遇“神提问”的几率，对每一个新闻发言人来说都是均等的。而这也正是担当新闻发言人的“乐趣”之一。在任何一场新闻发布会，无论你准备得多么充分，对舆情的预判多么科学，出人意料的事情总会发生。各种“神提问”、“傻提问”甚至带有明显挑战或挑衅性质的“恶提问”都可能出现。挑战你的涵养，考验你的机智，往往就在这一瞬间，稍不留神儿，就会掉进记者挖好的坑里。

新闻发言人是“机制”不是“机器”，但更是能发挥主观能动性、有感情的“人”。机器是死的，人是活的，新闻发言人既要学习和掌握新闻发布的技巧和策略，也要努力站在媒体和公众的角度思考问题，以诚相待。

要当好新闻发言人，理念和技巧一个都不能少。新闻发言人要本着“基于博弈、良性互动”的发布理念，通过掌握发布技巧，尽力把需要发布的信息烹制成媒体爱吃的美味佳肴。

1. 用公众的价值赢得媒体的信赖

2012年4月12日，“深圳市2012年人才引进政策启动新闻发布会”在深圳市政府新闻发布厅举行。

深圳市人力资源和社会保障局副局长、新闻发言人李明在会上发布了2012年深圳引进人才的一系列新政策。

这场新闻发布会上，李明在发布过程和记者提问环节，一共收获了三次记者们自发的掌声。这在同类新闻发布会上是极为罕见的。

这是为什么呢？

我们有必要先对深圳人口构成情况有一个粗略的了解。在现行户籍制度下，深圳户籍人口和非户籍人口严重倒挂。据统计，深圳户籍人口是280万，而实际管理人口是1040万。通俗地讲，有八成在深圳长期工作生活的人，并不是户籍意义上的深圳人。众所周知，户籍对于一个人乃至整个家庭而言，有着在入学、就业、医疗、社保等诸多方面的千丝万缕的联系。能否入户深圳，能否便捷地入户深圳，便成了众多“深圳人”高度关注的与自己有着切身利益的问题。

而在此次新闻发布会上，宣布了深圳市对人才引进政策做了多项调整，取消了外来人口入户深圳的多项限制。其中有两项具有突破性改革的入户政策：

一是“普通高校应届生入户深圳无限制”。二是取消农业户籍人员引进限制，通过整合招调员工政策和积分入户政策等措施，综合评价优秀外来工，使得他们进入深圳的机会更加均等，也对各类人才入户深圳更加公平合理。

李明在回答记者提问时进一步对新政进行了阐述：“严格来讲，今年的人才引进政策是外来务工人员积分入户政策。新的积分入户制度整合了深圳市招调员工政策和积分入户政策，取消了招调员工职业工种限制，实现综合评价引进优秀外来务工人员。同时，在政策中，不再将申报线和入户线分设，直接规定积分入户核准分值为100分，达到该分值的即可申请入户。”

在深圳户籍难求的大背景下，政府出台这样的政策，对于绝大多数“没有深圳户籍的深圳人”来说无疑是重大利好消息，当然也是媒体最喜欢的“好料”，加上发言人回答问题时友善的态度与生动的解释，掌声便一次次在发布厅内响起。

在“新闻执政”理念越来越强化，“新闻执政”实践越来越深入的今天，作为政府新闻发言人，对于“不是好新闻的政策不是好政策”应该有更加透彻和深切的感悟。

面对发布稿，请先审视你将要发布的政策，是否与公众利益相关？于公众有利吗？它们是否能引起媒体的兴趣和公众的关注？会对公众的权益或利益造成伤害吗？如果答案是否定的，那么这场发布会就可以取消了。

2.服务记者的同时引导记者

在日常的新闻发布中，新闻发言人既是消息发布源，同时也是新闻报道的框架设置者。政治学家伯纳德·科恩曾说过：“媒体在使人怎样想(how to think)这点上很难奏效，但在使人们想什么(what to think about)这点上却十分有效。”新闻发布会引导舆论的原理和效果正在于，它通过媒介直接引导人们想什么，同时也让人们按照发言人的立场如何想。[①]

除了在发布内容中主动设置议程，引导媒体视线投射到你希望他们关注的新闻落点之外，还必须要真诚地为媒体和记者服务。

原国务院新闻办新闻局副局长华清在主持每一场新闻发布会前，都会提前大约半小时来到会场，与陆续入场的记者们寒暄问候，朋友般关心与询问他们的工作情况，并结合该场发布会的主题，了解他们对相关信息的需求，也为接下来的记者答问环节做好准备。在这样真心诚意的服务过程中，消解媒体有可能预设的对立，通过建立互信

① 刘建明：《新闻发布概论》，清华大学出版社2006年版，第62页。

进而良性互动，由此引导记者认同并接受发言人所设置的议程。

3. 不打无准备之仗

真正的战场是没有套路的，舆论战常常爆发在你毫无意识的时间地点，你还没有摆好阵势，就已经中弹。①

新闻发言人一定要有“问题”意识，要不断琢磨不同媒体的关注点，他们会问什么问题，该如何回答。可以采用自问自答或团队成员设问作答、发布会前模拟演练等方式自我训练。还可以多观摩各种类型的发布会，研读发布会的文字材料。再多与记者朋友交流沟通，借“他山之石”攻玉。②

四家媒体记者轮番发问未能问出深圳公车数量

南都讯　记者刘春林　深圳究竟有多少辆公务车？昨日，在深圳市政府组织的绿色出行主题新闻发布会上，四家媒体记者轮番向深圳市政府相关部门负责人提出这个问题。可是，如此猛烈的发问，也无法让相关部门负责人松口，记者们最终也未得到明确的答案。

在昨日的新闻发布会自由提问环节，《中国青年报》的记者首先向深圳市交警局副局长徐炜发问，希望了解在深圳200万辆汽车里面，公务车比例占多少。对此，徐炜表示：“具体公务车管理情况我想请发改委蔡主任回答一下。”

面对这一问题，深圳市新能源汽车示范推广办公室副主任蔡羽主要阐述了深圳公务车强制停驶的具体措施以及监管方式，并未对深圳有多少公务车进行直接回答。

由于没有得到明确答复，接下来提问的《深圳特区报》记者提出了两个问题，其中第二个问题再次就深圳公务车的数量展开了追问。在徐炜回答完第一个问题后，所有记者将目光转向了蔡羽，等待着他的回答。现场沉默了数秒之后，记者们没有得到回应，主持人让下一个记者继续提问。

此时，接过话筒的《南方日报》记者也提出了两个问题，其中之一就是：“现在深圳公务车数量大概什么样？”公务车数量问题第三次在这场发布会上

① 邹振东：《新闻发言人的作为》，共识网，http://www.21ccom.net/plus/view.php?aid=42548.2011－08－05

② 田耕：《前台・后台——新闻发布与发言人之解读》，新浪博客，http://blog.sina.com.cn/s/blog_67a2d93d0100n970.html 2010－11－18

被提了出来。现场的气氛有些凝滞。“为什么就不能说?”场下的记者开始小声议论。此时,现场记者的焦点已经不在意《南方日报》记者的第一个问题,所有人都再次将目光转向了蔡羽,等待着他的回答。

蔡羽最终接过了问题,他表示,我们国家对公务车实行严格的定编管理,即根据在编人数确定公务车数量。就在大家等待蔡羽会最终说出深圳公务车的数量之时,蔡羽话锋一转:“我了解到深圳市的公务车都是由省里统一定编管理,市里的公务车定编办设在交通运输委,负责协助定编管理,我想这个问题交通运输委可以帮你回答。”蔡羽将目光转向了左侧的深圳市交委副主任于宝明,现场再次沉寂了数秒。面对所有人的目光,于宝明并没有立即回答。

“有多少数嘛?”此时,坐在后排的另外一家媒体的记者没有举手直接就展开了追问,语气已经不太耐烦,现场情势紧绷。

于宝明终于接过话:“大家都很关心这个问题,首先是怎么定义公务车的问题。”于宝明说,“公务车包括很多类型,一种是大家通常理解的定编车辆,按照国家规定报省政府进行定编的车辆。这种车辆是有严格的按照国家规定管理审核的一套程序。还有的是为满足行政管理、生产等用途并不采用财政资金购买的车辆,但纳入统一管理并公款报销部分费用,如日常的使用费用,包括停车费、油费等。因此,要统计公务车数量就必须先确定统一的统计口径。”

“另外,在缓解交通拥堵和倡导绿色出行行动当中,我们强调的是公务车要起到带头作用,公务车在全市小汽车拥有总量中,总体数目所占比例不高,我们更多的是要体现公务车示范带头作用。不是说公务车减少出行就可以缓解交通拥堵。”于宝明的回答仍然未能解开现场记者的疑问。

于宝明回答之后,主持人宣布发布会结束。

(2012年04月25日05:14南方新闻网)

这确实是一场非常值得总结教训的新闻发布会。

这场发布会的初衷,是为了把深圳在2011年世界大学生运动会期间市民自觉停驶私家车,主动绿色出行的文明之举固化下来,并形成长效机制。一个非常正面的新闻源,因为发布会的准备不当,准确地说是没有对舆情风险做好应有的预判和应对预案,正面新闻不但引出了负面的报道,更引发了负面舆情。

有媒体发表评论称:"那是怎样荒诞的一个场景,四家媒体轮番追问深圳公车的数量,当时官员却真的可以左躲右闪……深圳乃至全国,各级政府真的宁愿背负如此模棱的恶名,而咬紧牙关不松口? 何苦来哉?"

次日,几乎全中国的媒体都在刊发《万名网友追问深圳公车数量》的消息,称数万网友在网络上继续追问深圳的公车数量。

一场成功的新闻发布会,功夫在会外——事前做足功课,包括舆情风险预判、口径统一等。

根据原公安部宣传局局长、新闻发言人武和平在全国新闻发言人培训班上的介绍,公安部宣传局以前只有 5 个人,后来增加到 20 个人。一个处研究舆情,一个处负责政府网站的信息更新,还有一个发布处负责研究发布信息口径,模拟问答,设立对立面,挑战他,而他则进行模拟回答。正是平日里注重实战练习,积累新闻发布的技巧,才使得他在走上发布台时总是那么从容、自信,那么胸有成竹。

第二节　发言人的基本原则

除了上述基本理念和技巧之外,新闻发言人还需要掌握一些基本的原则。

美国时代华纳曾忠告与媒体打交道的五个原则是:态度诚实、信息公开、前后一致、信息清晰、备有预案。[①]

一、主动原则

2008 年 9 月 20 日 23 时左右,深圳市龙岗区舞王俱乐部发生一起特大火灾事故,死亡 43 人。

事故发生不到 3 个小时,第一份新闻通稿挂上了政府网站。这在当时的传播条件下,可谓是第一时间了。

9 月 21 日中午,第一场新闻发布会召开,龙岗区区长以新闻发言人的身份对外公布有关火灾的相关信息。

此后连续几天,深圳市政府网站都及时对外公布事故处置的动态,包括伤员救治、

---

① 于清教:《刀尖上跳舞:解密新闻发言人》,搜狐网,http://13906483172.blog.sohu.com/6951675.html.2006—07—17

死者善后、原因调查、启动问责等信息。

这次突发事件应急中的新闻处置，做到了主动、快速，被境内外媒体称赞为“明智之举、应有之责”，“深圳保持高度的信息透明是一次大胆的尝试”。国新办复旦大学专家组对“9·20”应急新闻发布案例还组织了专题评估并表示肯定。①

别以为主动原则仅仅只是突发事件的专利，在日常的新闻发布中，主动原则同样重要，它代表着政府的态度，运用得好能避免负面事态的扩大化。

2011年3月31日，东莞市统计局、国家统计局东莞调查队发布《2010年信息公开工作报告》，《南方都市报》记者发现，除年份数字不同，该局2010年报告与2008年报告一字不差。

事后，该局新闻发言人张永艳主动约见《南方都市报》记者，坦承失误：“我们态度很鲜明，这是我们工作上的失误，我们对信息公开工作没有重视到位。所以我们也想以这个事情为契机，改进机关工作作风。”

次日，《南方都市报》就报道了张永艳对此事的回应。官方的鲜明态度，也令网民的抨击有所平息。

统计局此次主动表达对于“乌龙报告”的态度，无疑是一次成功的新闻发布实践。②

当然，有主动的，也有不怎么主动的。

2011年9月，一个“8毛钱治好10万元病”的神话在网上炒得沸沸扬扬。

缘起8月21日，家住深圳的陈先生向某媒体报料称：他带着出生才3天的儿子，到深圳儿童医院治疗肚胀，在“照了十几次X光、做了100多项检查”后，医院宣布要进行花费约10万元的大手术。身为牙医的陈先生毅然拒绝了手术，将孩子抱到广州市儿童医院治疗，结果仅花8毛钱的石蜡油就“搞定”了孩子的病。

该媒体记者于是写出了《医院要动十几万的手术最终8毛钱治愈》的报道。

8毛和10万之间的强烈反差，引起了网民激烈的议论，一时之间，深圳市儿童医院被推到舆论谴责的风口浪尖。③

9月初，陈先生一家来到深圳市儿童医院讨说法。9月7日，深圳市儿童医院召开

---

① 黄超：《透视深圳新闻发布问责制：第一责任人系部门首长》，新浪网，http://news.sina.com.cn/c/sd/2009－09－18/121218678968.shtml. 2009－09－18

② 南方都市报：《东莞百位新闻发言人上任第一年称期待媒体来电》，http://www1.dg.gov.cn/publicfiles/business/htmlfiles/cndg/s332/201104/328468.htm. 2011－04－11

③ 左左：《“8毛钱治好10万元病”，谣言迎合了谁?》，新华网，http://www.gd.xinhuanet.com/newscenter/2011－09/24/content_23769163.htm. 2011－09－24

新闻通气会，院方表示："陈先生此前接受媒体采访时说的全是片面之词，未能反映真实情况，至于10万元的手术费用，医生从未提出，纯粹是杜撰。"

9月6日到9月10日，受到"8毛钱治10万元病"事件的影响，深圳市儿童陆续出现了三例重病患儿家属抗拒手术，要求进行保守治疗，结果导致患儿病情恶化的情况，有的甚至住进了重症病房，最终还是不得不进行手术治疗。

9月9日，卫生部新闻发言人邓海华在例行发布会上对此事作出回应："广东这个报道每天都有变化，你刚才说媒体报道8毛就痊愈了，今天又有报道，医生说没有痊愈，只是暂时缓解了孩子的症状。至于是不是过度医疗，当地的卫生行政主管部门已经介入调查，我们会继续关注。"①

9月13日，微博传出消息：患儿病情反复，重新入住广州市儿童医院治疗。后经陈先生证实：患儿再度出现腹胀，12日到广州市儿童医院求医，医生对其进行了洗肠，并教给家长居家洗肠的方法，医嘱三个月后复诊。

这一反复，使持"过度治疗牟利论"的网民陷入纠结，而"是不是应该相信医生"的声音逐渐放大，"魔鬼"与"天使"之争再次浮出水面。②

中山大学传播与设计学院副教授张志安认为，关于医患纠纷的报道，"每一个个案累积在一起，就形成了宏观上公众对于这个问题的认知"。而有关医院的负面新闻甚至成了"公众批判社会改革进程过慢的宣泄口"。"这种情绪，其实也是对政府不信任情绪的转嫁。"③

在如今看病难、看病贵的大背景下，深圳市儿童医院从一开始就站在舆论的弱势方，召开新闻通气会只是为自己进行辩护，没有主动与媒体和患者进行有效的沟通。而当地政府主管部门也一直未就此次纠纷的具体情况进行公布，处于被动消极的状态，任凭舆论朝着愈发不可控制的方向发展，最终只会加剧公众对政府的不信任。

调查结果固然重要，然而，公众更在意的是政府的态度，尤其是对于诸如医患纠纷此类公众处于弱势地位事件的态度。对于政府而言，有时，公众往往要的不是这件事的结果如何，而是政府对这件事的重视程度，这间接反映了政府是否确实关注公众的切身利益。

---

① 《卫生部：当地正调查"8毛钱治好10万元病"一事》，腾讯网，http://news.qq.com/a/20110909/001046.htm.2011－09－09

② 《"8毛钱药方"治"10万元病"?》，凤凰网，http://news.ifeng.com/gundong/detail_2011_09/29/9567808_0.shtml.2011－09－29

③ 赵涵漠、武欣中：《一场八毛与十万元的战争》，《中国青年报》2011年9月21日，第9版。

若是当地政府主管部门在此事引发热议的一开始就与院方积极配合，安抚当事人情绪，主动权威地发布事件的相关信息，或许此事就不会造成如此消极的影响，说不定还能使公众对医院的“刻板成见”有所逆转。

新华社特稿社副社长熊蕾认为，对记者的采访要求不回应、面对负面信息一味采取压的做法非常被动，“如果媒体缺位，别人就会引导舆论”，政府主动提供信息、主动应对媒体，才能真正影响舆论。[①]

在现实生活与工作中，新闻发言人能够主动发声是我们力倡之举，但是由于种种原因，这样的主动有时却会被理解为作秀。对此，新闻发言人大可不必在意，不必为此委屈而放弃主动发声的权利与机会。

“秀”是“主动”的一种特殊表现形式。当然，这里所说的“秀”是正面意义上的，而不是所谓的“形象工程”、“面子工程”。在某种意义上说，“秀”也是新闻发言人进行形象塑造，主动营销与推广的一种有效手段。在这一点上，有些企业有时候比政府做得好，更会“作秀”。

需要注意的是，并不是所有的“秀”都能起到正面的效果。作为政府部门的负责人应该充分考虑“秀”的时机和场合。[②] 江苏省宿迁市政府的教训值得警醒。

2011 年 4 月 25 日，江苏省宿迁市政府公开在政府官方网站上征集“群众不满意的事”。

这一创新举措一经媒体披露，立即在网络上引起了强烈反响，在不少人拍手称快的同时，也有大量网友质疑活动作秀：只看到了征集平台，并没有看到解决机制，“不仅投诉的事情大家看不到，问题的处理进度，是否解决也无人知晓”。

“强国社区”网友“古唐愚叟”说：“事后征集群众不满意的事，不如事前多听听群众意见。”他坦言，等到事情已经发生了，再来征集这种不知何时能解决的意见，更像是“作秀”。[③]

政府主动听取民众意见，以便更好地服务民众原本是件好事情，可宿迁市的这一做法却遭到不少网友的质疑，吃力不讨好，很大一部分原因是没有选对方式，“事后追惩”不如“事前预防”。政府在主动发布之前，应对发布后可能产生的各种结果和影响

---

① 黄超：《透视深圳新闻发布问责制：第一责任人系部门首长》，新浪网，http://news.sina.com.cn/c/sd/2009－09－18/121218678968.shtml.2009－09－18

② 潘知常、彭铁林：《与媒体打交道——媒体危机的应对策略》，中国广播电视出版社 2008 年版，第 118 页。

③ 南方日报：《江苏宿迁政府征民意被指作秀　政府：已着手处理》，搜狐网，http://news.sohu.com/20110517/n307653492.shtml.2011－05－17

进行全面预测和充分评估，避免引发不必要的质疑和争端。

不回应不表现，说你不主动；主动过头了，又说你是在作秀。如何把握两者间的这个“度”，也是发言人值得思考和揣摩，并且必须在实践中不断尝试的一个新问题。

二、及时原则

人们在接受信息时，往往偏向于相信最初听说的情况，而对后来的说法总是存有怀疑。“先入为主”的信息往往会左右人们对事件的看法和判断。

这就要求发言人在发布时要及时，在第一时间抢占舆论的制高点。切莫出现“谣言跑遍全球，真相还在穿鞋”的被动局面。

农夫山泉“标准门”

2013年3月起，关于著名品牌农夫山泉的负面消息接二连三。

3月上旬，消费者李女士发现，她买的一箱未开瓶的农夫山泉饮用天然水里有黑色悬浮不明物，其中有13瓶非常明显，这些水来自农夫山泉湖北丹江口有限公司，生产日期为2012年10月30日。

3月14日，媒体发布文章《农夫山泉有点悬：水中现黑色不明物5年来屡被投诉》。这篇文章被大量转载，其他媒体开始关注此事。先是被曝有消费者喝出黑色不明物、棕色漂浮物，然后又传农夫山泉的水源地“垃圾围城”。

到了4月中旬，又有业内人士曝出农夫山泉瓶装水的标准还不如自来水，且比较粤、浙两省标准不难发现，在镉、砷、铬、菌群总数等多项重要水质标准上，浙江标准的容忍含量都比广东标准高出至少一倍。而霉菌、酵母菌等真菌类，浙江标准容忍其存在，而广东标准则是“不得检出”。

面对各界各种质疑和媒体的紧追不舍，农夫山泉方面却是一直“沉默是金”，仿佛渣滓洞里宁死不屈的烈士——打死都不说……

一直到事态演变成了不可收拾的全国性危机，农夫山泉才于5月6日在北京召开了新闻发布会，但却开成了一场闹哄哄乱糟糟的与《京华时报》的吵架会。

类似这样无视民意，冷漠民生，不及时回应舆论监督的案例并不鲜见。

2011年8月中旬，国税总局因为在年终奖伪造公告一事中“辟谣太慢”而被批评。在说与不说、早说与晚说之间，在“假文件与真民意”之间，国税总局处境尴尬。[①]

而在2010年2月，深圳社保部门也因为发布信息不及时，引发了一场关于养老金账户“缩水”风波。

深圳社保养老金“缩水门”

2月22日晚，网友“老水牛”在深圳新闻网发帖《请社保局务必解释，养老金为什么少了》，称：

“本人自去年11月记录每个月的社保交费情况，2010年2月3日查养老保险78007.85元，今天(2月22日)20：30查显示养老保险为76939.38元，少了1068.47元。医疗保险两次查询结果一致。住房公积金也是少了1000多元。究竟是计算机数据库出了问题，还是其他原因，望给一个解释。”

网友“nsns2009”也跟帖说，请大家务必查询自己社保账户中的余额，并称“在2月13日有记录，刚才查询账户里少了1429元”。

帖子一发立即引来众多网友和参保人的关注。单是深圳新闻网上的跟帖与浏览相关事件的网友已经超过了5000人次。

一些网友上网一查，果真发现自己的养老金账户余额“被动过”，养老金账户余额“缩水”少的有70多元，多的达上千元。

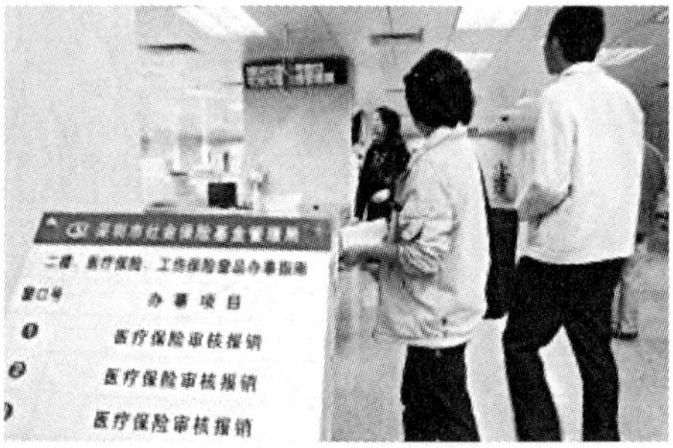

图3—4　在社保局办事的市民②

网友“山野百合”也质疑说，自己每月都会查询登记社保余额，“2月2日查了并记录了，现在比2月2日养老金少了600，住房公积金少了370，医疗没少”，他担心自己的“钱不会被黑了吧”？

对此，市社会保险基金管理局有关负责人解释：“参保人账面余额变少，是因为广东省对养老保险个人账户利息记账利率进行下调所致。”③

尽管已经得到了社保部门的回应，但深圳养老保险参保人个人账户“缩

① 张璐晶：《政府新闻发言人为何越说越错？》，人民网，http://finance.people.com.cn/GB/15538071.html.2011—08—30

② 《养老金“缩水”反响大，深圳市民四问社保局》，http://www.sznews.com/zhuanti/content/2010—02/26/content_4420584_4.htm.2010—02—26

③ 《养老金突然变少了？深圳市社保局回应》，http://news.sznews.com/content/2010—02/24/content_4413111.htm.2010—02—24

水”事件仍余波未了。

该事件经深圳各大媒体报道以后，引发了更多市民网友的关注，广大参保人纷纷呼吁深圳市社保局及时公布相关的政策规定，还参保人一笔“明白账”。

网友“zhuomuniao”：“为什么不声不响地动了参保人的钱，而等到被参保人发现后才做出解释？”

市民黄小姐：“因为信息没有及时公开，就引起不必要的猜测，社保部门应该反思自己的做法！”

深圳社保基金管理局新闻发言人在接受记者采访时则表示：“我们本月25日将就此事召开新闻发布会，回应大家的疑问。”

2月25日下午，深圳社保部门召开新闻发布会，正面回应此事。该风波基本得以平息。

在深圳大学特区经济研究中心教授高兴民看来，此次养老保险个人账户“缩水”风波，可能源自社保部门信息发布不及时所引发的“误会”。

社保局如果能够及时将国家和省里的相关规定公开发布，将“依据国家的哪一项规定”“从什么时候开始，将会对养老保险记账利率进行调整”“调整以后个人账户将会产生什么样的改变”等问题一一告知参保人，也许就不会有这样的误会了。①

“及时原则”的重要性还体现在，事件发生时，往往身临现场的人难以立刻理解事件，甚至除了惊愕或恐慌之外得不出任何结论。新闻发言人在此时简要而恰当地对事件做出解释，引导社会舆论的走向，便成为社会舆论的灯塔。②

近两年来，随着微时代舆论监督的“无微不至”，我们常常提醒公权力部门：群众的眼睛是雪亮的。但我们同时也发现，有时候，群众的眼睛不是雪亮的，仿佛得了一种奇特的白内障，这个白内障的病因叫作舆论导向，症状就是他们的眼睛只看见舆论导向让他们看见的东西。

乐清钱云会案件

2010年12月25日，浙江省乐清市寨桥村发生了钱云会车祸死亡案件。该事件发生后就有媒体迅速前去采访并发出报道。而事件发生当晚各大论

---

① 《深圳社保局将公开回应养老保险账户“缩水”质疑》，搜狐网，http://news.sohu.com/20100225/n270457234.shtml.2010—02—25

② 刘建明：《“第一时间”是什么时间？》，《党政干部文摘》2006年第4期。

坛和微博上就有人爆料说钱云会是被五个人按着被卡车从身上碾过的，死于谋杀，云云。

当天晚上，乐清市公安部门发布通告称，乐清市虹南公路寨桥村路段发生一起交通事故，没有提起谋杀说法，也没有对网上的各种说法释疑解惑。

之后网络上大肆流行钱云会死于谋杀的说法，新闻媒体得不到官方的任何采访信息，只能根据采访到普通百姓的情况和网络舆情来报道，事实真相也不为人所知，谋杀的说法一直都占据主流舆论。

12月29日，温州市公安局原定在22时30分召开新闻发布会，却一再推迟时间并变更地点，直到23时才正式开始。发布会认定钱云会案是普通交通肇事案，公布了一些事发现场照片及公安后期侦查时的一些资料，在记者提问环节只回答了六个问题，并且有些答案顾左右而言其他，完全没有真正回答记者的疑问，解开公众的疑惑。

图3—5　12月30日，钱云会的家门前聚集了很多村民①

这场新闻发布会并没有改变钱云会死于谋杀的观点，而官方也没有给出媒体足够的信任和更多的资料来平复“谣言”，温州市官员也没有试图给人们一个解释真相的态度。

虽然各大传统媒体上对于钱云会案的报道一如官方的惜字和谨慎，网络媒体上却充满了更多质疑声，尤其是在乐清市官方对于前去采访和观察的一些人士的限制和驱赶之后，官方发布的消息就更难取得公民的信任。

时至今日，法院早已判决，钱云会案依旧有人在试图挖掘真相，依旧有那么多人认定钱云会死于谋杀。

如果乐清市政府能在钱云会案发生后及时与媒体沟通，给媒体足够的信息，还原事件真相，召开新闻发布会，给足记者时间和话语权，这件事情也就不会引起这么多人

① 《寻求真相诸多公民观察团抵达乐清，对钱云会事件展开独立调查》，时代潮网，http://www.shidaichao.cn/redian/19404.html. 2011－01－02

质疑和围观，公民和官方的对立情绪也就不会这么强烈。①

新闻发布贵在一个“新”字，若是不及时，就成了“旧闻”，新闻发布会的效果也必然大打折扣。

三、公开原则

“阳光是最好的防腐剂。”道理似乎大家都明白，可是，一回到具体的工作，面对复杂的社会现实，我们又往往会习惯性地遮遮掩掩，仿佛有什么见不得人的东西似的，总喜欢藏着掖着——这个、这个，我看暂时还是不说为好吧？或者领导挠挠头皮，拍拍额头说：“还是压一压吧……”

殊不知就是在这一压一迟疑之间，很多事情就起了变化，公众有了无限广阔的想象空间，那些信马由缰的丰富想象，就是流言乃至谣言的重要源头。于是乎，就会凭空生出许多的问题，原有的小问题会扩展成大问题，所谓“小事压大，大事压炸”，甚至发酵衍生出新的次生危机。

PX为何在中国成了过街老鼠？

2013年5月4日，成都和昆明分别因当地的大型石化项目涉及PX问题，而同时出现了公众的强烈反弹，当地民众以多种方式向政府表达了自己的抗议，局部地区甚至出现了群体性的事件。

2013年1月25日，因环境违法，福建省漳州市腾龙芳烃(漳州)有限公司的80万吨/年对二甲苯(PX)工程及整体公用配套工程原料调整项目被国家环境保护部责令停止建设。

PX，中国老百姓既熟悉又陌生的一个化学名词，一个令他们谈之色变，拒之千里的化工产品。它仿佛世纪瘟疫，在中国处处遭到强烈的抵制。

2007年6月1日，数千名激愤的厦门市民以“散步”的名义，上街游行，表达反对在厦门建设PX化工项目的心愿。当年12月，福建省政府就此召开专门会议，决定将该项目迁址别处。

2011年8月8日，受台风“梅花”影响，中国目前最大的PX项目大连福佳大化附近防波堤被冲毁，生产用化工储罐受到威胁，随后大量民众强烈要求项目搬迁。

---

① 万路路：《论政府新闻发言人与新闻媒体之间的关系》，《南昌教育学院学报》2011年第4期。

2011年8月14日，大连市委书记唐军和大连市政府公开要求该项目立即停产，承诺对该项目进行搬迁。

2011年12月29日，大连市政府一位官员表示，大连福佳大化石油化工有限公司PX(对二甲苯)项目，经安全整顿并达标后，已于近期恢复生产。对于该项目搬迁计划取消的传言，他强调，该项目的搬迁工作还在推进中，并未停滞，也没有“收回搬迁”这个说法。福佳公司一位工作人员说，福佳大化已恢复PX生产近一年，一直比较低调，“公司内部PX已成为禁忌的话题，员工严禁泄露复产消息”。

从2012年10月初开始，宁波镇海市民对于总投资估算约558.73亿元的宁波PX项目通过信访抵制。

10月22日，湾塘等村近二百名村民，以居住点距离化工企业过近为由，集体到区政府上访。

10月28日18时50分，宁波市政府新闻办公室官方微博发布消息称，宁波市经与项目投资方研究决定：坚决不上PX项目；炼化一体化项目前期工作停止推进，再作科学论证。

2012年11月29日晚间，咸阳市发改委网站发布情况说明。环保审查后PX(对二甲苯)产品已被取消。

从厦门、大连到宁波，再到现在的彭州和安宁，中国公众对于“PX”这一代称的认识，大约经历了一个从陌生到害怕，再到恐惧和愤怒的过程。

但是非常遗憾，即便是参与报道PX事件的记者，也极少能解答几个最基本的问题：PX(对二甲苯)究竟有什么危害？PX项目与其他化工项目相比有没有特殊(潜在的)危险？国家对于这类化工原料的生产究竟有哪些管理措施(要求)？国际上(发达国家)对此类项目又有何规定？

这些问题都是抵制PX项目的民众原本应该先了解的，更是报道PX事件的记者必须先了解的；但现在，民众和媒体人对此要么一问三不知，要么给出的答案就是一系列谣言：

“PX属于剧毒，并且强致癌、致畸”(事实上PX属于低毒物质，同时也不是致癌、致畸物)；

“PX化工厂爆炸威力堪比原子弹”(实际上PX属于易燃物，并非易爆物)；

“PX工厂按规定要远离城市100公里”(彻头彻尾的谣言。无论国内还是国际，与对其他化工项目的管理相比，PX项目实际上并无任何特殊之处）；

“发达国家都不允许生产PX”（谎言，实际上美国的PX生产规模比中国小不了多少），等等。

针对这些谣言，在每次“PX事件”发生时，都会有零星的声音出来澄清；但每一次，在强大的谣言轰炸和愤怒公众的抵制下，这些澄清的声音都显得过于微弱，乃至于被公众所忽略。

因为，这些大项目上马以前，公众最期盼发出最权威声音的政府，往往缺位，基本失声。于是，才有上述的令人惶惶不安的谣言，才有政府最终不得不尴尬的妥协，才有政府与民众的双输局面的出现。

纵观上述PX项目在我国的起起落落，有一个共同的轨迹如下：

项目立项——市民反对——群体事件——政府让步——项目取消（暂停）

其实，类似的情况远远不只PX，比如，2012年四川什邡上百亿的铜钼项目、启东污水处理项目等，其“流产”的真正原因，还在于政府与公众之间信息严重的不对称。我们并没有建立固定资产投资项目社会风险评估的长期制度，以对拟建项目的“合法性、合理性、可行性、可控性”展开社会稳定风险调查。包括生态环境方面，针对群众可能“不理解、不认同、不满意、不支持”的环节，逐一重点分析排查，并将相关真实信息公开发布。而不是等到事情闹大了，才来事后“擦屁股”似的做马后炮发布。

由此可见，无论是政府重大决策出台，还是大型建设项目的推进，必须注意以下两个方面的问题：

一方面，其相关信息必须通过新闻发布的渠道告知社会与公众。这样的发布，又必须遵循公开原则，切不可藏着掖着，发酵舆情，酿成国家利益受损、公众权益无保障的严重后果，进而产生影响社会安定的群体性事件等次生危机。

另一方面，要做到“双预先行”，即对于此举有可能引发的舆情风险务必要做科学的预判，并在此基础上做好相应的应对预案。

综上所述，严格意义上的舆情应对或者危机公关，应该是如图3—6所示的一个链状模型。

5月10日上午，在中石油安宁炼化项目新闻发布会上，中石油云南石化有限公司总经理胡兢克表示，安宁炼化项目属于燃料型炼厂，生产国五标准的汽油、柴油、航空煤油。项目不含PX装置，也不生产PX产品。

我们不得不质疑，如此重要的信息，为何一定要等到公众强烈反弹（也许是并不理性的反弹），有关部门才来发布和公开呢？

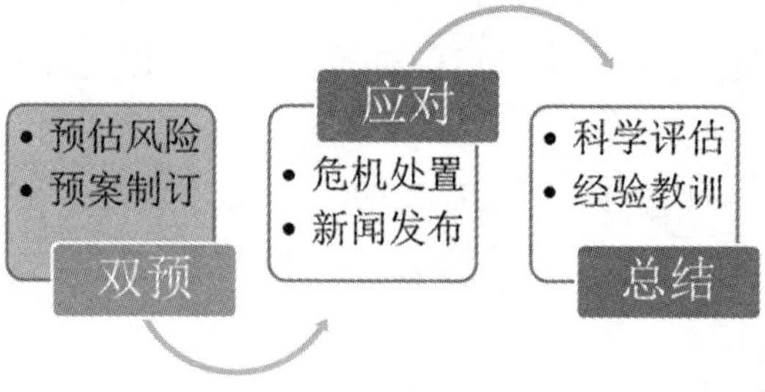

图 3—6 政府危机公关链

国务院 2008 年颁布的《政府信息公开条例》，申明了“公开是原则，不公开是例外”的新闻发布原则。中国人民大学的喻国明教授谈到这个问题时说：“长期以来，在信息披露方面，我们国家存在着一种明显的责任不对称情况，表现为：作为某一级主管的官员，不披露某类信息，不会承担任何责任。但如果一旦披露了，却可能要承担由此而来的全部后果。人的天性是趋利避害。责任不对称使官员倾向于不披露，倾向于不跟媒体接触。”目前，我国政府信息公开的内容有限：形式上公开多，实质上公开少；结果公开多，过程公开少；原则方面公开多，具体内容公开少；公众被动接受的多，主动参与的少；公开政府“正面”的信息多，公开政府“负面”的信息少。

6 月 2 日，昆明市市长李文荣在接受媒体记者集体采访时透露，民众关心的中石化云南炼化项目环评报告，昆明市政府将按程序在近期公开。

李文荣介绍称，事情发生后，昆明市政府通过多次召开新闻发布会、恳谈会，开微博，建科普馆等方式搭建和民众沟通的平台，还先后组织了两批考察团去广西钦州考察中石油炼化项目。目前，绝大多数民众都对该项目有了更深的了解和认识，都理解支持这个项目。“也有很多人仍然关心项目的选址、环评的公开等问题，这是可以理解的，民众关心环境的愿望和政府是一致的。但希望广大市民用科学、实事求是、理性的态度来对待这些问题。”李文荣说。

李文荣承诺，昆明市政府将利用已经搭建起来的交流平台，进一步加大信息公开的力度；对公众普遍关注的环评问题，也将按程序在近期公开。

昆明方面的这些动作，虽然是亡羊补牢之举，但也还是应该给予肯定，他们至少在政府信息公开方面，有了“吃一堑长一智”的进步。

如果昆明方面早一点按照“危机公关链”做好“双预”工作，会否没有如今这么大的麻烦呢？

四、准确原则

2013 年 4 月 10 日上午 10 时，国务院新闻办公室举行新闻发布会，请中国海关总署新闻发言人、综合统计司司长郑跃声介绍 2013 年第一季度进出口情况，并答记者问。

发布会上，有记者提到海外媒体质疑中国海关出口数据存在虚报的问题，且看新闻发言人如何回应。

第一财经频道记者：前一阶段我们看到《华尔街日报》有文章称，中国出口数据存在一定程度虚报的情况，虚报情况的动机可能包括有些进出口企业绕过资本的管制，同时把国外的一些资金带到国内进行炒作，或者还有一些公司获得更多的出口退税。而且我们确实看到今年前三季度贸易顺差与去年贸易顺差相比有大大的不同，请问数据上的问题到底存不存在？所谓的出口虚报动机现在是不是普遍现象？如果有的话，海关总署如何来应对？

郑跃声：谢谢。我们也已经注意到了你所说的这种情况。我还注意到你所说的，大概是 4 月 2 号还是 3 号，《华尔街日报》撰文，其中提出内地统计的对香港的出口数据，与香港统计的从内地的进口数据存在着较大的差异，对你的问题我想从以下三个方面给以回应。

首先我要说明的是，按照联合国的贸易统计规则，和内地海关所执行的国务院颁布的海关统计条例的规定，实际进出中国关境的货，要按照货物进出境时候的全值，就是它所有的价值来进行统计，列入海关的进出口贸易统计。在中国的关境之内，海关的特殊监管区，比如说保税区、出口加工区，与关境内的其他地区之间相互往来的货物，是不列入海关货物贸易统计的。海关对进出口货物贸易统计的原始资料，是企业向海关申报的进出口报关单或者其他规定的申报单证。海关对进出口贸易统计的数据来源是由海关总署采取超级汇总的方式，直接从企业申报的申报单证中来提取数据进行汇总的。所谓的超级汇总，就是这张报关单纳入海关统计的报关单，无论在全国任何一个海关现场，办结海关手续以后，这个数据就自动进入了海关的报关单处理系统，由统计司在报关单处理系统当中直接提取数据，不经过任何中间环节。因此，我曾经说过，列入海关进出口贸易统计的每一个美元都可以找到一份实际存在的报关单与之相对应。这张报关单所反映的进口或者出口的货物，是必须要跨越关境，或者进境或者出境的。

……据我们统计，今年一季度，内地从香港进口的国产的商品达 375.1 亿美元，增长了 42.8%，其中就包括了我刚才说的这部分跨国公司物流配送分拨中心、物流货物在内。去年以来，在国际金融危机的影响下，一些跨国公司为了节省成本，把一些在香港的国际物流配送中心的仓库转移到了比邻的深圳地区，跨国公司的物流配送和分拨中心还在香港。但由于香港仓储费用比较高，所以就把仓储中心的仓库放在了深圳，这样的话，他配送和分拨的货物在香港和内地的调拨也比较频繁，这也在拉动着内地对香港出口增速的提高。至于有些机构反映，有些媒体报道，一些企业通过货物的出口带来资金的流入，来套取内地与香港人民币利差的这种现象，我们也在进行关注，也进行了初步的调查和研究，下一步我们还将会同有关部门作进一步更深入详细的调查研究，希望能够彻底理清对港贸易超常增长的各种原因，并在必要时候视情况所需采取相应的管理措施。谢谢。

发言人正是这样以翔实的数据、详细的解释，回应了一个所谓比较负面的问题。

次日，媒体报道的标题就是该新闻发言人的原话——《海关总署：每一个美元都能找到一份实际存在的报关单》。

新闻发布会发布准确信息的重要作用由此可见一斑。

政府新闻发言人讲真话，不虚美、不隐恶，实事求是，是对社会负有高度责任感的表现。政府对人民履行讯息真实、公开的责任，才能建立高度负责的公共政府。准确，就是要敢于、勇于和善于讲真话，这就是新闻发言人必须严格遵从的重要原则。

佛山“3·20”暴力执法谎言发布

2013 年 3 月 20 日，39 岁的司机岑耀斌驾驶着一辆满载铝锭的大型货车行驶在佛山一环路上。

13 时 30 分左右，有执法人员怀疑岑耀斌超载遂示意其停车检查，但岑耀斌没有理会，13 时 46 分 15 秒，岑耀斌驾驶的货车被执法人员截停。

岑耀斌被截停后，挨了执法队员一顿暴打。在官窑医院，岑耀斌被诊断为“软组织受伤”。

此事被媒体曝光后，佛山市有关部门立即举行了新闻发布会，可谓“主动、及时、公开”。

整场发布会的主题就是：治超执法队否认打人。

现场执法队队长岑永新接受采访时回应："我们绝对是文明执法。"

交警领导回应："我们交警没有发生不文明的情况，没有打人。"

综合执法局局长回应："现在是法治社会，有什么理由还敢动手打人呢？"

然而，令上述执法人员始料未及的是，岑耀斌所在公司给每一辆车都安装了全程视频监控系统，该系统忠实地记录了整个事件的全过程。

视频显示 3 月 20 日 13 时 46 分 29 秒，岑耀斌驾驶的货车被执法人员截停后，四名执法队员冲向岑耀斌，其中交警一人，特警一人，还有两名是交通部门的。岑耀斌的脖子被一名执法人员用手锁住，另有三名执法人员拉扯他的衣服，其间一名执法人员用脚袭击他身体，并用拳头击向他。

随后，他被摁倒在路边。摁在地上大概两分钟，他反抗，爬了起来，一名执法人员飞了他一脚，几名执法人员一拥而上，他用手指着车头，张开嘴巴大喊，随后被执法人员摁在地上……

本次事件的真相得以曝光，远程调取的无线视频监控系统"功不可没"。

而看到视频后，执法队终于承认有执法人员打人，处理结果调查后将公布。

3 月 22 日，佛山市治超办道歉并公布了事件处理结果：民警杨某踢打当事司机，公安机关决定给予杨某治安拘留 10 日并处罚款 500 元；民警曾某执法行为失当，公安机关决定给予曾某禁闭 7 日处理；同时，交通执法员岑某作为现场负责人，未对违法行为进行及时纠正，未向上级反映真实情况，免去岑某市交通运输局综合行政执法局第二大队副大队长职务。

佛山方面称，是因调查不足匆忙回应，以至于与事实存在出入。为何之前调查如此轻率？这究竟是偶然的失误，还是本能的偏袒？

网友评论说：两天前还信誓旦旦地说"绝对文明执法"，两天后，又把前面的保证全面推翻，佛山相关部门这回在公众面前，真丢尽了脸。

在这次危机事件的新闻应对中，佛山公权力方面主动了、及时了，也公开了，但唯独没有做到"准确"。

如此不负责任的新闻发布，不仅是个人或某个组织丢脸的问题，受到严重损毁的是公权力的公信力。

清华大学新闻与传播学院副教授王君超认为，发布会的社会效果，永远只服从于一个原则，那就是：尊重事实，告知真相。一场虚假的言不由衷的发布会，无论包装得如何堂皇，取得如何立竿见影的瞬间效果，都只能是“浮云”。

清华大学新闻与传播学院副院长史安斌认为，好的新闻发言人应该始终坚持一个原则，那就是“忠实说，迅速说，首先说”。①

外交学院院长吴建民根据自己发布新闻的经历得出的结论是：“发言人不能讲假话，讲假话，我觉得不是好的发言人。有一些事情现在情况还不允许讲，只能说这个情况还需要再了解一下，绝对不能对老百姓讲假话。”

坚持新闻发布的真实原则，是新闻发布制度的灵魂，也是新闻发言人的重要职业道德。②

结合上述政府新闻发言人的基本原则，我们一起来审视一个失败的危机应对的典型案例。

延安城管暴力执法事件

2013年6月4日，网上一段名为“实拍：延安城管暴力执法双脚跳起暴踩男子头部”的视频，引起广泛关注。

2013年5月31日，延安市多名城管队员在执法过程中与商户发生冲突，视频显示一名城管双脚跳起猛踩一名男子头部，视频显示，六七名身穿制服的城管人员，在人行道上与商户抢夺自行车，之后数名城管对一名男子展开围殴，该男子摔倒在地后，一名身材壮硕的城管队员，双脚跳起踩向男子头部，男子头部鲜血直流，倒地不起，导致其重伤住院。

被打男子刘国峰是自行车店店主，他说其中一人浑身酒味儿。被城管没收的自行车是消费者停在店外面的，不是店内待售的车。据医生诊断，刘国峰头、腹受伤，胸腔出血。

延安市城管局一名工作人员介绍，5月31日下午，城管监察支队凤凰大队进行城市占道经营检查，在“美利达自行车行”门前发现违规停放多辆自行车。此前城管人员已发过两次“责令整改通知书”，其间也多次口头警告。当天下午，城管队员在劝阻无效的情况下，对该店门口停放的自行车进行暂时

① 杨雪梅：《人民日报刊文称王勇平“奇迹论”犯低级错误》，环球网，http://china.huanqiu.com/roll/2011－08/1902460_2.html.2011－08－12

② 《新闻发布的策略和技巧》，新闻发言人与危机公关培训网，http://www.fayanren.com/bencandy.php?fid=34&id=2481.2010－12－06

扣押处理，双方发生肢体冲突。

针对“酒后执法”的说法，延安市城市管理监察支队副队长段玉亭说，截至6月3日，还无证据表明城管队员存在酒后执法的现象。

延安警方表示，打人者被刑拘宝塔分局并已成立专案组，全面调查此案。

根据延安市城管部门的说法，野蛮脚踏商户的协管员景鼎文系“临时工”。

图3—7　延安城管暴力执法，跳起脚踩执法对象头部

延安市5日18时召开新闻发布会，宣布城管打人事件涉事8人全部受到处理：对涉嫌违法的城管协管员景鼎文处以刑拘，刘兆瑞处以行政拘留，对6名协管员予以解聘；对3名负有领导责任的单位负责人进行了党纪政纪处分。

5日，有网友指出，延安城管局拥有独立的办公大厦，位于宝塔区繁华地段，楼层高达30多层，全部为城管局及其直属单位所有。网友质疑，只有200多万人的延安市，有如此奢华的城管大楼，是否涉嫌严重超标？

知情人士刘先生透露，城管大厦全部为城管局独立所有，“城管大厦有30多层，下面几层是城管局办公场所，上面楼层是城管局职工住宅楼”。刘先生透露，城管大厦所在地段是该市地皮最贵的地段。“在这么好的地段，独占一栋办公大楼，确实有浪费之嫌。”刘先生说。

办公楼被曝光后，当地记者5日下午到城管大厦现场时，发现楼顶上“延安市城管局”的牌子已经被摘掉，而下面“延安市城市管理局”的牌子还在。

此外，市民反映称，延安市城管局局长张建朝公务用车涉嫌超标，此事迅速引发各方关注延安市城管局局长张建朝豪华座驾超标，配车超过部级领导配车。

据调查，张建朝乘坐车号为陕JA0111的丰田霸道VX型越野车，经记者查询，该车所有人为延安市自来水管网安装配套服务公司。该车辆最低配置报价逾40万元人民币。延安市城管局纪委书记王成章此前称，该车辆是中石油长庆油田公司“奖励”给城管局的。

王成章称，“城管大厦是2004年立项，2005年开工，2009年建成，2010年9月投入使用的。”纪检部门对城管大厦招标、建设情况进行过监督，不存在违规、违纪问题。王成章称，修建城管大厦是因城管局之前没有办公场所，连城管系统开会都需租会议室。目前，城管大厦1层至9层是办公区域，10楼以上是住宅区域。大厦里不只城管局一家单位，在9层办公区域内，一楼是大厅，二楼是数字城管指挥大厅和职工食堂。三楼至六楼里有5个单位，包括延安城市节水办公室、延安市城市管理热线服务中心、延安热力燃气污水处理监管中心、延安市环卫处、延安市旧城改造指挥部。

“除二楼的数字城管指挥大厅属于城管局，还有七楼、八楼、九楼是城管局办公室。”王成章称。延安市城管局党委书记侯世怀称，延安市城管大厦的豪华程度“在延安属中等，面积稍超标”。

延安城管暴力执法事件之所以不断发酵，引发次生危机，危机升级，其根本原因在于没有真诚回应舆论监督。我们不妨梳理一下，在事件处置的短短几天中，相关部门是怎样走向深渊的：

暴力执法者——临时工(万能替罪羊)；

涉嫌酒后执法——至6月3日，无证据表明城管执法队员有酒后执法现象，这可是5月31日的事啊(撒谎不打草稿)；

30层豪华超标办公大楼——先是连夜拆掉了楼顶招牌(掩耳盗铃之举)，然后称其豪华程度在延安属中等(强词夺理)；

局长超标豪车——企业奖励。请问一个政府机构为何要接受企业“奖励”，而这家企业又为何要“奖励”你？你们之间到底存在什么样的关系(交易)？(乱发言引发次生危机)

就是这样一次次公然侮辱公众智商的敷衍、一遍遍的连自己都不会相信的谎言，硬是将延安城管局推向了不能自拔的舆论泥潭。更加不能容忍的是，他们为了局部利益严重地损毁了政府的公信力，败坏了政府的形象。如此惨痛的教训，值得每一个政府新闻发言人深刻反思，引以为戒。

第三节　发言人的多元策略

有人说,新闻发言是“一个西瓜引发的讨论”。

事情的起因是,一个西瓜在运输过程中受到损害。

什么是新闻?

就是告诉你这个西瓜有好的,也有坏的。

什么是舆论?

就是只看到西瓜好的部分。

什么是谣言?

就是只看到西瓜坏的部分。

什么是新闻发言?

就是告诉大家西瓜虽然有坏的,但我们已经把坏的部分处理掉了,现在呈现在大家面前的都是好的。①

“一个西瓜引发的讨论”固然只是个玩笑话,但怎样把“西瓜受损”这个情况如实转告,将善后工作交代清楚兼顾安抚情绪,实际操作起来,确实是个不小的难题——新闻发布需要策略。

一、技巧表达策略

政府新闻发言人通常遇到的问题就是尖锐犀利的问题怎么答?

站在记者的角度来看,一个优秀的记者要能够代表他所属的媒体及其受众,要能提出他们所关心的问题。能够提出尖锐犀利的问题,是一名优秀的媒体人应具备的素质,同时也是记者敬业精神的表现。

海伦·托马斯,美国白宫记者团第一个女记者,一位以考问总统闻名的美国资深记者,用她犀利的提问“折磨”了自肯尼迪之后的美国九任总统。她不仅问题尖锐,而且要求总统或发言人直接回答“是或不是”。美国前国务卿鲍威尔被海伦逼急了,夸张地感慨:“难道没有什么战争能让我们把她派过去吗?”

① 郭韦伶:《一个受损的西瓜引发的新闻发言——什么是最优秀的新闻发言人》,《职业》2011 年第 8 期。

2006年，当海伦·托马斯重新获得向总统发问的机会时，她甩给总统小布什的第一个问题是："你为什么那么想开战？从你踏进白宫的那一刻开始……真正的原因是什么？你说过不是因为石油，也不是因为以色列或其他，那么到底因为什么？"

但就是这样一个让数任美国总统感到头疼的人，美国白宫新闻发布会第一排的宝座却非她莫属，她被《华盛顿邮报》评为美国"新闻界第一夫人"，并获得1984年美国全国新闻俱乐部"第四权力奖"，时任美国总统的里根给她的贺词这样写道："你不仅是一个优秀的、受尊敬的专业人士，你也成为美国总统的一部分。"

海伦·托马斯在其自传《白宫前沿》中写道："只有在民主制度下，记者才被允许质问他们的领导人。因为我们没有英国式的议会制度，督促官员向人民负责，解释他们的所作所为和政策，这份职责落到了记者肩头。"

与西方媒体记者相比，中国内地的记者一向较为"温和"，但近年来，他们在新闻发布会上的提问也变得越来越尖锐犀利。如果问题能够设计得刁钻和富有挑战性，能把发言人问倒，记者的成就感就更为强烈。

这种新的变化趋势提醒我们，新闻发言人在工作中将不可避免地、越来越多地遇到各种各样尖锐犀利的问题，这样的问题怎么答，是我们必须学会的技能。

首先，必须有坦诚的态度。一定要实事求是。尖锐犀利的问题很多时候是伴随着一定程度的质疑和不信任，这时候，首先要秉持实事求是的态度，坦诚以对让提问者消解不信任的预设立场。

其次，原则问题一定要坚决阐明立场和态度。不能掉进提问者的陷阱中，要对原则问题表达坚定的态度，毫不含糊，以此为整个新闻事件定好基调。

最后，态度鲜明的同时，我们可以采取一些方式方法上的模糊化处理。在尖锐犀利，甚至敏感的问题中，什么是该说的能说的，什么是不该说的不能说的，我们的新闻发言人一定要心中有数。能说的该说的，坚定地表明立场；不该说的不能说的可以用模糊的表达进行"技术处理"。

让我们来看一下中国台湾官员和美国官员如何发言。

一个是台湾"行政院长"吴敦义，回应关于陈光标2011年1月赴台"行善作秀"的质疑：

任何一个人愿意行善，无论捐款或关心社会大众，只要有心，都应该肯定。过去大陆汶川发生地震时，台湾民众也同样伸出援手，还有许多人到大陆去帮忙办学校、普及教育等。只要行善得宜，必能成为很好的典范。陈光标已逐渐调整方式，相信会得到愈多的肯定与掌声。

另一个是美国驻华大使骆家辉就任后，于2011年8月14日在首次媒体见面会上的发言：

> 在个人层面上，能作为中国移民的孩子代表美国——我出生的土地，以及我的家庭珍视的美国价值观，站在你们面前，我感到既谦卑又荣幸。我只能想象我在1月份过世的父亲，吉米，看到他的儿子成为在他和我母亲出生的土地上代表美国的第一位华裔美国人，会是多么骄傲。我的父母，我的妻子，我们的孩子——我们本人都直接代表美国以及美国作为自由、平等和机会之土地的希望。我，以官方身份，作为服务于总统和美国人民的美国驻华大使，将代表的正是这永久希望和这些价值观。

还有一个经典发言虽不是近期的，但我们仍然可以从中略窥一二，偷师学艺。

马英九的前新闻发言人游梓翔曾讲述过关于马英九如何应对一个"飞来横祸"的故事。

2004年，刘德华的前女友喻可欣刚做完手术后，有好事的记者采访她，她表示不想结婚，却想拥有一个自己的小孩。记者追问她如何拥有，她说可以借精生子啊。

当记者再追问要谁的精子，喻可欣一枪射中三个男人："我觉得像台北市长马英九、很有学问的蔡康永，还有律师帅哥谢震武，'品种'都很不错啊。"

三个男人数马英九最为尴尬。

时任马英九新闻发言人的游梓翔表示，当时马先生十分委屈，他坐在办公室什么都没有干，却要面对一个从天而降的花边新闻。

而且马英九还不能说内心的真实独白，他不能怒斥那些"无聊"的报纸和"无事生非"的艺人，因为台湾是选举政治，喻可欣和爱她的粉丝以及即使不爱喻可欣但是爱读这种花边新闻的人，是马英九不能忽视的选票。

看看三个"品种不错"的男人如何回应。

谢震武接到记者电话，听到自己被喻可欣相中为"捐精"对象，他先是尴尬笑了几声，随后笑说："我可不可以不要回答这个问题。"

蔡康永刚听到这个问题，愣了几秒钟，不疾不徐地说："应该愿意，只是我要把配套措施想好，再行动，包括小孩的抚养方法及应得的酬劳。"

而马英九透过发言人是这样回应的：马英九是台北市长，喻可欣是台北市民，市民当然有权利向市长提出服务要求，身为市长的马英九当然也应该尽力呼应市民的各种要求，但非常抱歉的是，台北市长承诺的为市民服务的项目中，不包括提供精子这项内容……

原本一个无聊的议题，就这样被四两拨千斤的回答化腐朽为神奇。当事人被尊重，媒体得到满足，围观者也开心，而马英九的形象更加亲民而富有魅力。[①]

有时，新闻发言人需要的，往往就是这种"说话的技巧"。

二、媒体角度策略

多元媒介生态下，媒体的定位不同，受众不同，对于新闻价值的判断和新闻素材的取舍自然是各取所需，"萝卜青菜各有所爱"。这就必然导致在新闻发布会上来自不同媒体的记者的提问也就迥然不同。

媒体有时候就像一只饥饿的野兽，它喜欢吃新鲜生猛的食物，它不一定要把整个食物吞下去，而是挑选最好吃的部位来品尝。

新闻发言人应该"喂给"媒体合他们胃口的东西，比如一个鲜活动人的故事，而不是干巴巴的政策条文。还有，发言人应帮助媒体把最关键的信息提炼出来，并放到新闻通稿的第一段，也就是导语中；不要让记者自己去沙地中找金粒，结果可能不是你想要的。[②]

换一个角度来看，在媒体记者的眼里，新闻发布会主要有两种：突发事件的新闻发布和常规的新闻发布。媒体记者追求"新闻性"，对待两种新闻发布的态度是截然不同的。

"突发事件后的新闻发布，是媒体的香饽饽。你不用找它，它会主动找上门，想躲都躲不了。你说的每一句话，记者都感兴趣，都会加以报道。"

"而在正常状态下，你不再是记者追逐的对象，要搞宣传，要搞新闻发布会，一般情况下，你必须去请、去求他们。他们即使被请来了，如果你的活动没有特点，缺乏吸引力，他们也不见得重视或认真报道。"[③]

"你要学会和掌握一些媒体引导的策略和技巧，记者才会接近你，你也才能影响和

---

① 邹振东：《新闻发言人的职业和智慧》，南方周末网，http://www.infzm.com/content/62780.2011－09－01

② 李希光、孙静惟：《如何与媒体打交道？——如何做专业新闻发言人(四)》，《新闻与写作》2007年第10期。

③ 邹建华：《政府和企业新闻发言人实用手册》，复旦大学出版社2006年版，第26页。

引导媒体。”[①]

在新闻发布实践中，要特别注意当记者的提问切中要点时怎么回答？

新闻发布会的议题通常都是集中于某一特定主题、突出一个核心信息，因此，记者也会抓住该新闻发布会的要点，向新闻发言人提出与组织设定的议题、媒体报道的目标以及公众关注的焦点紧密相连的关键问题。记者们通常会做好功课，即充分了解本地区、自身所在媒体受众的特点，并结合新闻发言人的实际情况，提出针对性强、有一定挑战性的问题。

新闻发言人在回答这样的问题时，要做到高度概括，突出重点。

面对记者的问题，新闻发言人的回答应该全面准确，但这并不意味着要长篇大论，讲很长时间，相反，简明扼要的效果往往更好。所谓言多必失，滔滔不绝地展开阐述反而容易节外生枝、冲淡主题，影响预期的发布效果。并且在回答时要坚持重点突出，你提出的观点越少，被采用的可能性越大。太多的信息，不仅会冲淡你要表达的核心信息，而且还会干扰媒体和受众的理解。

所以，在新闻发布会上，新闻发言人要善于“见好就收”，善于“挤水分”，尤其是当记者提出诸如“哪些措施”“哪些规划”等问题时，新闻发言人一定要变罗列为概括，剔除冗余信息，结合记者和公众的需要，传达出自己最想表达的观点和最有特色的内容，从而使信息发布更加有效。[②]

湖北十堰市市长的一次表现堪称经典。他在香港的新闻发布会上对媒体解释为什么二汽的核心企业都搬到了武汉时，是这样说的：“我们是送二汽上大学，它在我们那里上完小学中学，现在送去武汉上大学。”第二天香港报纸的新闻标题就是《送二汽上大学》。

对此，清华大学新闻与传播学院副院长史安斌很是赞赏，认为十堰市市长说出了他想要的“同期声式的语言”，不是照本宣科念文件，而是做了生动的解读，更难得的是出现了能够直接让媒体引用的妙语。[③] 对于这样的发言人，记者朋友很是欢迎。

我们的政府新闻发布工作中存在一个通病，就是不太注意挖掘新闻发布中的新闻点，以此凸显新闻性，进而激发媒体的报道欲。新闻发布稿往往被弄成了工作报告或者工作总结，本来具有新闻价值的内容被八股文似的官话套话空话所掩埋。你请来了

---

① 邹建华：《政府和企业新闻发言人实用手册》，复旦大学出版社 2006 年版，第 26 页。

② 王婷：《面对媒体的策略》，中国传媒大学出版社 2011 年版，第 95 页。

③ 张英、朱晴依：《发言人二十五：基本能够说话了》，新浪网，http://ent.sina.com.cn/x/2007－06－21/15381607459.shtml.2007－06－21

记者却又“拒绝”了记者——新闻发布会搞成了没有新闻的工作会，宣传与说教味道太浓，这是当今中国地方政府新闻发布中比较突出的问题。

应该说，欧美政府是比较善于处理新闻和宣传的关系的。它们不是不搞宣传，而是把新闻和宣传处理得比较好，把新闻作为包装和载体来贯穿它们的宣传意图。

所以，我们要善于把宣传寓于新闻之中，要注意遵循新闻传播的规律来搞新闻发布工作，通过对具体新闻事件的处理，在报道角度、表达方式、用语甚至配图、画面等方面细加考虑，利用我们的新闻报道达到最好的宣传效果。[①]

三、公众角度策略

如果说发布单位与公众是一条河的两岸，那么发言人就是桥梁。

作为桥梁，发言人不能只待在河的这一岸，“你信不信（由你），我反正信了”，就是放弃了过河的权利和义务。

新闻发言人过河的过程，就是自己融入大众的过程。所以，沟通的前提，就是要将新闻发言人还原成一个普通的人：面对常识他承认，看到离别他悲伤，遇见苦难他流泪。[②]

一个优秀的政府新闻发言人，并非一定要拥有高超的语言艺术，但必须时刻坚持一个很重要的理念，即站在公众的立场来考虑问题，必须要用公众的价值、公众的形象、公众的责任和公众的语言来赢得公众的信赖。

这也就是通常所说的，立场第一，思想第二；态度第一，内容第二。

强调要站在对方立场考虑问题，是要教会大家权衡利弊。因为站在对方立场去想，其实是在为自己着想——你这样对待别人，对方也会同样地对待你，也会站在你的立场为你思考，这才是互相信任与有效沟通的基础。

换言之，当你站在公众的立场考虑问题时，公众会给予你回报，即公众对你的信任。这份信任才是企业或机构最宝贵的财富。[③]

关于这个问题，我们先来看深圳大运会公共交通保障情况新闻发布会中的所有记者的提问：

---

① 汪兴明、李希光：《政府发言人 15 讲》，清华大学出版社 2006 年版。

② 邹振东：《新闻发言人的作为》，共识网，http://www.21ccom.net/plus/view.php? aid=42548.2011－08－05

③ 郭韦伶：《一个受损的西瓜引发的新闻发言——什么是最优秀的新闻发言人》，《职业》2011 年第 8 期，第 17 页。

主持人:谢谢娄书记分类别、分层次的详细的介绍。下面请各位记者提问。

记者:我想问一下最近地铁四号线和一号线相继出现了一些故障,这些故障原因有没有调查清楚?大运期间如何保障地铁的运行安全?谢谢!

记者:我是香港商报社的,我想问一下在大运期间深圳为方便香港市民来观看大运,在交通方面有些什么样的安排?另外一个,对于地铁四号线的处理,这个办法什么时候会有一个比较公开的发布?

记者:我是南方日报社的记者,我想请问一下关于广深港高速列车的情况,因为我们发现这块的新闻发布得非常不及时,我们经常都是看到广州的报纸或者得到某家报纸独家信息才去追那个新闻,我是希望有一个渠道向我们公开的,就是广深港高铁这块。

记者:市领导已经去参加试运营的情况,而且南都已经报道了它的乘坐价格以及10号开通的信息,这个信息准确吗?

记者:大家好!我是深圳特区报社的记者,我想请问一下在大运会开幕式、闭幕式当天我市实行交通管制,我们在公共交通保障方面会不会有一些措施疏导一下市民的交通?据我所知前天晚上世界之窗好像封路封了半个小时,很多由南投方向往罗湖这边走的车就被堵住了,当天晚上有市民,譬如11点等101等了一个小时,司机说是因为世界之窗封路的原因,像这样会不会有一些措施疏导一下市民的交通?

记者:我是深圳晚报社的记者,目前深圳市区有13条大运专用道,想请问一下大概有多少辆车具备行走大运专用道的资格?13条专用道中有没有考虑在交通流量大的道路上把那个时间稍微宽限一点,有没有可能?

虽然这只是千千万万场新闻发布会中的一个个案,但所反映的问题是具有普遍意义的。那就是——记者总是以公众代言人的身份,从广大受众的角度提出关乎民生、关乎大众利益的问题。

深圳市委常委、宣传部部长王京生将新闻发布的作用凝练地总结为四个字——“辅政亲民”。他表示,新闻发言人代表的不是个人,而是政府和政府部门,发布的每句话都要维护国家和人民的根本利益,“这是一条政策底线”。①

---

① 胡谋、贾冰:《深圳拟制定新闻发言人工作细则:不说话将问责》,新华网,http://news.xinhuanet.com/newmedia/2008-03/19/content_7818784.htm.2008-03-19

媒体的立场，往往代表的就是群众的立场。新闻发言人换位思考，想民之所想，设身处地，急民之所急，才能更好地与媒体进行沟通交流。

卫生部：食品违法犯罪免不了

2013年6月14日，卫生部召开例行新闻发布会，通报食品安全国家"十二五"规划和预包装食品营养标签标准有关情况。

以下是卫生部食品安全与卫生监督局发言人在发布会上的发言实录：

"如何看待中国食品安全问题，国务院食品安全办张勇主任以及我们国家有关专家，都对这个问题通过多方跟社会沟通。我作为食品安全战线上的一个工作人员，又主管这方面工作，我的看法是，中国的食品安全总体形势在向好的方向发展，但是在13.4亿这样一个人口众多，又有众多的中小企业从事食品生产经营的情况下，可能免不了会有一些食品违法犯罪事件发生，甚至还有一些很严重的犯罪。按照国务院的要求，有关执法部门发现一起坚决打击一起，最近特别高兴看到国家公安部加大对食品安全方面刑事犯罪的打击力度和治安整治力度，这在保障食品安全方面，使我们进一步增强了信心。其实，从我们一些健康的指标来看，食品是影响健康的一个重要因素，大家可以在网上去查卫生部公布的一些健康指标，包括期望寿命等，中国人的健康水平是在稳步提高的。现在大家在关注一些报道，认为违法使用添加物、'地沟油'等导致了健康危害，主要是这种违法犯罪的性质恶劣，应当严肃查处，但是真正会造成多大的健康影响还需要进一步评估。

"但从整个人类的发展过程来看，人类的健康水平是在提高的，我们对食品安全都应当树立信心，特别是党中央、国务院这么大的工作力度，各个监管部门和工作部门都在努力工作的情况下，我们首先要增强信心。

"在增强信心的同时，对我们国家食品总体状况大家也应当是放心的。我利用这个机会想呼吁一下，我们应当改变膳食习惯，建议公众认认真真对待，比如酗酒，很多场合比如亲戚朋友在一起喝酒的时候，就有一种酒文化，就是要干、要喝，大家觉得喝高一点才叫尽兴，我觉得这个应该改一下。还有一个习惯，就是抽烟，这是确确实实在科学上有明确因果关系的一个危害因素。我建议公众能够支持政府把这项工作做好。"

这是一次导致新闻严重"发炎"的新闻发布。

首先，发言人并没有拿出具有说服力的数据与事实，去要求公众相信“从我们一些健康指标来看，中国人的健康水平是在稳步提高的……”请问，是哪些健康指标？具体的数据和科学依据呢？

其次，发言人称：“民众对我们国家食品总体状况应当是放心的。”这个“应当是放心的”是你空口白话说了就可以吗？作为主管官员，你拿什么来让老百姓放心？

再次，发言人还称，中国食品安全形势在向好的方向发展。但是在13.4亿这样一个人口众多，又有众多的中小企业从事食品生产经营的情况下，免不了会有一些食品违法犯罪事件发生。好一个“免不了”，那就跟主管部门没有任何干系了？因为这是避免不了的。

最后，发言人称，与其忧虑食品安全问题会对健康造成危害，不如改变膳食习惯，比如酗酒、抽烟。

政府新闻发言人发布这样信口开河、毫无说服力的信息，只能导致这场新闻发布会所发布的新闻严重“发炎”，人们不得不质疑：对于那些令人眼花缭乱的违法添加物、“地沟油”等问题，对于牵涉到千家万户数亿人健康与生命的食品安全问题，政府主管部门的责任在哪里？

这次发布会的失败，在于政府新闻发言人完全漠视公众利益，动辄拿“人口众多”做挡箭牌、遮羞布，而不深刻反省自身履职是否到位。

诚如一位网友所言：这样的发布，还不如继续装聋作哑不发布。

政府在发布新闻时，要注意多从公众角度进行宣传，寻求政府利益和公众利益的平衡点，这样，公众在接收信息时也就不会过于抵触。

深圳大运会在“开幕式不放烟火”这一舆论的引导上就有不俗表现。

深圳大运会一直秉承绿色办会原则，推行环保理念。然而，在开幕式上是否放烟火这一问题上却有所犹疑，毕竟每逢重大盛会燃放烟火是中华民族的传统特色，如果深圳大运会一改这一传统，是否会遭到舆论的诟病？

“烟花能够很好地烘托节日气氛。在某种意义上说，有时候是难以取代的。”深圳大运会开闭幕式指挥部副指挥长石钢说。近年来，燃放烟花已经成为大型庆典上的“保留曲目”：2008年北京奥运会的“脚印”和2010年广州亚运会广州塔的旋转烟花都曾让世界惊叹。[①] 观众是否能接受一场没有烟花的开幕式？

---

① 王浩明、陈思武：《开幕式不放烟花——深圳借大运会推行环保理念》，新华网，http://news.xinhuanet.com/politics/2011－08/13/c_121855583.ht.2011－08－13

为此，深圳大运会从公众的角度出发，展开了一系列舆论引导工作。

首先是在网络上各大论坛中将这一问题提出，把主动权交给公众，设置议程。

在引发了公众热议后，再由“意见领袖”发出言论对舆论进行引导。

比如请来省政协委员为大运会支招：许多省政协委员纷纷建议，大运会最好不要放烟花，要搞一场低碳环保的开幕式。

涂辉龙委员说，前不久大运会执行局宣布大运会开闭幕式地点来了个“乾坤大挪移”，开幕式放在深圳湾体育中心举行，这就更不能放烟花，因为深圳湾红树林自然保护区里栖息着许多鹭鸟。①

正是在这种潜移默化、润物细无声的舆论影响中，公众逐渐接受了开幕式不放烟火的决定，并且积极响应政府号召，坚持绿色出行，低碳环保的理念深入人心。如果大运会组委会只是冷冰冰地宣布“大运会开幕式不放烟火”这一决定，哪怕是本着绿色办大运的良好初衷，也会让人们从北京奥运会、上海世博会、广州亚运会等气势恢宏、精美绝伦的开幕式的惯性期盼中有所失落，将或多或少伤害公众的感情，进而引发不解的质疑和抨击。

事实上，这些发布策略更多属于“术”的层面。要真正运用好这些策略，做一个优秀的新闻发言人，最关键还是要解决“道”的问题——政府新闻发言人到底要承担怎样的社会责任？换言之，作为政府的代言人，你的心中必须有“人”，这个“人”就是千千万万的老百姓。心中有了他们，你才能自觉地从他们的角度琢磨怎样发布他们希望知道的信息，让政府信息主动、及时、公开、准确发布，在政府和公众之间通过博弈形成良性互动，达到信息的相对对称，从而推动政治文明、社会进步。

四、发布会怎样吸引媒体

爱德曼国际公关公司执行副总裁嘉斯夫认为：是否召开新闻发布会取决于是否值得召集各地记者跋涉而来。那么，什么样的新闻发布会主题和内容能够吸引记者和媒体的关注呢？

首先，要能符合记者“口味”，体现对媒体的关注和重视；

其次，要能结合公众想要了解的社会热点、难点和疑点。

赵启正曾以铁道部为例，来谈发言人如何提供符合记者价值观的信息：比如在铁

① 《深圳大运会开幕式怎么办：勿放烟花惊鹭鸟》，深圳新闻网，http://www.sznews.com/zhuanti/content/2011—01/23/content_5292841.htm.2011—01—23

道部开发布会之前，我们就会想可能有哪些问题，也许是关于购买高速列车的，也许是关于京沪高速铁路要哪家来投资的，等等。我们特别注意收集各大媒体有关方面的社论、言论、评论，从中找出记者们可能提的问题。这不是为了对付记者，而是尊敬记者，让他们满载而归。

在新闻发布活动中，记者和新闻发言人都是作为组织人的形式出现的。记者代表着媒体，而新闻发言人代表着政府。任何社会都存在政府和媒体的信息博弈。新闻发布会在某种意义上说，就是发布方与信息接收方（媒体）博弈的舞台。在这个平台上，关于信息的争夺性冲突在所难免。如何解决这些冲突，并在此基础上设计新闻发布的内容和方式，是新闻发言人必须面对的挑战。

在发布内容上，最常见的误区是，很多政府部门总是把新闻发布会当成自己机关的工作会议，无论是主持词、发布稿还是所谓的"新闻通稿"，通篇皆是令人生厌的公文腔，满纸尽是八股文，套话接套话，空话套空话，就是见不到哪里有新闻。似乎完全不知道，记者来参加新闻发布会是来抓新闻的，不是来听贵单位的领导做报告，发指示的。

更有甚者，把坐上新闻发布会发布台视为领导级别的一种待遇，恨不得所有的领导都坐上去亮个相。而且，还要求每个领导都来一段"发布"——实则就是讲话做报告。对于这样的安排，记者是无法忍受的。当官员们正襟危坐在发布台上自我陶醉夸夸其谈之时，也是记者们合上笔记本离开发布会现场之时。

一场新闻发布会是否能够对记者有足够的吸引力，并且在会后让记者产生"不虚此行"之感受，决定因素之一就是：向记者提供什么样的信息？

新闻发言人需要深入研究记者的新闻选择标准，在此基础上，主动"喂料"，提供符合记者新闻价值观的信息，满足他们的发稿需求。当然，博弈关系的存在，使得官方立场和媒体立场总会有所出入，新闻发言人也不能完全按照记者的需要来确定信息的发布，如何在信息有效发布和记者不同需求之间找到一个平衡点，是新闻发言人需要学习的重要"技能"。

1. 向记者提供最新的信息

新闻讲究时效性，记者需要的信息是新鲜的。陈词滥调的东西，记者是不会感兴趣的，要想抓住记者的注意力，通过媒体进行有效信息传播，我们所提供的信息就必须满足他们的要求：够新鲜！

很多优秀的新闻发言人在谈到经验的时候，都会提到一点，就是在参加新闻发布会前要通过网络等各种方式了解媒体和民众关注的最新问题，因为这些问题很有可能就是发布会上记者要提的问题。

没有准备好应对这些问题，就难免出现答非所问或者张口结舌的尴尬；反之，新闻发布会上提供的那些“最新进展”类信息都会成为媒体关注的焦点。

2006年10月19日，是国家统计局新任发言人李晓超的第一次对外新闻发布会，而就在新闻发布会前几天，原国家统计局局长邱晓华被宣布免职。新闻一出，当时境内外媒体都很关注，也做了很多相关报道。但中纪委在当时一直没有正式对外公布对邱晓华的处理决定。那么，在这个节骨眼上举行的新闻发布会会不会有记者对这个新情况进行提问？如果问到这个问题，该如何回答？

为此，国务院新闻办多次与统计局积极沟通，最终达成共识，即新闻发布会如期举行，一方面媒体关注的国家统计数据需要按时发布；另一方面，如果有记者问到“邱晓华一事”，那么借助这个新闻发布会的契机，有针对性地就此事件对外解疑释惑，信息发布效果或许会更好。

在那天的发布会上，来了很多外国记者，当法新社的记者问到这个问题时，当时在座的很多记者都在暗笑，觉得发言人肯定要以“无可奉告”回答这样尚未定论的新问题。但没想到李晓超对此一字一句认真做了回答：“有关部门在调查上海社保资金案的过程中，发现时任国家统计局局长的邱晓华涉嫌严重违纪。目前中央纪委正在对其进行审查。”说这段话时，会场的气氛像凝固了一样，全场鸦雀无声，记者们都在认真地记录。他们没有想到在这个发布会上借由提问发布了这样一条最新的重要消息。大约十几分钟后西方几大通讯社都发布了这条消息。①

2. 向记者提供具体的信息

记者最讨厌的新闻发布会是什么？空洞无物的新闻发布会！我们的新闻发布会一定要给记者“真材实料”，提供尽可能具体的信息。空话套话是不会那么容易地占领媒体的宝贵版面和播出时间的，因此，记者的提问通常都非常具体。

来看看深圳大运会筹备工作新闻发布会上记者们的问题吧。

中央电视台记者：请问组委会，深圳大运会的理念是“从这里开始，不一样的精彩”，本届大运会有哪些不一样的地方？又有哪些精彩值得大家期待？谢谢。

① 王婷：《面对媒体的策略》，中国传媒大学出版社2011年版，第83页。

凤凰卫视记者：关于大运会这次倡导的绿色低碳的概念，可不可以给我们提供一些细节，经过种种努力，大概在哪些指标上得到了什么样的改进和体现？另外我们收到消息，当地媒体报道说，开幕式场馆对面的沙河街道，一些居民收到消息，要求在开幕式当天晚上，虽然离开家，但是要点灯五小时，这在我们看来也是个非常不绿色的做法，所以想请您证实一下是不是有这样的政府明文规定。

《南方都市报》记者：我有两个问题给许市长。第一个问题，我们都知道大运会前段时间提出不搞单双号限行这种绿色出行的方式，是一个大型赛会里比较创新的方式。我想问一下，深圳大概有180万辆机动车，用这种方式的话，你有什么样的信心？因为用这种自动停驶的方式有不可预期性，怎么保证交通的顺利进行？特别是想问一下，比如说政府的公用车辆，包括许市长本人，您是不是也会响应这样的倡议，也会在大运会期间绿色出行？第二个问题，关于南科大的，因为我们都知道许市长前几天刚刚担任南科大的理事长，深圳南科大引起很多媒体的关注，其中筹建的时候谈到了去行政化是一个很重要的环节，但是我们看到很多深圳的官员在南科大担任一定的职务，请问这和南科大筹建初衷是不是相悖的？请许市长对这个问题作出相应的回应。谢谢。

可见，现在的记者已经不再满足于新闻通稿中给的几个信息点、几组数据、几项措施了。

媒介竞争日益复杂，记者们都挖空心思抓“亮点”，找“细节”，把报道做具体做深入，这就要求我们的新闻发言人不能仅仅满足于笼统的、宏观的情况的了解和介绍，对事件了解得越具体，信息发布得越具体，越能受到记者的欢迎。

3.向记者提供公众关心的信息

我们再来看“深圳大运会准备工作就绪新闻发布会”上记者的提问：

记者：我是香港卫视的记者，有两个问题想问，第一，关于交通方面的问题，我们设定了大运专用通道，的确我今天来的时候非常畅通，也非常快。但是我经过实地调查，很多的士司机说生意没有办法做，交通非常拥堵，这个务实是不是仅限于服务媒体、服务运动员，怎么服务城市建设，包括服务市民有没有什么考虑？第二个问题……

记者：我是深圳晚报社的记者，现在全国人民对食品安全都很关注，刚才我留意到王梅女士发言中提到关于大运会食品采购，后面说到一句，这套相对完善健全的食品安全监控制度将在大运会之后继续沿用，我仔细看了一下你们前面主要提到的是食品采购的源渠道的问题，但是应用到全市市民的食品安全上，好像这个制度并不能构成这样的因果关系，所以我主要想了解一下大运会食品采购监控制度如何跟以后长效机制挂在一起？谢谢！

记者：我是南方都市报社的记者，刚刚有提到说在绿色出行方面得到了市民的理解和支持。但是事实上有很多行业，包括出租车司机因为这个运动会，他们的收入、职业都受到影响。组委会给市民回馈方面有没有具体消息可以公布？

上述所有提问的共同点是什么？公众利益。

受众是记者和媒体赖以生存的衣食父母，尤其是在市场经济条件下的媒介生态多元复杂的大背景中，公众普遍关心的问题就是记者关心的问题，也就是在新闻发布会上可能向你提出的问题。而这一点，骨子里与我们执政为民的理念是相通、一致的。因此，还是必须牢牢记住，政府新闻发言人是为政府代言，也是在为老百姓代言，二者之间没有矛盾。

第四节　新闻通稿如何“通搞”

我们都希望自己撰写的新闻通稿能被媒体采用，因为通稿中的信息是发布方的最准确、最有利的表述。但是，我们常常发现，事前冥思苦想、反复修改、领导层层把关的新闻通稿，在新闻发布会后媒体的报道中，却几乎踪影难觅。

事情为什么总是事与愿违呢？主观认为最能表达和传递我们核心信息的新闻通稿为什么“搞不掂”记者和媒体呢？

一、误区：通稿可以“通搞”

要想让新闻通稿能够“通搞”，首先必须走出关于“通稿”的认识误区。

误区之一：我的“通稿”我为主？

通稿可以随心所欲地由我们按照主观意愿挥洒自如吗？答案是：NO！

2010年7月央视报道中，现场连线抗洪前线，面对主持人关于决口有多大、群众转移情况的不断追问，江西防总办副主任平其俊充耳不闻，依旧对着事先准备好的新闻通稿大念特念。先后介绍了国家防总副总指挥、水利部部长、国家防总秘书长、水利部副部长、江西省防总副总指挥等一干领导如何高度重视，又发出了什么重要指示……其间被主持人两次打断却依然我行我素。试问，这样的通稿有用吗？能让事态平息吗？

新闻通稿不能只说自己想说的话，而是要站在媒体和记者的立场上，发布媒体需要的内容。写作新闻通稿最大的误区就是：要让我的领导满意。于是，新闻稿成了公文稿，通篇强调领导重视而不见新闻事实，废纸篓成为其最后的归宿。

误区之二：所有信息悉数呈现？

所有的信息都要在新闻通稿中悉数呈现吗？答案是：NO！

新闻通稿是围绕本场新闻发布会主题撰写的主要发布材料，应该主题明确，核心信息集中。新闻通稿中要把主要观点、主要问题讲清楚，但不要面面俱到、事无巨细，那样反而冲淡了主要信息。通常，新闻发布稿一般不宜超过正常语速8分钟的时长，通稿则以最多不超过1500字为宜。

如果还有需要补充说明的，可以采用背景材料的方式。背景材料是指针对本场新闻发布会主题的更为深入的介绍和阐述材料，其信息更加丰富、角度更加多元。但背景材料也不宜过于冗长，以不超过3000字为宜。可适当运用图表、图像、案例、数据等多种形式，方便记者阅读。对于一些专业术语，应在背景材料中加以解释。

另外，我们可以将需要发布的信息分为主要信息和次要信息，其中主要信息通过新闻通稿来发布，次要信息则可以在记者提问环节通过答问的方式给出。

二、口径：发布稿的基调

在新闻发布过程中，口径的统一是个非常重要的问题。

2012年9月29日早上6时30分，深圳气象台发布了深圳东部和西部海区的台风黄色预警信号。

事件中，各部门说法不一：

气象局：黄色信号即应停课；

教育局：学生家长应看信号；

市三防办：信号并非针对全城。

结果，深圳市教育局在学生正上学期间发布停课通知，而三防指挥部又未发布相应停课的三级应急响应，导致学生和家长措手不及。[①]

这本来不是一个能够引发负面舆情的事件，但是因为各部门信息发布口径不一，才人为酿成了一桩事件。

1. 一种声音说话

在新闻发布中，最为核心和基本的问题就是口径的统一。特别是在涉及多个部门的新闻发布中，更要坚持用“一个声音”说话。可以多方发布，但必须统一发布口径。

吉普车撞天安门金水桥事件

2013 年 10 月 28 日，北京，熙来攘往的天安门广场车水马龙。上午 12 时许，一辆吉普车由南池子南口闯入长安街便道，由东向西行驶撞向天安门金水桥护栏，随着轰然一声巨响，十余米高的火焰与浓烟腾空而起。

图 3－8　吉普车撞金水桥事件现场

交通意外每天都会发生，但发生在中国首都被称之为国家心脏的天安门的这起突发事件，却分外引人关注，可想而知，随之而起的各种猜想与传言将会迅速滋生并广泛传播。人们期待着官方权威声音的及时发布。

当日 14:04，也就是在事发后两小时。北京市公安局通过其官方微博“平安北京”发出了一则消息：“2013 年 10 月 28 日 12 时 05 分许，--辆吉普车由南池子南口闯入长安街便道，由东向西行驶撞向金水桥护栏后起火，行驶过程中造成多名游客及执勤民警受伤。警方在现场立即开展工作并组织施救，火被迅速扑灭。目前，受伤人员已被全部送往附近医院救治，吉普车司机及车内人员共 3 人已确认死亡。相关情况正在进一步调查中。”

当日 19 时 09 分，“平安北京”以长微博的形式再次发布事件相关信息：

① 《深圳学生家长到校才知停课各部门口径不一》，http://news.timedg.com/2011－09/30/content_6541629.htm. 2011－09－30

“2013 年 10 月 28 日 12 时 05 分许，一辆吉普车由南池子南口闯入长安街便道，由东向西行驶撞向金水桥护栏后起火，行驶过程中造成多名游客及执勤民警受伤。北京市公安、应急、卫生等相关部门立即启动应急预案，开展工作并组织施救，受伤人员被全部送往附近医院救治。13 时 09 分，现场交通恢复正常。

“事件发生后，中央领导同志和公安部、北京市委市政府领导先后赶到现场指挥处置工作，要求全力以赴抢救伤者，迅速查明真相，采取有力措施，确保首都安全稳定。

“据初步统计，事件已造成 5 人死亡，38 人受伤，其中肇事车内 3 人死亡，另有 2 名游客死亡(1 名菲律宾籍女游客、1 名广东省男游客)，38 名受伤人员中包括 3 名菲律宾籍游客(2 女 1 男)及 1 名日本籍男游客。为全力救治伤员，相关医院迅速组织专家紧急会诊，根据伤者伤情分别采取手术、包扎及其他紧急治疗措施。当日下午，北京市委、市政府领导先后前往医院指导救治工作并看望慰问伤员。目前，受伤人员的救治在全力进行当中。

“相关部门正对事件展开调查。”

10 月 30 日 18 时 20 分，“平安北京”再次发布长微博，对事件处置进展给予进一步发布，正式将“10・28”事件定性为暴力恐怖袭击案件。

“警方初步认定，‘10・28’事件是一起经过严密策划，有组织、有预谋的暴力恐怖袭击案件。目前，已初步查明案件涉案人员相关情况，5 名在逃涉案人员现已全部抓获。

“‘10・28’驾车冲撞致人伤亡案件发生后，北京警方迅速行动，会同多地公安机关连夜工作。经现场勘查，北京警方查明肇事车辆为一悬挂新疆牌照吉普车，警方在车内发现汽油及盛装汽油的装置、两把砍刀、铁棍，车上还发现印有极端宗教内容的旗帜。经深入侦查后查明：28 日 12 时许，乌斯曼・艾山、其母库完汗・热依木及其妻古力克孜・艾尼 3 人驾乘吉普车闯入长安街便道，沿途快速行驶故意冲撞游人群众，造成 2 人死亡，40 人受伤。嫌疑人驾车撞向金水桥护栏，点燃车内汽油致车辆起火燃烧，车内的乌斯曼・艾山等 3 人当场死亡。

“在新疆等地公安机关大力配合下，北京警方先后将玉江山・吾许尔、古丽娜尔・托乎提尼亚孜、玉苏普・吾买尔尼亚孜、布坚乃提・阿卜杜喀迪尔、玉苏普・艾合麦提等 5 名同伙抓获。

"经初步审查,嫌疑人玉江山·吾许尔等人供述了他们与作案人相识、结伙策划并实施暴力恐怖活动的情况,并称没想到乌斯曼·艾山等人在北京制造暴力恐怖行动后仅仅10余小时,警察就将他们抓获。目前,警方已在嫌疑人暂住地发现'圣战'旗帜、长刀等物品。案件仍在进一步审查中。"

"10·28"事件的处理,特别是在新闻应对上可以说是比较成功的案例。除了严格遵循新闻发布"先发事实、慎发原因、须发动态"的三发原则外,较好地把控了信息发布的节奏,在恰当的时间节点披露应该披露的信息。更加值得总结的经验就是:重大突发灾难性事件,特别是这类受到国际社会广泛关注关切、包含了诸多敏感元素的事件,如新闻应对不当,就是最容易诱发新矛盾的危机事件。之所以处理得如此干净利索,关键的问题是什么?口径统一!

在舆论引导过程中,尤其是重大突发性事件的新闻处置与舆论引导过程中,各部门单位应围绕基本事实,统一基本立场和口径,进行分级、归口的多部门、多角度发布。

从西方国家的实践来看,政府很难在一切问题上获得公众的赞同,常常会受到各方面的指责。在这种情况下,把政府的职能活动视为公共关系活动,有效地开展这种活动,树立良好的公众形象,就能赢得公众的舆论支持。

而在公共形象树立中,很重要的一个原则就是"用一个声音说话"。各个部门发出同样的声音,保证信息的权威性,维护社会大局的稳定,这个声音才具有权威性,这个声音才容易集中发力,形成主导性影响,获得良好的效果。

2.兼顾多方表达

"口径统一"的同时,还要兼顾"多方表达"同步实施。具体做法是:在重大舆论引导过程中,各部门单位应围绕基本事实,以及基本立场和口径,进行分级、归口的多部门、多角度发布,既保证口径的统一,又满足公共舆论声音多元化的需要,分散舆论关注焦点。

随着市场经济的发展,社会正加速从传统社会向现代社会转型,利益群体多元化,公众言论表达方式更加自由,诉求表达机制更加多样。不同的声音不通过党报等主流媒体来体现,就将通过第二舆论场的媒体来体现。

所以,我们应该深入体察民情,反映民意,通过人大代表、政协委员、人民团体和体制内的专家在党报等主流媒体网站上表达民情民意,允许他们就社会发展的各个方面、热点问题在主流媒体上发表不同的建设性意见,鼓励他们在主流网站开设博客,让多元的民间声音能在体制内得到充分释放，通过各种沟通和交流，争取为我所用。

三、通稿：找准新闻落点

突发事件新闻通稿一般格式：

×月×日×时，××市×区×地发生×事，截至×时×分，伤亡（或损失）情况××××（如有待进一步核实或正在处理中，可告知"情况正在核实中"）。

市委市政府高度重视，市领导×××已赶赴现场（或已作出指示）。有关部门采取了以下措施：第一，……第二，……第三，……

目前，善后工作正在进行。事故原因正在调查中。

这是政府发布的新闻通稿吗？是的！

这不就是媒体上每天看到的消息的标准写法吗？没错！

新闻通稿是发给媒体的，因此，从内容到形式都应该是符合媒体要求的。

1. 内容：想媒体之所需

新闻通稿的写作不能只考虑部门的利益，而应该充分考虑媒体的需求，提供符合媒体口味的内容。

因此，新闻通稿的内容应该是媒体需要即公众迫切想知道的内容。一般情况下，新闻通稿必须包括事件基本事实（时间、地点、伤亡情况、初步了解的情况等，事件原因和后果可以暂不发布）、政府态度和采取的措施等。

新闻通稿应该主题明确，核心信息集中，尤其应提炼出新闻点，以便于媒体集中宣传报道。

而其他更为细节的信息，可以作为背景材料提供给记者，以便他们更全面深入地了解新闻事件，从中选取自己感兴趣的信息。

2. 语言：符合新闻标准

把新闻发布稿写成单位领导的工作报告或者工作总结，将最重要的、最鲜活的新闻线索淹没在官话、套话中，让言之无物的八股文似的公文体埋葬了闪亮的新闻点。这是现实生活中很多政府机关新闻发布通稿的通病。

在撰写新闻发布稿的时候，务必将你的"写作系统"从"公文"切换到"新闻"。这是两种完全不同的文体，更重要的是，这是两种完全不同的思维体系。

以下为国新办深圳大运会筹备情况新闻发布会新闻稿：

创新成就深圳大运会不一样的精彩

“创新是深圳发展的魂和根，在大运会举办上也不例外。”7月22日，深圳第26届世界大学生夏季运动会组委会副主席兼秘书长、深圳市政府市长许勤在国务院新闻办公室新闻发布会上向中外媒体介绍大运会筹备情况。许勤说，深圳是一座创新的城市，深圳的诞生本身就是创新的产物，这也决定了深圳大运会必然追求“从这里开始，不一样的精彩”。

创新开幕式简约不简单

距离深圳大运会正式开幕还有21天，世界都把目光投向深圳，期待那不一样的开幕式。许勤透露，深圳大运会开幕式和此前大家经历的其他大型赛会开幕式有着完全不同的风格。大运会开幕式强调回归仪式，强调回归体育，并着力体现简约、绿色、低碳、活力的特点。具体说就是不放烟花，不请明星大腕，运动员是主角，大学生是主角，并突出运动员、观众和演员的互动。许勤说：“大家问我开幕式精不精彩，我告诉大家开幕式很特别，简约而不简单。”

办大运驱动社会管理创新

为了减少扰民，深圳大运会决定不实行单双号限行。许勤认为，由市民自愿报名，向交警部门申报，在大运会期间全程停用、阶段停用或者单双号停用车辆，把绿色出行的选择权交给市民。这种形式在保障大运会交通的同时，尊重了市民的意愿，对深圳正在推进的社会管理创新，对鼓励市民和有关组织参与社会共建、城市共建、绿色共建、文明共建，有着积极意义。

目前，“绿色出行”成了近期深圳的热议话题。有关部门首批共印制了荣誉车贴40万张及宣传单100万份。62家行业协会、企业、媒体响应倡议，开展“绿飘带”行动，停用少用车辆。中学生发出倡议，呼吁家长停用少用。企业组织、党政机关纷纷集体申报。截至7月19日上午，活动开展短短4天共有41851辆车向交警部门申报停驶。

创新办会就是要节俭办会

创新并不意味着花钱。许勤说，深圳坚持在节俭办会的基础上进行创新，比如大运会火炬传递第一次推出网络虚拟传递，自5月10日启动至7月21日晚上8点，总参与人数已达629万人，实名注册虚拟火炬手77万名，活动参与主体覆盖了90%以上的中国国内高校，还有1000余所海外高校参与，实现了低碳、绿色火炬传递，节约了大会人力、物力。再比如场馆建设，在满足大运会标准的前提下，场馆建设和设施设备力求低碳、环保、节俭，坚持“能改不建、能修不换、能租不买、能借不租”的原则，充分兼顾赛时需要和赛后长期使用。尤其是大运村占地面积49.2万平方米、建筑面积47.8万平方米，位于龙岗中心区，赛后将作为深圳信息职业技术学院新校区的组成部分。①

新闻通稿是直接提供给媒体，并且希望媒体采用的，因此，新闻通稿的写作一定要符合新闻写作的基本要求。也就是说，我们平时写文章的文眼，在新闻稿中就是“新闻落点”。这个落点的找寻其实并不难，请将思维的角度从领导的立场换到受众的立场：我能从这篇新闻稿中获得什么新鲜的信息？这就是新闻落点。

找准了新闻落点，在具体的表述上，除了简洁、准确、具体之外，还应该注意以下两点：

（1）口语化表达②

新闻发言人不仅要发布新闻，更要借助发言人这个平台，及时准确地表明政府的立场、观点和意见。新闻发言人在发布会上面对的是记者和媒体，而媒体最终面对的是普通的民众。因此，新闻发言人的语言必须要让老百姓听得懂，并且喜欢听。这就需要选择一些民众易于接受的口语化的表达方式。

对此，有人提出了新闻发言人面对媒体时需要的是“外交官的技巧，小学生的水平”。也就是说，信息发布虽然需要娴熟的策略和技巧，但表达要简练准确、浅显易懂。

对于新闻发言人来说，将自己熟悉的文件内容适时适度地变成自己的语言、大众的语言和新闻的语言，确实需要一个“转化”过程，即新闻发言人首先要找到大家最关注的点，然后经过加工，使用最合适的方式进行表达和沟通。为此，新闻发言人要经过两个重要的转化：将文件内容转化为内在的意识和思想；将内化的意识和思想进行口语化表述，要有意识地多搜集一些老百姓的鲜活的语言，使信息的传达为老百姓所喜闻乐见。

在转化过程中，我们要注意避免一些常见的错误，比如：公文式的写法。

很多通稿是用“随着……”或者“在……下……”开篇的。用得较多的公文语言模

---

① 深圳大运会组委会新闻办，2011年07月22日。

② 王婷：《面对媒体的策略》，中国传媒大学出版社2011年版，第206页。

式还有:喜欢用“该”,喜欢用“第一……第二……第三……”,喜欢用“一是……二是……三是……”。这些词汇或句式用在公文中是很合适的,因为公文本身的性质决定了公文的用语必须严谨明了,容不得花里胡哨。但这类词汇、句式出现在新闻报道中就会使报道不伦不类,既不像公文,又不像新闻。

(2)用形象的事例和数字说话

在语言表达中,使用事例和数据是将事物“具体化”的非常好的方法。对于新闻发言人来说,有些时候只讲政策和道理,公众往往理解起来会比较艰涩。特别是一些涉及专业领域的内容,如果能够举些既通俗易懂又有代表性的例子来加以说明,用形象的比喻来阐释,就非常便于媒体接受和理解,这也是提升新闻发布效果、增强新闻发言人亲和力的有效手段。

2013年5月6日,据央广经济之声《天下公司》报道,上市公司年报发布接近收官,各类盘点榜单也相继出炉,业务招待费的排名最为引人关注,因为名列前十的绝大多数都是央企。其中,中国铁建以8.37亿元的业务招待费雄踞榜单首位。

中国铁建由中国铁道建筑总公司于2007年独家发起设立,是中国最大的工程承包商,同时也是中国最大的海外工程承包商。根据年报显示,中国铁建2012年业绩很好,集团实现营收4843亿元,净利润同比增长8%,达到了85亿元,但业务招待费也高达8.3亿元,相当于全年净利润的10%。

财报显示,近3年来中铁建业务招待费均在8亿以上,2010—2012年分别为8.76亿元、8.78亿元和8.37亿元。

舆论为之哗然。就媒体关注中铁建2012年花费8.37亿元业务招待费一事,中铁建回应称,8.37亿元业务招待费确实偏高,这一问题前几年已引起公司高度警惕,未来将进一步控制业务招待费。同时还透露,8.37亿元业务招待费是由1.1万多个核算单位逐级汇总上来的。

在此暂时不评论巨额招待费的是是非非,仅从新闻发布的角度看,其发言人利用数据说话的技巧是值得称道和借鉴的。

> 中铁建称公司规模大、竞争激烈,导致招待费绝对值相对较大。目前有在职员工24.5万人、外部劳务近200万人,工程项目部1万多个。8.37亿招待费是1.1万多个核算单位逐级汇总上来的,每个核算单位平均约7.6万元。

相比单纯强调接待费对于建筑单位的必要性、我们也在努力逐年压低这类支出等空泛的表达,“每个核算单位平均约7.6万元”的说法,可以在很大程度上消解公众和舆论对于8亿多元天文数字招待费引发的严重不满。

此外,还要注意表达不要过于专业化。

在新闻通稿中,避免使用大量的专业术语和专业称谓,包括容易产生歧义的一些表述等。那样不仅给记者了解和理解信息增加了很多困难,而且还很容易导致发布效果南辕北辙。有不少编辑和记者在修改稿件过程中,会把很多自己不太懂,可能普通读者也看不懂的内容直接删掉。如果遇到一个不太负责任的记者,还会按照自己的理解,对信息加以不准确甚至不正确的解读和描述,那样一来,麻烦就大了。

最后还得再次提醒你,即便你写作新闻发布稿时才思如泉涌,下笔如有神,也务必记住,新闻发布稿的时长通常控制在8分钟以内,一旦超过了这个时间,再加上发布者完全是拿着稿子照本宣科的话,记者们就会出现烦躁的情绪,交头接耳、坐立不安,这将有碍他们对于所发布信息的有效接收。

四、新闻发布实务

新闻发布会是一个统称的概念,指机构和媒体、公众之间的一种信息交流方式。在实践中,新闻发布有多种类型。

1.以发布形式来分

新闻发布会:各种机构或个人就某一事项或者专题,向新闻界公开发布新闻或介绍情况的一种方式。由该机构新闻发言人或当事人所授权的代言人发布,定期或不定期举行,发布与答问并重。

新闻通报会:又称新闻吹风会、新闻通气会。是国家、政党、机关、团体、企业举行的向新闻界介绍情况、发布信息的会议。

记者招待会:常常由一些官方机构的权威人士、各种团体的代表人士或知名人士等,就某一事项或专题与媒体交流,以记者提问为主。

新闻背景通气会:在国际会议或国际谈判中,各方面为了争取主动,派其新闻发言人或代表团团长本人出其不意地在会场外会见记者,透露会议、会谈的内容,阐明自己一方的观点,是新闻发言人在有限范围内对记者发布新闻的一种常见的形式。

媒体座谈会:常用于主办方邀请媒体的代表在同一时间、同一地点,本着同一主题进行座谈,双方交流各自的看法。

网上发布会:在互联网上进行发布,由机构的发言人或者授权团队,利用网络通信手段向各界传达相关信息，并接受记者和普通网友的在线提问并给予回应。此种方式得到越来越广泛的应用，发布平台包括官方网站、官方微博、官方微信等。

2. 从事件角度来分①

例行新闻发布会：由政府设立相对固定的新闻发言人，定期将政府所作的重要决策、通过的重要决定以及近期工作安排及时向社会各界进行发布，说明就某个事件、某个问题政府所持的立场和采取的措施，并就国内外媒体和公众关心的问题做出回答。

突发事件新闻发布会：超常规事件发生后，机构对事件的通报。讲求时效性成为做好突发事件新闻发布工作的核心。

重大活动新闻发布会：指在重大社会活动之前、之中或结束后举行的新闻发布会。以此来宣传活动的内容，树立组织者的良好形象，或就重大事件争取媒体和公众的支持。

宣告性新闻发布会：指社会组织就做出的重大决定、方针等变动，以及其他重大事变临时举行的新闻发布会。具有向外界庄严宣布、声明的性质，是社会组织进行自我宣传、影响社会舆论的一种形式。

首脑新闻发布会：首脑新闻发布会是由国家元首、政府最高行政长官、政党领袖作为新闻发言人，发布相关的新闻或阐述对某一问题的立场。如胡锦涛访美期间，与奥巴马举行的记者招待会便是此种类型。

3. 新闻发布会需要做的准备工作

无论何种形式的发布会，以下这些工作都是必须认真做好的：

(1)发布会方案

①确定发布会的主题——发布什么？

②确定发布会的主体——谁来发布(机构单位和主发言人等)？

③确定发布会的时间、地点、主持人等；

④相关工作任务的分工——现场会务、媒体邀请、嘉宾联络……

(2)文本准备

①主发布稿——需要发布的核心信息(通常控制在 8 分钟以内)；

②主持词——供主持人介绍发布主题、发布嘉宾、发布程序等；

③新闻通稿——围绕核心发布信息按照新闻报道写作范式撰写；

---

① 刘建明、宋双峰：《六种主要类型的新闻发布会》，《新闻与写作》2006 年第 5 期。

④背景资料——与核心信息相关的数据、新闻背景等，供不同的媒体在撰写新闻稿件时有更多参考信息；

⑤答问口径——回答记者提问时的参考答案准备，包括两部分：

一是正面问题。主发布稿未能表述清楚或完全没有表述，但又与核心信息密切相关，发布方希望传递给公众的信息，可以通过与记者的问答方式来传播。

二是敏感问题。根据对当前舆情的掌握，预判媒体和公众对本次发布主题高度关注、可能提问的相关热点、难点、焦点问题，基于向社会释疑解惑的指导思想实事求是地做好回应。

（上述文本资料，除第五项外，均可提供给记者）

(3)会务准备

①场地布置——发布台名牌、音响及投影设备、路径设计安排等；

②媒体邀请——提前多形式多渠道发布采访通知；

③现场实录——安排现场速记直播或会后发实录稿（发布方把关）；

(4)后续跟进

①报道追踪——各类媒体对此次发布会报道的情况（数量、关注点）；

②分析总结——分析媒体报道和社会反应与预期设定的发布目标的吻合度，总结得失，科学评估，为做好后续发布奠定基础。

深港合作新闻发布会媒体报道情况及简析

1月11日上午，深港合作新闻发布会在五洲宾馆举行。此次发布会是今年第一次深港合作会议（闭门）后的即时发布，备受境内外媒体高度关注。共有中央、省、市及港澳的36家媒体52名记者参加了新闻发布会。

新闻发布会上，深圳市市长许勤同志与港方官员分别对会议内容做了简练发布；内地与香港记者均获得了提问机会，问题紧贴深港合作主题，两位官员答问配合默契，对于打击水客、前海合作是否双赢等问题给予了积极明确的回应，有效传递并强化了双方合作的核心信息。

会议获得了境内外媒体的广泛报道，新华社、《香港文汇报》、《东方日报》，以及广东卫视、凤凰卫视、香港卫视等主流媒体均从不同角度进行报道。原创新闻40余条。《中国日报》、中国经济网、新浪、21CN、网易等转载182篇。媒体关注点主要集中在“深港签署四项合作协议”、“前海发展”、“深港联手打击水货”等方面。总体而言，内地与香港媒体的报道基本正面，较为客观，为深港合作起到了释疑解惑的传播效果。

媒体报道统计表（略）

第五节　管窥总理记者会的专业范式

每年中国“两会”总理记者招待会既是“两会”的“休止符”，更是新一年中国经济与社会发展大戏的开场锣鼓，已经成为全球对中国“两会”议程的最重要期待之一，被称为“不可错过的重大事件”。而对于各级党委、政府新闻发言人而言，从新闻发布的角度管窥总理记者会，从总理的精彩发布与答问中，感受其人格魅力与良好的媒介素养，无疑会受到相应启迪，发现许多可资学习借鉴之处。

一、总理记者会的特性

回顾总结数十次“两会”总理记者会，主要呈现出以下特性：

一是媒介对政府的“大考”。“两会”总理记者会是全球媒介对当届政府的一次“大考”，“考官”是来自全球媒体的记者，“答题人”是总理。总理通过个人魅力的展现应对媒介“大考”，对外彰显中国政府的勇气、锐气，能力和实力；对内则提神振气，增强全体中国人民的凝聚力。

二是对外开放的权威信息平台。有关统计表明，无论是进场记者的名额分配，还是现场提问的机会，外媒几乎都保持在50%左右。以上届政府的4次总理记者招待会为例，50个提问机会，外媒分掉了54%；港澳台媒体拿走了15%；内地媒体占31%。由此可知，总理记者会作为中国搭建的对外政治传播平台，不但具有高端、权威、公开、信息量密集的特征，而且正呈现出越来越向“外”倾斜的明显趋势，从一个侧面反映出中国政府更加开放的姿态与足够的自信。

三是不可控性存在巨大舆论风险。记者会与新闻发布会的最大差异在于“无主题”，以记者发问为主且涉及面无限广泛，其随机性所导致的不可控性会加大对答问者的挑战与考验，尤其在这样一个宏大的国际性传播平台，与会记者政治背景不一、价值观各不相同、文化差异巨大、提问的动机与目的迥异，如把控不当，稍有闪失，将会严重影响记者会效果，轻则达不到预期目标，重则引发国际性负面舆情。

综上所述，总理记者会的定位是“媒体对政府工作报告的新闻透视；政府对媒体的执政方略解读”。因此，“答题”必须遵循新闻传播特别是国际化传播的基本规律，以我为主，坚守基本立场。同时，要特别注意中国观点的国际化表达，方能达到预期的最佳传播效果。

二、凸显“专业水准”

1.金字塔法则变被动为主动

回望历届总理记者会，“考题”正在从经济转向多元化，外媒开始关注中国的单边关系、双边关系、话语权以及民生问题。记者的提问包罗万象，覆盖政府所有工作，且随机性很强。但总理手无片纸，要做到从每项工作进展到每个具体数据，都仿佛如数家珍般随口道来、信手拈来，并最终让这些看似散乱无序的问题，汇聚成传递本届政府施政信息的和声，体现出对美欧诸多政要在新闻发布中成功应对媒体的金字塔法则借鉴运用的效果。

该法则要求“答题人”必须牢记“我不是来回答问题的，我是来发布核心信息的”这一原则。金字塔的塔尖就是本次记者会的核心信息，包罗万象的各种问题则是金字塔宽广的底部。据此，无论问题涉及哪个领域，“答题人”只要遵循“始于塔尖，收于塔尖”，牢牢扣住事先确立的“核心信息”，便能做到收放自如，以不变应万变的良好效果。

以 2013 年全国“两会”总理记者会为例，这是十八大后新一届政府的首次亮相。因此，其核心信息无疑为“中国梦”。据此，“答题人”自始至终坚守了“向世界阐释中国梦”的理念，以此作为整场记者会的灵魂，并从“民众的小康，民族的复兴”两方面进行答问。如是，无论是关于政治、经济等领域的问题，还是涉及国防、外交诸多方面的提问，皆始于“民”，收于“民”，基于“中国梦”这一核心信息进行解读阐释，使整场记者会做到了形散而神不散，从“无主题”的被动答问，变成了以“中国梦”为灵魂的主动发布。

凤凰卫视记者胡一虎：……我身旁的人万分渴望对您本人有进一步的了解，能不能借这个机会，谈谈您从政生涯一路走来，从最基层到最高层您个人的情怀。谢谢总理。

李克强：你问到个人经历，也讲到安徽。我曾经是安徽阜阳的插队知青，很难忘那一段和乡亲们度过的艰难岁月。那里当时是中国农村出了名的穷地方，也是后来中国农村承包制改革的发源地。我还记得 1977 年高考后，我是在田头锄地时得到高考录取通知的。

正是改革开放改变了我们国家的命运，使亿万农民脱贫，也使许许多多的人出现了重大的人生转折。现在改革的重任落到了我们这一代人肩上。我想我们要尽力使改革的红利惠及全体人民，使老年人安度晚年、年轻人充满希望，使我们的国家生机勃勃。

我没有更多的时间来讲述个人的经历，我想说的是，在我个人的经历，在读书、做事、文化熏陶当中，悟出一个道理，就是行大道、民为本、利天下。这九个字不是什么典籍的原话，是我的心得。我坚信做人要正、办事要公，才能利国利民。

感受到“专业新闻发言人”的专业水准和深厚功底了吧？

短短300余字的回答，却蕴含了含金量极高的丰富信息。从个人知青的经历平滑无缝地过渡到了“尽力使改革的红利惠及全体人民”，进而提升到对自己也是对全党干部、全国官员的严格要求：“行大道、民为本、利天下”。

这不正是在阐释“中国梦”吗？

在感受总理睿智风范的同时，你是否也感受到新闻发布“金字塔法则”的无穷魅力了呢？

盘点2013年前的16次“两会”总理记者会，“中国经济”的“点击率”一路稳步上升：李鹏总理在历次记者招待会上回答了124个问题，经济问题占比16%，共计20个；朱镕基总理5次记者招待会，回答了73个问题，经济问题占比28%，共计21个；温家宝总理的9次记者招待会，回答了135个问题，经济问题共计38个。2013年的总理记者会上经济问题依然是重点，因此，从经济问题切入，从“民众小康和民族复兴”这两个角度来回应、阐释核心信息，更具贴近性，更有利于传播。

2. 围绕核心信息设置议程

怎样在相对被动的记者会上成功地运用金字塔法则？在必要时答问者要灵活使用“议程设置”，变被动为主动，有效传播核心信息。比如，在2012年的“两会”记者会上，温家宝总理根据事前对舆情的研判，在回答完一位香港记者提问后，自己主动提出要“回答一个没有被问到的问题”。他坚定地明确表示：香港不会“被规划”。由此可知，即便在没有记者主动提及有关问题(特别是负面问题)的情况下，“答问者”要视现场气氛，适时主动引爆热点或焦点话题，找准易于国际化传播的新闻落点，从而巧妙传递必须传播的重要正面信息。这才是真正具有大家风范的新闻发言人的气度和能力——敢于挑战敏感话题，实则是在主动掌控话语权。

三、个性魅力承载国家形象

对李鹏、朱镕基、温家宝这三任总理在记者会上的表现，外媒曾评价“三人都很睿智”，个性都很鲜明：李鹏严谨、朱镕基激扬、温家宝外柔内刚。他们看似迥异的个性，却能多侧面地展示出中国领导人的智慧、坚强、博学……尽管表现方式因人而异，但一些基本原则却是共通的。

1.展示鲜明个性适度内敛

总理记者会最重要的一个作用，就是让中国领导人向全世界展示其普通人的一面，一改文件中的刻板形象，有血有肉，让人感受到他们的喜怒哀乐。他们成功的表现，不但可以拉近中国跟世界的距离，还将成为中国开放进步的名片。正因为是通过个人魅力展现国家形象，这种展现从本质上说是总理的一种职务行为。因此，对个性张扬的尺度就必须有所拿捏，所要遵循的原则是适度内敛更具张力。比如朱镕基冷峻的严厉、温家宝悲悯的温情，李克强务实的坚定，可谓各具风采，特色鲜明。

有鉴于此，每一届新任总理第一次在记者会上的亮相，其开场白无异于就职演说，务必遵从“展示风格”的原则，简练准确地表达信心与决心，其措辞必须与领导人一直以来的个人风格相吻合。朱镕基和温家宝在上任伊始的记者会上，就展示了两个个性鲜明的总理形象。以“不管前面是地雷阵还是万丈深渊，我都要赴汤蹈火，一往无前，鞠躬尽瘁，死而后已”为代表的朱式豪言，让人感受到的是一种掷地有声的力度。而温家宝“在我当总理以后，我心里总默念着林则徐的两句诗：‘苟利国家生死以，岂因祸福避趋之。’这就是我今后工作的态度”的表白，则确立了平和亲切的“温氏风格”。

2013 年的发布会一开始，李克强即用简洁的开场白，表达了他和本届政府对人民的郑重承诺：“我们将忠诚于宪法，忠实于人民，以民之所望为施政所向，把努力实现人民对未来生活的期盼作为神圣使命，以对法律敬畏、对人民敬重、敢于担当、勇于作为的政府，去造福全体人民，建设强盛国家。”在这段话中，李克强着重提出了“法律”、“使命”、“人民”，这表明我们要坚定地在法治进程中前进，充分反映了本届政府领导“一切为人民”的理念。媒体评价其“行大道、民为本、利天下”为“‘九字心得’显民本情怀”。

2.适度幽默彰显睿智

欧美一些政要记者招待会有一条可资借鉴的经验，就是领导人面对媒体时适度得当的幽默，不但能够展露领导人睿智的个性魅力，活跃现场气氛，更能有效拉近与记者的心理距离，甚至可消解部分消极对抗情绪。在面对持各种立场和价值观的海外媒体，这一点尤为重要。比如，奥巴马在2012年世界新闻日白宫记者招待会上的演讲，就曾多处使用了幽默技巧，包括自我调侃，涉及电影、音乐及当下的一些社会热门话题，获得了良好的现场效果。特别是他如同与朋友聊天似的向记者说："你们经常让我很不好过。我也经常想让你们不好过。但是，我深深地知道，我们的国家要仰仗你们。"如是，既展现了总统作为寻常人的一面——"想让你们不好过"，又准确肯定了媒体的地位与作用，最大化地争取到记者的认同感。

四、中国价值观的普世表述

总理记者会能大规模地集聚海内外媒体，无疑是中国政府向世界传播中国价值观的难得机会和重要平台。因为，关注中国的所有境外媒体都绝对不会错过这个能近距离感知与解读中国的大好机会。毋庸讳言，在国际传播结构极度不平衡、西方发达国家主宰国际传播话语权的当今世界，中国在世界舞台上的形象和影响力当然离不开西方发达国家的媒体。所以，利用好这一高端传播平台，向世界说明中国，传播中国，是总理记者会所承载的使命之一。

有鉴于此，总理在记者招待会上的表述一定要遵从国际化传播的普遍规则，充分考虑多元文化格局下全球受众的领悟能力，用便于国际传播的话语方式来"表达政府立场、反映政府意志、阐述政府观点、说明政府行为、维护政府声誉"。特别要注重中国价值观的国际化表述。比如，在答问中既有中国古诗词和相关典籍的引用，又要引述一些被全球普遍认同的哲理、名言和基本价值观，尽最大努力消除不同话语体系之间的沟通障碍，借以展示中国政府日益开放进步的良好形象。

五、紧随时代发展 彰显进步开明

近年来，在网络的助推下，总理记者会成为"全民两会"的载体。借助网络，数以百万网友提交了数万个问题，其中不乏"高房价"、"看病难"等民生焦点问题。早在2006年的记者招待会上，温家宝总理就对此专门作出回应："'两会'受到广大群众的关注，他们通过代表、委员、新闻媒体和网络，对政府工作提出的意见和问题，多达几十万条。我从群众的意见中感受到大家对政府工作的期待和鞭策，也看到了一种信心和力量。"此后，类似做法一直在延续。

近年来的每次总理记者会都会事前通过网络、微博等平台广泛收集公众关心、关注的问题，公众在网络这一空前庞大的虚拟民间舆论场上，展开了关于反腐倡廉、转变作风等一系列热点、焦点问题的舆论监督，在一定程度上有力推动了政府的各项工作改进与完善。因此，政府越来越重视既从微博等新媒体上获取社情民意，又通过这一平台向社会和全体民众传递正能量，有效引导舆论。这体现出了浓厚的时代气息，也进一步彰显了中国政府倾听民声、重视民情的更加开明的形象。

第四章　新闻发言人与舆论引导

【本章要点】

在“躺着中枪是常态”的微时代，政府不但“骂声都要听”，而且，由于“技术赋权”，公众的声音从“Power”变成了“Right”，对于媒体（公众）的监督与质疑是否公开回应，已经从“选答题”成为“必答题”。作为政府信息的发布者，发言人的唯一选择就是：除了公开还是公开。这也是新闻发言人处置舆情、引导舆论的基本理念和策略。微时代的舆论掌控，必须要珍惜和用好“一防两厅”，掌控议程与团结大 V 并举。在转危为机中更需诚实守信，方能快捷高效地应对舆情，引导舆论。

第一节　舆论监督与舆情

近年来，中国培训市场上，冠之以“舆情应对”、“舆情处置”、“舆情掌控”等名目的培训班，正以雨后春笋之势破土崛起，而这些班的培训对象，大多为党政机关的干部特别是宣传干部以及新闻发言人。这一现象的背后，是一个喜忧参半的事实：忧虑在于舆情高发；可喜之处是舆情的处置正在得到该有的重视。

政府新闻发言人是掌控舆论的排头兵，不但不可不知舆情为何物，更是必须具有良好的舆情处置能力。

舆情是指一定时空范围内，公众对公共政策、政治人物、时政事务的各种情感、认知和行为反映倾向的集合。通俗地说，就是老百姓怎么看待和评价政府官员、政府的执政理念、施政行为，并将这些看法用言论的形式予以充分表达和广泛传播，进而对政府和政府行为形成一定的舆论压力。

由此可知，舆情是因为舆论监督而起。

那么，要成功应对与有效处置舆情，首先要面对的就是舆论监督的问题。

谁在监督，为什么要监督，我们应该怎样对待监督？

一、如何对待舆论监督

舆论监督，通常情况下是指媒体和公众对于公权力及官员的揭露或者批评。无论这些监督的内容是否属实、准确与否，对涉事部门或者个人而言，无疑都是“很没面子”的事情。况且，还有很多舆论监督所危及的不仅仅是单位或官员的“面子”，甚至还可能牵扯到官员的“帽子”等切身利益问题。这种时候，无论是部门还是个人，都未必能够做到虚怀若谷听批评，三省吾身作检讨。于是，便有可能恼羞成怒，有可能抵制监督，有可能封锁信息……

深圳“海砂门”

2013年3月13日晚，中央电视台在财经频道播出了《深圳海砂致危楼四处开花监管部门熟视无睹》的报道。

报道称，深圳曝出居民楼房楼板开裂、墙体出现裂缝等问题，很多楼房每逢雨天就渗水（同期的画面则是锈蚀的钢筋、呲牙咧嘴的楼房裂缝）；市政府的调查结果显示，问题的根源就是建设时使用了大量海砂；在深圳的南山、妈湾等采砂场，每天都有几千辆大型自卸车在此装海砂，运送至各个混凝土搅拌场、建筑工地。由于1方海砂要比河沙便宜120元，眼下深圳建筑材料市场里销售的建筑用砂，都是海砂和用海水洗过的“水洗砂”，已经见不到符合国家建筑材料安全标准的河沙。华润大冲村旧村改造项目、平安金融中心（深圳在建第一高楼）以及嘉逸豪园等均可能采用了海砂或者“水洗砂”，深圳地铁工程也全部用“水洗砂”……

次日，也就是“3·15”的前夕，央视更是在各个频道频繁滚动播出这一“新闻”。报道还强调：“至于监管方面，在行业人士的讲述中，使用海砂，建筑工程的监理与监管部门也是熟视无睹的事实。因为在工程验收与质量管理的环节，并不会专门有人去严格检测或在意海砂中留存的丰富氯离子。”

一石激起千层浪。如此爆炸性的“新闻”，不但迅速被近百家网站转载，社会各界也表示震惊。认为“深圳的楼太恐怖”、“海景房＝短命房”、“海砂楼最多只有十年保证期，草菅人命啊”、“质监站腐败，祸国殃民”、“真是没有底线了，政府除了收钱、贪腐，在做什么？”

舆论对于深圳海砂建楼的监督过程，便是舆情形成发展的具体体现。

汹涌而起的舆情，迫使政府必须直面舆论监督，此刻，政府新闻发言人责无旁贷地要站在舆情处置的第一线。因此，以怎样的心态对待舆论监督，主动抵制、消极对抗并封堵言路，还是能虚怀若谷、接纳包容并闻过则改，在很大程度上决定了舆情处置的成功与否。

“今后，凡是报纸歪曲事实真相攻击我市公安机关和民警的，就以单位起诉当事报社和撰稿人；如果他提及民警个人，且造成后果的，民警拿着证据到法院起诉记者，相关部门和民警所在单位要支持和协助。这就叫‘双起’，公安机关起诉报社，民警起诉记者。”这是 2010 年 10 月 16 日时任重庆市公安局局长王立军在重庆市公安局民警维权工作会上的讲话内容。

“双起论”一出，舆论一片哗然。针对王立军的“双起论”，讨伐声不断，认为王立军是在威胁记者、恐吓媒体甚至是蔑视舆论监督。

对此，2011 年 6 月 16 日，《人民日报》发表评论文章《舆情非敌情，“媒介素养”显执政水平》，可以作为对王立军“双起论”最好的回应。

图 4—1 媒体与“警察”①

舆情不是“敌情”，相反，媒体是社会的预警器，它对热点事件、敏感问题的反映和关注，眼前或许会让一些地方一时难堪，但对于我们准确全面地体察民情，保持头脑清醒，大有益处。从长远来说，对维护人民群众利益、推动社会进步利莫大焉，正如一位省委书记所言，“舆论监督也是正面报道”。

面对社会转型、体制转轨、思想转变，无论是解说政策、疏导情绪，还是沟通思想、促成共识，都需要媒体来主动设置议题，求同存异、凝聚力量、推动工作。也正是从这个角度，中央领导强调媒体是治国理政的重要资源和手段，各级领导干部必须提高跟媒体打交道的能力，切实做到善待、善用、善管。

① 图片来源：http://t.people.com.cn/baofeng

> 被各种信息和媒介包围的领导干部，急需养成对突发事件的新闻敏感和价值判断，学会“新闻执政”。否则，介入迟缓或干预不当，不仅可能“小事闹大，大事闹炸”，而且会消解改革发展共识，损耗政府“无形资产”。

舆情的本质是公共舆论，是指在公共舆论中社会公众政治意愿的表达。正如《人民日报》的评论所指出的，如何面对舆情，体现着政府的施政能力，体现着领导干部的媒介素养。政府官员只有具备一定的媒介素养，才能较好地分析和处理舆情。

新闻发言人作为公权力的代言人，以怎样的心态看待舆论监督，又以怎样的行为回应舆论监督，都直接关系到公权力的公信力是在与民间舆论场良性互动中得到强化，还是持王立军的“双起论”，在回避抵制舆论监督中被消解，实则是新闻执政的一个重要组成部分。

湖南邵阳“婴儿门”

> 2011年5月9日，有媒体报道指出，湖南省邵阳市隆回县计生部门为收取社会抚养费，将婴幼儿强行抱走然后送入邵阳福利院，统一改姓“邵”，福利院则将这些婴幼儿送入涉外收养渠道，收取国外领养者费用。“邵氏弃儿”案由此引起社会关注。5月9日，邵阳市相关政府部门成立了联合调查组，对此事展开调查。
>
> 湖南邵阳“邵氏弃儿”事件震惊全国。据报道，仅仅因欠缴“社会抚养费”，数以十计的邵阳儿童就此被强行抱离生父母、养父母，被计生部门统一改姓“邵”送进福利院，有的被远渡重洋送到国外。

人民网舆情监测室主任分析师认为：“邵氏弃儿”案曝光后，湖南省和邵阳市委市政府对此事的反应比较迅速，5月9日报道出来当天，邵阳方面即成立了以纪委、监察局牵头，有关部门参加的联合调查组，全面展开调查工作。5月13日有媒体报道，湖南省委书记周强已批示全面彻查。然而，尽管省市县三级党委政府都有表态或行动，但从

图4—2　“邵氏弃儿案”震惊全国[1]

① 图片来源：http://www.52lawyers.net/news/10958790.html

当地政府的种种举措来看，所有解决问题的具体行动都显得不够有诚意，无论是计生部门还是邵阳市福利院，均有明显狡辩、推诿和应付调查的迹象。对舆论关心的问题，官方只是在接受记者采访过程中，有一些只言片语的回应，缺乏系统性、完整性，使得公众对此事的了解不足，并越来越心存疑虑。期间，官方不愿回应媒体的直接采访，两位维权家长杨理兵和周英和突因嫖娼被警方控制。种种举动，令公众陡生疑虑。

直至7月14日，该案调查组牵头人、邵阳市监察局曾局长才透露，此前媒体报道的部分情况失实，“买卖婴儿”情况根本不存在，“邵氏弃儿”案详细调查结果将于近日统一对外公布。尽管案情公开有了一些进展，但无论是其反应速度，还是回应方式都有很大欠缺。

纵观此事，在信息时代，积极主动的姿态、公开透明的信息、与公众良好的沟通都能促使事件朝着更有利于解决的方向发展，仅仅是埋头调查事件而不顾公众知情权是不明智的，往往还会导致谣言的产生，干扰问题的解决。①

这是一个全媒体的媒介化时代，传媒的触角已经渗透到了人们生活的方方面面；这是一个传播全球化的时代，任何地区的重大新闻都会触发地球人的神经；这是一个民主化的时代，老百姓有知晓事件真相的权利；这是一个网络化的时代，公众知晓和传播信息、参与公共事务的渠道日趋多元化。这个时代，地球越来越村落化和网络化，世界任何一个地方发生的事情，通过网络几乎在瞬间就可传遍全世界。正如伟达(中国)公关顾问公司董事、培训总监孙玉红所言：“政府有责任向公众提供及时、准确、客观、清晰、完全的信息。媒体并不是政府沟通的最终目标，政府是通过媒体与利益关联方沟通。这些利益关联方可能包括本地公众、外国公众；包括上级政府或下级政府；包括国内受众和国外受众等。通过媒体与他们沟通是一种有效和便捷的形式……另外一个重点，危机时刻的媒体沟通就是在危机时刻保护政府形象和执政党的声誉，这在全世界都是一样的。”②

自20世纪70年代末实行改革开放政策以后，中国进入后发展国家现代化和社会转型阶段，随之而来的是社会矛盾加深以及由此引发的社会不满和抗争更为普遍。如同塞缪尔·亨廷顿的著名命题所言：“现代性产生稳定，而现代化导致不稳定。”伴随着各类社会问题的凸显和媒体的报道，难道还要坚持“防民之口，甚于防

① http://news.163.com/11/0718/07/797R4BBV00014JB6_2.html
② 汪兴明、李希光主编：《政府发言人15讲》，清华大学出版社2006年版，第161页。

川”的陈旧而落后的“封堵”思维？在微时代，如何面对和疏导舆情成为政府和官员工作中必须面对的重要一环。

习近平同志强调，要把权力关进笼子里。这个笼子是什么？就是完善的法制与公开透明的舆论监督。

因此，以正确的观念和良好的心态对待舆论监督，是善待媒体的思想基础。我们必须清醒地认识到，媒体（公众）对于政府的监督与批评，对于权贵的质疑与挑战，都有利于“把权力关进笼子里”。

群众诉求就是执政力量，舆论监督就是宝贵资源。这是面对舆论监督，政府和政府新闻发言人必须秉持的正确理念。

二、如何引发舆论

在众声喧哗的微时代，面对负面舆情不断爆发的严峻态势，如何利用媒体以及公众关注的热点与焦点，通过新闻发布因势利导地主动“引爆”舆论“泄压”，也是新闻发言人应积极思考并在工作实践中不断探索的问题。

因此，政府新闻发言人要学会运用议程设置，根据近期舆情以及对舆情走势的预判，主动“制造”新闻话题，吸引公众和媒体关注，从而引发舆论，为政府主动掌控舆论走向打下基础。需要强调的是，这样的议程设置，一定要遵循新闻传播规律，特别要基于事实和对舆情的科学研判来设置新闻落点，并对舆论引发后的走向预设好舆论引导的“接口”，同时也要对舆论有可能因为受某种因素的影响而“跑偏”的舆情风险有预估和相应的预案。否则，将会出现“引火烧身”自找麻烦的尴尬局面。

2011 世界大学生运动会舆情转型

2011 年 8 月 23 日，第 26 届世界大学生夏季运动会在深圳举行，这是继北京奥运会和广州亚运会后在我国举办的又一国际性大型体育综合赛事。被称为“青春盛会”的大运会，共有 152 个国家和地区的 1.2 万多名运动员和技术官员参赛，近 5000 名中外媒体记者参与报道。

进入 2011 年，深圳大运会各项筹办工作进入紧张的倒计时阶段，公众和海内外媒体对于大运会的期待与关切也与日俱增。由于有关部门的不当发布，诸如“8 万高危人群受震慑离开深圳”、“菜刀实名制”等负面报道成为大运会报道的“主旋律”。这显然不符合客观现实，更不符合“办赛事、办城市，新大运、新深圳”的办会宗旨，更不利于中国在国际社会的良好形象塑造。

从3月起，针对大运筹备工作日益紧迫，但外部舆论对大运会负面大于正面的现实情况，在深圳大运会赛时运行指挥体系尚未建立的背景下，深圳市政府新闻办就将常规新闻发布与筹办大运中心工作紧密结合，先后推出“纪念建党90周年深圳党委部门系列发布”、“迎大运，创全国文明城市标兵200天行动系列新闻发布会”，并指导协调各区、各部门结合各自业务工作开展自主新闻发布，有力推动了大运会筹备工作顺利开展，营造了良好舆论氛围。

为进一步推动大运会舆情的全面转型，7月21日起至8月11日大运会开幕前夕，深圳市政府新闻办统筹协调有关各方，加大了正面信息发布的力度和密度，将媒体和市民的注意力转到办赛事本身。重点策划并陆续推出了“市民如何观看赛事”、“门票购买知多少”、“大运期间交通怎样出行”、“火炬虚拟传递”、“开幕式亮点预报”等13场专题发布会。由于这些议题都是市民对于一场大型国际赛事的期待与关注的热点，十分贴近广大市民，内容也立足于服务百姓，成为新一轮媒体关注与报道的热点，市民的注意力也很快为之转向。

议程的设置分为主动设置和被动设置。分析中国各类媒体，新兴政经媒体在议程设置上往往是主动出击，而传统的党媒往往是被动反应。在政治传播中，市场化媒体比政府媒体的声音更有时效性、更可信、更有传播效果。政府能够引发新闻、引发对某一事件的关注，但不一定能有效地获得对政府有利的新闻报道。今天，政府所能有效控制的仅仅是政府自己的声音，政府的信息源，党和政府直接管辖的媒体、新闻版面和新闻节目。

而政府无法控制的是大量的、难以计数的非政府信息源、市场化媒体、非新闻版面、各类谈话节目、网站、境外媒体。结果，在议程设置上出现了议程设置的不对称性——传统官方媒体面临新兴媒体挑战；政府议程面临新兴媒体和网络媒体挑战。政府设立发言人的好处是，政府信息源越多，进入各类新闻出口的机会就越多，政府的声音就越大。

政府发言人的中心作用是：准确、清晰地表达领导人的思想。政府管理新闻的最好办法是：把记者报道新闻变成“反应新闻”；记者的报道变成政府声音的延伸；记者跟着政府的议程走。①

政府官员与记者的矛盾之根本一是官员不公开信息，二是官员不懂得如何把具备新闻生产价值的信息，而不是具有重要意义的信息披露给记者。即便你是一个普通官员或普通人士，如果能够提供高生产价值的信息，你的信息也会成为重要的新闻。

政府发言人还可以利用新闻报道的客观性原则，运用新闻的生产要素，就时事发表评论，吸引媒体的注意，塑造公众舆论。媒体市场化对记者的新闻价值判断的影响：记者不是孤岛，不是孤独、独立的作者。②

三、如何引导舆论

在舆情的应对中，越是藏着掖着，越会引起媒体的追问、公众的猜疑。所以，对待媒体的批评、建议甚至指责，我们都应该笑纳。诚如王岐山同志所言，网络上的骂声我们都要倾听，更何况意见。转变观念，以开放包容的良好心态对待媒体监督，欢迎媒体监督，主动公开信息，是客观形势的要求，是时代的要求，也是党和政府的要求。党中央多次明确要求，落实党内监督条例，加强民主监督，发挥好舆论监督作用，增强监督合力和实效。并且明确提出“保障人民的知情权、参与权、表达权、监督权”。

当我们调整好了心态，转变了观念，就会乐于通过媒体的监督来改进工作，就会在主动应对舆情中自如地驾驭媒体，引导舆论，也就是我们前述“媒介素养”的最高层次。这也是一个优秀的政府新闻发言人应该努力追求的一种境界。

深圳“海砂门”舆情处置

中央电视台关于深圳建楼房使用海砂的新闻从3月13日起连续在多个频道滚动播出，迅速引起各界强烈反响。网络上很快就有人发出深圳30个楼盘是海砂楼的帖子……“海砂”一夜之间成为城中热门话题，人们见面就问：“你们家那个小区是海砂楼吗？”央视的报道经过网络的发酵，为传统主流大众传媒设置了最新的议程：铺天盖地的质疑声指向了公权部门。

第一时间做出回应

面对汹涌的舆情和各界的质疑与批评甚至谩骂，深圳市住房与建设局局长李廷忠于14日上午，也就是新闻播出的次日，主动接受央视采访，表明了

---

① 汪兴明、李希光主编：《政府发言人15讲》，清华大学出版社2006年版，第20页。

② 同上，第28页。

虚心接受媒体舆论监督、坚决查处违法行为的态度。

与此同时，深圳市住建局在第一时间推出“六条措施”：立即派出两个检查组到媒体曝光的预拌混凝土搅拌站点进行调查；组织全市工程质量检测机构对所有预拌混凝土搅拌站进行地毯式排查；对检查中发现使用不合格海砂的搅拌站立即责令停业整顿；对报道中涉嫌不合格海砂流入的建筑工地项目进行跟踪检查并责令停工整改；构建全市预拌混凝土监管平台；完善制度设计、加强部门联动、强化源头治理等。

上述回应及相应措施同时在住建局官方网站、深圳微博发布厅、深圳新闻网等迅即进行了发布。

预判舆情做好应对准备

在当晚央视一年一度广受各界关注的“3·15 晚会”上，深圳“海砂门”成为曝光重点之一，而央视多个频道，继续在滚动播出《深圳海砂致危楼四处开花，监管部门熟视无睹》的新闻。

此时的深圳，已经是人人谈海砂，户户忧楼房——“尼玛，谁知道我们家的房子什么时候垮啊?!”

鉴于此次报道涉及房屋建设和质量问题，是一个关乎全市千家万户直接利益的重大民生问题，深圳有关部门综合研判认为，舆情将会进一步延展扩大，如不及时采取措施，将有可能发酵演变成影响整个社会安定的重大公共舆论事件。

所需要采取的措施之一，就是务必尽快公开发布相关信息，让事实和真相给公众以最具说服力的“定心丸”。

14 日下午，政府相关部门向全市各有关企业发出了《关于开展预拌混凝土质量检查的紧急通知》，市区建设主管部门共组织 200 多人，分成 50 个检查组，对全市 92 个混凝土搅拌站开展地毯式排查，并连夜开展抽样检测。

与此同时，召开新闻发布会的准备工作也在紧锣密鼓的进行中。

有关工作人员几乎是度过了一个不眠之夜。

设置议程引导舆论

2013 年 3 月 15 日上午 10∶30，深圳市政府新闻发布厅已经是座无虚席，习惯晚睡晚起的记者们罕有如此整齐地提前来到会场。

10∶40，主持人宣布“建筑行业使用海砂问题新闻发布会”开始。

主持人：“我们今天新闻发布会的主题是建筑行业使用海砂问题。最近几天，海砂成为一个热门话题。海砂这个普通得不能再普通的东西，已经成为与包括在座的各位记者朋友以及广大市民密切相关的一个问题。有关媒体关于深圳建筑行业中使用海砂的问题的报道引起了广泛关注，引出了一连串的问号，比如说我们深圳的楼房是不是都是用海砂？如果都是的话，安全性怎么保证？对于深圳市民来说，这就不仅仅是财产安全，更可能是生命安全的问题。这一连串问号，包括建筑业到底能不能使用海砂？在什么情况下可以使用？或者说如果使用，什么情况下有害？使用当中怎样监管、谁来监管、谁来监督？这一连串问号这几天纠结着我们。感谢媒体对政府的监督、批评，指导和督促政府的工作。所以今天我们这个新闻发布会就是请深圳市住建局领导及其相关职能部门以及有关专家就刚才我说的许许多多的问号，一起追寻真相，给市民一个真实的交代。”

图 4—3　深圳“海砂门”新闻发布会现场

新闻发布会的议程设置由此确定——政府、专家和媒体一起来解开那一串串问号，共同挖掘事实，追寻真相。

公开信息释疑解惑

在接下来的发布过程中，深圳市住房和建设局副局长胡建文（新闻发言人），深圳市建设工程质量检测中心主任刘南渊，深圳市建设工程质量监督总站站长高泉，深圳市住房和建设局节能科技与建材处副处长祖黎虹，深圳大学特聘教授、广东省滨海土木工程耐久性重点实验室、深圳市土木工程耐久性重点实验室总学术顾问、长期从事钢筋混凝土耐久研究的著名专家韩宁旭，深圳市水泥及制品协会总工程师、专家委员会主任陈爱芝等参与了新闻发布，并就记者所关心的问题进行了认真的解答。

此次发布会所传递的信息主要有以下三类：

一是政府对于海砂门事件的态度。“建筑工程质量是百年大计，关系人民的生命财产安全，一直以来我市建设主管部门从制度、标准、程序、执法等方面对工程质量严格把关。这次舆情事件，暴露出我市海砂管理还存在薄弱环节，我们将从中吸取教训，举一反三，严抓严管，着力建立长效机制，确保建设工程质量和建筑结构安全。”同时再次重申了对于舆论监督的“三个绝不”：绝不护短，对违法违规行为绝不姑息迁就，主管部门应当承担的责任我们敢于面对，绝不推卸责任。

二是排查整治的情况通报。“从昨天下午一直到晚上深夜通宵开展检测，对刚才胡局介绍的，深圳市搅拌站总共有100多家，我们检查了其中的92家，有10家在搬迁，另外有16家属于证照不齐、不符合要求的，我们局正在进行查处，已经责令他们停业整顿了。家数和所处位置是这样的：特区内有20家搅拌站，昨天下午到晚上检查了宝安25家、龙岗26家、大鹏2家、光明10家、坪山6家。昨天开展检测后，对92家一共抽了165组样品，连夜进行检测，不合格样品16组，不合格率9.7%，合格率90.3%。”

三是专家对海砂能否使用进行释疑解惑。“海砂是可以用的，但是有一个前提，必须经过淡化处理以后才能用在建设工程中。”同时，韩宁旭教授还特别解释了自己在央视报道中关于海砂建筑的“癌症说”。首先，央视是以“海砂的合理利用”为题对他进行的专访；其次，整整两个多小时的专访，只截取了十余秒钟他的“癌症说”，而掐掉了此说的基本前提是“海砂没有达到国家相关标准”。

这场新闻发布会及时回应了社会关切，主动设置议程引导媒体关注“海砂门”的核心焦点：一是海砂是否可用于建筑；二是政府部门到底有没有监管以及怎样加强监管。如是，有效缓解了公众的忧心与焦虑，甚至可以说是消除了部分市民的恐慌心理。而同时也给政府主管部门敲响了警钟——涉及民生的建筑质量问题，必须时时刻刻严管严查严肃处理，并要建立一整套强有力的长效机制。

随着深圳“海砂门”一连串问号的打开，作为一名新闻发言人，对于为什么要召开新闻发布会，什么时候开新闻发布会，新闻发布会上都需要发布些什么，政府新闻发言人在新闻发布会上有何职责与作用……这更多的问号，想必你已经有所了解，有些感悟了吧。

通过政府新闻发布来引导舆论，就是要直面舆情、冷静分析、科学研判，通过及时回应、公开信息，达到释疑解惑、消除公众疑虑的目的。这也是新闻执政对于舆论掌控的有效手段之一。

第二节 微时代舆情特征

“看半天微博，需要看7天《新闻联播》才能治愈。”这是人民日报社社长张研农的“名言”。

这幽默的调侃，却真实地描绘出微时代舆论环境的严酷——官民两个舆论场严重悖反！

作为政府新闻发言人，必须面对这个现实，面对如此严峻的舆论环境的挑战。

有鉴于此，我们有必要简要了解微博以及微时代舆情的特征。

一、作为社会化媒体的微博

2012年2月8日上午10时54分，重庆市政府新闻办通过新华网官方微博发布消息：“据悉，王立军副市长因长期超负荷工作，精神高度紧张，身体严重不适，经同意，现正在接受休假式的治疗。”

暂不评论这条微博内容的真伪以及所牵扯的政治事件，我们需要关注的是，政府已经把微博作为传播官方权威和重要声音的新渠道、新平台，甚至是首发的平台这一事实。对于处在信息技术高度发达、迅猛发展大潮中的政府新闻发言人，其所带来的冲击是巨大的，引发的思考也是深层而不可回避的。

微博到底是什么？

数字技术的出现使得社会信息系统的交流、媒介形态以及传播状态都发生了革命性的变化，尤其是以网络媒体和手机媒体为代表的社会化媒体在近十几年迅猛发展，越来越多的人使用微博、微信、网络论坛、播客、博客等传递信息、发表意见。

微博是近年来最为流行的社会化媒体。简言之，微博是：

——电信网与互联网（Web2.0）的融合；

——无线网络与有线网络的嫁接；

——第五媒体手机与第四媒体互联网二合一的新玩意儿。

微博的进入门槛十分低，任何手机用户、网民都能够在任意时间、地点，用任意语言和形式，原创或转发、评论微博。自己想要发布的“新闻”或观点，均可转化成140字以内的“新闻”，还可以图片、视频、音频、动画、gif图、长微博等多种形式呈现。另外通过浏览微博，用户可关注他们感兴趣的朋友、明星、陌生人或热点话题；可以参与话题讨论，针对某一新闻、某一话题、某一事件、某一言论进行转发、评论等，还可以通过“@”的方式邀请其他用户参与。

于是，微博上便呈现出众声喧哗的“盛况”。

1.微博超越网络论坛成为舆情源头

有调查报告显示，中国舆论的重心正迅速向微博转移，网民爆料的首选媒体更多转向微博。2012年上半年，中国传媒大学网络舆情（口碑）研究所统计的网络热点事件中，18.8%的源头是微博。此前论坛、博客和新闻跟帖作为最主要的网络舆论载体的格局已经被打破。

近年来发生的很多起舆论事件，都是先经由微博微信在网络引发热议，引起传统媒体关注后掀起大范围的跟进报道的。网民还会启动“人肉”引擎，不断为传统媒体提供新鲜素材，如“虐猫女”事件、“铜须门”事件。“周久耕事件”、“杨表哥事件”等也非常典型，网络从他们在公众场合的某些不当表现引发热议，进而发展到对其个人抽名烟、戴名表、开名车的“人肉”搜索，最终指向官员的贪腐问题。回顾近年来国内一些热点事件，大多都是通过微博率先发布，进而通过与传统主流媒体线上线下的交替互动，成为舆论和社会关注的焦点新闻、热门话题。微博正在为传统媒体设置议程。

无论是2009年的央视大楼着火、广州番禺垃圾焚烧事件，还是2010年舟曲泥石流、宜黄拆迁自焚、上海静安大火等事件，微博都在其中扮演了重要角色。日本地震和之后的“抢盐”事件、“7·23”甬温动车事故、2013年雅安地震，以及雷政富、“表哥”、“表叔”、“房婶”等重大反腐案件中，微博都成为政府、媒体与民众话语呈现与博弈的场域，并影响着舆论的走向、舆情的演变和事态的发展。

2.微博特点

由于微博使得手机、iPad等移动终端变成了名副其实的大众媒体，其对于信息的传播与舆论的形成便出现了革命性的变化，被称之为“人际传播与大众传播的完美结合”：一是具备“关系是信息传播的前提”的人际传播特点，主要通过粉丝与关注来完成；二是具备“公开的点对面”的大众传播特点，主要表现在粉丝对于信息转发病毒式传播。

(1)积极作用

传播精准且覆盖面广。轻松使一个“点”与互联网上的无数个点相连接，形成“一对多”、“一对一”、“多对多”、“多对一”等多种传播组合方式，最终呈现出“病毒式”的裂变传播。粉丝的转发聚集了同样对这个信息感兴趣或者认同这一观点的人，类似精准的“窄众”传播。但微博瞬间裂变式的精准传播，又放射状地扩大了信息覆盖面，变成了“大众”传播。诚如中国人民大学舆论研究所所长喻国明所说：“微博可以产生‘核裂变’效应，形成信息的高速大范围传播，它可以让每个人都发挥过去只有媒体才能发挥的作用。”理论上，任何一条信息，在轻点鼠标的那一瞬间，就可以传播到全世界。正是这样的快捷性与突破空间阻隔的广泛覆盖性，使得以微博、微信为主要传播平台的微时代，呈现出“鼠标一点天下知”的传播特性。也正是这样的传播特性，让我们感觉到当今世界满眼都是负面舆情。因为，“好事不出门，坏事传千里”，正是微博，在鼠标轻点之间，让“坏消息”畅通无阻地远行到千里之外。

传播渠道广泛。包括电脑网页、WAP 网（一种实现移动电话与互联网结合的应用协议标准）、手机短信彩信、即时通讯工具等，用户可以通过其中一种或几种渠道随时随地发布、更新自己的信息。

传播形式多样。微博的传播形式主要有文字、图片、音频、视频、链接等，在对新闻的表达上具有互补性。

互动性强。在微博的传播环境下，人人都可以发声，特别是通过“万能的@”，就可以将该信息精准地推送到对象的首页，即使相互间没有关注。所以受众可以直接与素不相识的人群，甚至名人、“大 V”一起，参与到信息的转发、评论和意见的讨论中，发表自己的观点。

（2）负面效应

微时代是一个信息严重过剩且真伪混杂的时代，那些五花八门的碎片化信息由数以亿计的网民所生产。人们轻点鼠标，就能把自己亲身经历的、看到的、听到的，甚至是主观想象与猜测的东西发布到互联网上，完成一次“个人新闻发布”。

微博“众声喧哗门槛低”的特性，呈现出以下负面效应：

消息源不准确。旧闻翻炒、信源不明、想象与事实无法厘清等，是微博上常见的现象。由于发布者的思想倾向和获取信息时可能出现的误差，微博这个舆论形成先锋很可能在发布正确信息的同时，由于很多转发者只凭内容的吸引度，并不考证消息源就盲目转发评论，导致许多不实传言得以广泛传播。

虚假消息多。比如“金庸‘被’去世”。某些人出于商业炒作、无聊恶搞或者别的原因，虚构一些不实信息滥发乱评，导致以讹传讹，误导公众，贻害社会。比如，2013 年 3 月，所谓网络推手出于某展会商业炒作需要，一手炮制的“深圳 90 后最美女孩”便是一宗最典型的虚假新闻。许多网友被女孩儿的“善心”所感动而热心转发此新闻，传统主流媒体不经核实盲目跟进，在社会上造成了十分恶劣的影响。

理性不足。由于粉丝与博主之间总是有某种“因缘”，比如共同的爱好、志趣相投、观点相近等，因而，便出现了“站队”现象。直接的表现就是不问是非，只看阵营。无论是名人官员，还是屌丝富豪，只要你的思想或者观点有争议，就会被反对者骂得体无完肤，而同一阵营的支持者则会两肋插刀地与你并肩战斗。比如，2012 年的“方韩之争”。

3. 重大突发事件中的微博

微博是非常强大的网络信息传播工具，一种天然适合突发事件传播的媒体。在中国社科院出版的《社会蓝皮书》中，微博被评价为“杀伤力最强的舆论载体”，其一大特点就是“强烈关注时事”。

“7 · 23”甬温动车事故

2011 年 7 月 23 日 20 点 30 分左右，北京南站开往福州站的 D301 次动车组列车运行至甬温线上海铁路局管内永嘉站至温州南站间双屿路段，与前行的杭州站开往福州南站的 D3115 次动车组列车发生追尾事故，后车四节车厢从高架桥上坠下。这次事故造成 40 人(包括 3 名外籍人士)死亡，约 200 人受伤。温家宝总理于 2011 年 7 月 28 日上午实地察看事故现场并召开中外记者会。事故遇难人员赔偿救助标准为 91.5 万元。

图 4—4 “7 · 23”动车事故模拟图

动车事故发生后，微博上围绕着动车事故发生的原因、责任归属、调查进展、处理情况、赔偿等问题展开了激烈的讨论。动车作为人们生活中的一种交通工具，其安全性关系着大多数民众的利益，其受到质疑由来已久。尽管大多数人并非动车事故的直接受害者，但却是这类事故的卷入者。正如微博中广为流传的那句话所言：“悲剧没有旁观者，在高速飞奔的中国列车上，我们每一位都是乘客。”

根据新浪微博自带的检索功能，统计分析发现，7 月 23 日动车事故发生后的一个月内，有关“动车事故”的微博有近 94 万条。其中 7 月 23 日至 8 月 2 日约 10 天时间内，相关微博有近79万条;8月3日至8月12日,相关微博约7.7万条;而8月13日至8月22日,相关微博约7.2万条。相关微博主要有以下三类:质疑类、戏谑类、悲情类。

质疑类:

“高铁动车事故不是单纯的技术问题,是政治体制问题!事故后,周边的居民蹚着烂泥去救人、伤员进医院了,院长说救人是最主要的、不谈钱,餐饮说献血的人免费享受营养餐!我们的人民从来就是可爱的,只是我们的人民公仆呢?事故现场是领导们的秀场,处理过程如悬疑电影,事故结论挑战人民的智商!”(网友“阿Q民主联盟”,7月25日)

戏谑类:

1.记者采访一位扫地大妈:“您对这次“7·23”动车事故有什么看法?”大妈一脸正义:“没让老百姓赔动车就不错了!”

2.记者又问一位大妈:您认为铁道部和红十字的区别是什么?答:一个要钱,一个要命;记者:那他们的共同点呢?答:都不要脸。(网友“@愤怒的小龙幸福”,7月27日)

悲情类:

他才七岁,或许未真正懂得失去父亲的悲痛,当家人让他跪下,呼唤父亲的灵魂和他一起回去时,他那颤抖的哭声和挂在脸上的泪水让人无法不动容。图为动车事故遇难者司机潘一恒的儿子在现场:爸爸,和我一起回家!(网友“简光洲”,7月30日)

对此,《中国青年报》发表文章:《到了用网络倒逼改革的时候了》。

7月23日20时许,温州境内,D301次列车与同向行驶的D3115次列车发生追尾事故,火车车厢从高架桥上直插地面,造成惨重伤亡。

迄今所知,20时27分,当地居民网友“Smm_苗”发出第一条现场微博:“狂风暴雨后的动车这是怎么了?爬得比蜗牛还慢……可别出啥事儿啊。”此条微博转发2.4万,评论7600多条。

网民在微博上等待和分享温州的消息,很多人一夜无眠。门户网站纷纷开通微博寻亲专栏,公布医院救治名单。微博“粉丝”443万的浙江省委常委、组织部长蔡奇,直至当天深夜2时18分,连发36条微博,报告浙江省组织救援的情况,赞扬温州“的哥的姐”免费送客人到医院献血。郑继伟副省长、省卫生厅官方微博也用微博通报医疗救援的进展。

远在新疆的新疆维吾尔自治区党委宣传部常务副部长吕焕斌的认证微博得出结论：仅以此事件最初的6小时观察，以传统电视媒体对比微博这种新媒体来看（电视很努力了），电视还是完败。无论是时效、更新速度、社会动员还是各种功能，新媒体打败了传统媒体，自媒体打败了公众媒体。

武汉大学传播学教授沈阳在微博点评：博友和传统媒体最早报道隔40分钟，提示微博原生态报道的"黄金1小时"优势；微博是"网络人民大会堂"，关注角度丰富，从救援情况、寻人、民众的高尚，到事故真相、历史旧账、问责等，"到了用网络倒逼改革的时候了"。

……

活跃在微博上的最高层官员蔡奇，在微博转发议论："这么大的事故，怎能归咎于天气和技术性因素？又该谁来埋单？铁道部门应痛定思痛，从中汲取深刻教训：铁路再提速，也要安全第一！生命伤不起啊！"

在这类重大突发公共危机事件中，由普通网民临时客串的"公民报道者"赶在传统媒体报道和政府新闻发布的前面，第一时间在微博上发布第一手信息，对突发事件进行"现场直播"。同时网民通过转发链接形成微博朋友圈，相当于建立了一个小型的新闻平台和论坛。

2013年4月20日8时02分，四川省雅安市芦山县发生7.0级地震。惨烈的灾害，牵动全国人民的心。而在相关信息的及时和准确传播方面，与"5·12"汶川大地震相比，微博发挥了更加重大的作用。

微博网友传递爱心、转发救援信息、普及应急救援提示、监督地方政府和媒体的作为、组织捐款以及辟谣活动，政务微博、意见领袖、企业微博、商业账号、草根账号以及新浪官方账号群体联动，谱写出多主体、全方位的应急救援正能量乐章。在有线电话通讯基本中断，移动电话信道不足以承受猛增的使用量而陷入阻塞的情况下，微博的扩散能力极大地便利了救援信息的传播，发挥了前所未有的高效、准确地传播信息的作用，更多地赢得了抢险救灾的宝贵时机。

12∶58，网友"N_insanity"称"震中心在芦山县太平镇，多人被困。这里不能打电话，只能用网络。震中在双石镇西川村"。截至18点，该微博被转发602590次，评论4861条。

此外，通过微博进行LBS定位，获取救援也成为灾难事件中新媒体良性运用的方式。网友"鸯小鸯小稀牙"发微博称,芦上到宝兴段下候头中段有几位重伤人员,需要救助。

本次救援中企业微博的积极影响不可磨灭。"重庆移动"发微博称,四川省雅安市境内所有移动客户紧急开通欠费不停机服务;"雅安联通官方微博"发微博称,抗震救灾时期,芦山县、宝兴县联通用户短信、通话全免费。通讯行业的人性化做法,被网友称赞为"业界良心"。"神州租车"发微博称,自 4 月 20 日 15 时到 4 月 30 日 24 时,在成都无偿向参加救援的机构和媒体提供用车。此外其他企业的捐款救助,如"金山软件"、"万达银幕"等也获得网友好评。

救助提示信息不断转发,爱心接力一棒接一棒。"飞象网项立刚"呼吁灾区的微信用户,若不是特别需要,可以退出微信登录,以保证电话、短信的通信资源;发布信息时建议用微博,对信令占用少。

与此同时,微博中的专业人士针对地方政府和媒体在本次事件中的表现进行了监督。"易天"称央视报道不力,国外灾难报道及时,而国内灾难报道滞后;随后又发微博称自己微博有失偏颇,实则也是对传统媒体的关注与监督,督促传统媒体及时播报国内灾难。网友"济善园之三慎斋"称四川卫视在地震发生后一直在播"抗日科幻剧",在大家强烈要求下才开始雅安地震特别报道。

特别值得关注的是,在这样的重大突发灾难性危机事件中,相关政府部门能运用微博这个新的信息传播平台,主动及时地发布相关信息,对于整个抗震救灾的有序顺利展开,起到了十分重要的作用。

地震监测部门的官方微博"中国地震台网速报"在地震后 1 分钟发布微博称,自动测定发生 5.9 级左右地震;12 分钟后正式测定发生 7.0 级地震。截至当天 18 时,已通过微博及时播报地震快讯共 99 条,对地震的动态作及时更新和准确报道,包括地震级别、频次等的监测。

"成都环保"极为关注震后环境问题,截至当天 18 点,发布"#成都环保在行动#"微博 14 条,从 12：04 开始便实时报道环境安全隐患排查,重点是对企业进行排查,还有水质监测,确保水源保护地水质无污染。

交通部门则利用微博进行救援交通疏导。"成都交警五分局""成都交警""平安成都""成都发布"等官方微博账号实时报道路况、关注雅安地震灾情,为救灾工作做出一份努力。①

---

① http://net.chinabyte.com/449/12597949.shtml

就如上述两个案例所展现的事实，近年来，不少突发事件借助微博平台获得了更具影响力的传播，微博一次次闪亮登场，一次次果断出击，也一次次证明了它即时传播、广泛传播的巨大威力，显示出其在突发事件中所具备的明显优于传统媒体的特殊传播作用和效果。

因此，我们在微时代强调新闻执政，强化政府公共传播，就不得不高度重视微博这一崭新的信息发布和传播平台。认识它，了解它，掌握它的特性，遵从它的规律展开舆论的引发与引导，是政府新闻发言人的必备素养。

二、躺着中枪：微时代舆情

2012年春节刚过，网友“海南南海钓客”在新浪微博发了一条微博称：“前几天陪同国家体育总局刘局长去西沙观光钓鱼了，我们先行坐登陆舰过去的，回来是和刘局长一同坐部队的飞机回来的，收获很大很开心，图片陆续上传。”同时还附上了一组图片。如此“有图有真相”的微博，迅速引起了网友的高度关注。有关部门不得不立即启动相关应对预案，来处置这一次“意外”的公共舆论事件。

在被称之为微时代的今天，类似的“意外”几乎每天都在发生，无时无刻不在上演着这类令人防不胜防的闹剧。躺着中枪是常态，这就是微时代舆情的重要特征。

任何一种新媒介技术的出现及发展，或多或少都会对政治与社会生活造成一定的冲击和影响，媒介本身就是一种信息。互联网从诞生之日起，就影响着人们学习、思考、交流和生活的方式，并成为公民参与社会公共事务的一种渠道。而以更为方便、简洁的微博、微信等为平台，通过发帖、评论、转发等多种形式表现出来的舆情，就是微时代的公共舆情。

“开会发言不抽名烟；出席会议不戴名表；基层视察不打雨伞；灾难发生不露笑容；突发事件不当新闻发言人……”这是近来微博上流行的“官场新十大警示”。此乃当今为官从政的“经验之谈”。每项“警示”都来自网络公共事件，在调侃戏谑中，形象地展现了微时代对于公职人员特别是领导干部所带来的压力与挑战。

近年来，互联网对于公共事务和政策的影响日益深入，基层党委政府承受着来自虚拟世界的网络压力与现实社会的发展压力双重考验。面对“网上被骂，网下加压”的境况，基层干部中出现执政能力的“短板”现象。比如，网络“恐惧症”与“麻木症”并存，要么把网上舆论视为洪水猛兽，想当然地进行封、堵，结果往往适得其反；要么漠视网上民情而反应迟钝，贻误引导和处置的良机，导致“小事情”演化为“大事件”。[①]

互联网的出现为现代社会信息流通和交换增加了一个全新的平台，网络的最大特点在于其信息的丰富多元、双向互动与无远弗届，从而强化了用户在使用过程中的主动性，创造了一个“拟真”自由的网络世界。调查报告显示，截至2013年6月，中国有各类网站268万个，网民规模已超过6亿，新浪、腾讯等主要网站的微博用户总量也已经超过了8亿，再加上新华网、人民网、搜狐、网易等各类网站微博的用户，可以说人人都在无微不至地关注着国家政治、经济、社会等方方面面的矛盾和问题。

在互联网时代，网络舆情成为舆情的一种主要而具体的表现形式，网民借助互联网，对社会公共事务特别是社会热点焦点问题表现出的有一定影响力、带倾向性的意见或言论，主要通过网络新闻、电子邮件、网络论坛、网络评论、网络聊天室、博客、播客、维基、聚合新闻等途径进行传播，具有直接性、突发性、丰富性、互动性、偏差性等特点。[②] 特别是自“非典”和“孙志刚事件”以来，互联网已成为公众意见表达的重要平台，由此形成的“公共舆论”正在成为公民参与政治、影响公共决策的重要途径。

三、无微不至的民间舆论场

关于微博，周立波曾经称其为“泄粪坑”，遭到网友的唾骂。

周立波此说固然偏激和片面，但在一定程度上，“众声喧哗门槛低”的微博确实是个信息的大杂烩。因为其方便、快捷的特性，更是为虚假或不实信息的发布与传播提供了一个“舒适”的温床。

一方面，公众对于公权部门和政府官员高度关注，从官员的谈笑到着装、手表、手镯、眼镜、腰带，悉数纳入监督范围；另一方面，难免带着偏见将观察到的现象加以解读，甚至将发挥丰富想象所得出的“结论”，作为“事实”发布到微博上。于是，某些时候某些事件上，就会不可避免地出现周立波所说的“粪坑”现象。

2013年4月20日，位于四川省雅安地震中心的芦山县委书记范继跃陪同李克强总理到灾区看望灾民及指导救灾工作。细心的民众从照片上发现，范继跃手上戴表的部位留下一条白花花的印记，应该是长期佩戴手表留下的。

那么，芦山县委书记范继跃的手表去哪里了呢？有网友调侃，称是雅安地震震级太大，将手表也震走了。更有网友断言：显然是自己脱下来收藏好了……

---

① http://www.tianjinwe.com/tianjin/tjyl/201110/t20111016_4409118.html

② 姜胜洪：《试论网上舆情的传播途径、特点及其现状》，《社科纵横》2008年第1期。

于是，热情的网友开始搜索。据网友发帖称，芦山县委书记范继跃佩戴的手表非常名贵，是江诗丹顿名牌系列，价格高达21万元，令人咋舌。

网友们判定，范继跃无疑是担心重蹈“表哥”杨达才的“覆辙”，才在陪同总理去灾区之前偷偷地取下名表。只不过，却被白带给出卖了。也因为此，芦山县委书记范继跃被网友讽刺为“白带哥”。

关于范继跃“手表门”信息的真伪，因为有关方面并未给出权威的信息发布，至今不得而知。但通过此案例我们了解到，对于微博这个民间舆论场上所发布的信息，更有必要进行认真的认知与解读，否则，就会误判舆情，误导舆论与公众。

可以毫不避讳地说，微博上所发布和传播的信息中确实会有部分虚假的信息。这些信息很容易扰乱公众视听，造成舆论监督的失实。名人“被去世”早已不是新闻，除此之外还有其他类型的虚假信息。

我们一起来看看下面这条不实的博文：

> 水煮南昌：#我要爆料#【我在南昌202公交车上碰到人贩子】刚刚，也就是今天下午4点左右，我坐南昌公交202路回学校，在车开到××路附近时上来一位女士带着一个孩子，本来并不奇怪，但是那孩子一直在边哭边闹，一直嘴上嚷着要见妈妈，那位女士用纸巾擦了下孩子鼻涕孩子马上就睡着了，真奇怪。(附有一张该女子在公交上抱着小孩的照片)

该微博被广泛转发和传播，引发众怒，也引起了南昌市公安局的高度重视。他们接到网友反映的情况后，经大量走访调查，西湖分局朝阳农场派出所民警在建设路五星农场宿舍找到了照片中的妇女和小孩。该名女子为五星农场宿舍居民，小孩为该女子的外孙。经公安机关核实，排除了该妇女拐卖儿童的嫌疑。可能由于之前微博打拐行动点燃了众多网友的热情，使得人们对被拐儿童十分关心，但是人们也不应该草木皆兵，在没有确凿证据的情况下就发布博文。诚然，网友的出发点是好的，发微博的方式也的确能够较快地引起相关部门的注意，但是由于信息不实，造成公安机关警力的浪费，并且影响到普通居民的正常生活就实属不该了。[①]

美国新闻学者克雷格·西尔弗曼(Craig Silverman)提出“原始微博法则”：人们倾向于转发包含错误信息的原始微博，而选择忽视随后发出的更正信息。这是因为原始

---

① 靖鸣、李姗姗：《微博舆论监督路上布满“荆棘”——微博舆论监督存在的问题与思考》，《新闻与写作》2011年第6期。

微博包含更多吸引人眼球的新闻元素，而更正的信息则索然无味。因此，发微博还是要仔细核实信源，力求准确无误，不要寄希望于事后更正。

2012 年 10 月 9 日，一条“调查称黄河兰州段飘荡着至少一万具浮尸无人愿管”的微博出现在网上。该微博还配了一张朦朦胧胧的黄河照片，照片说明是:“9 月 8 日凌晨 5 时许，迷雾笼罩晨曦，魏职军在垃圾中寻找浮尸。”

想象一下，一万具浮尸正飘荡在我们母亲河的上游……这是多么恐怖的一幅图景?于是，此微博在网上被迅速疯传，并引发了关于黄河水质污染、水源保护的相关议论，并最终指向兰州市甚至甘肃省对于黄河的治理与管理的问题。

而事实是，某机构正在进行一项关于黄河水质的调查，该调查对于上世纪 60 年代以来出现在黄河兰州段的浮尸数进行了大约统计，估计因为山洪暴发、失足落水、轻生自杀等多种原因所致，每年约有 200 具浮尸。而该“新闻”则把一个大约的平均数乘上 60 年代至今 50 多年的时间向度，得出了“一万具浮尸”的“事实”，并用“标题党”的手法，将一个只具有参考价值的历史统计数据处理成“正在进行时”——“飘荡着”，以此来吸引眼球，误导公众和舆论。

因此，我们必须再次强调，在众声喧哗的微时代，在公众无微不至地关注和关心公权力以及政府官员的微时代，在官民两个舆论场严重悖反的微时代，对于媒介信息的认知与理性地解读分析是多么重要和必要。

请谨记:面对多元的媒介生态和浩如烟海的媒介信息，我们首先要做的事情就是——知其然，还要知其所以然。

第三节　微时代舆情应对

被各种媒介和媒介信息所包围的各级领导干部和政府新闻发言人，急需养成对舆情和突发公共舆论事件的价值判断，学会“新闻执政”。否则，漠视不理、介入迟缓或者干预不当，不仅可能“小事闹大、大事闹炸”，而且还会消解改革开放共识，损毁政府最宝贵的“无形资产”——公信力。

我们一度对微博表示出担忧，认为它在某种程度上会扰乱社会秩序，加大社会管理难度。但一系列事实证明，网络时代没有可以隐瞒的真相，越公开越稳定，越透明越有秩序。微博这一新兴传媒平台不但是民意与舆情的“观测站”，也是维护社会稳定的“稳压器”。

既然微博迅猛的传播力和广阔的覆盖面可以引发负面舆情，那么为什么不能将其用于舆论的正面引导，传播正能量，助推政治文明、社会进步呢？

微博在舆论形成与发展中的重要作用正日益凸显，使其逐渐成为公众问政与政府新闻执政的崭新平台。

无微博，不问政。很多地方政府都认识到了微博的传播作用，并以实际行动向民众展示了“微博问政是可以在最短时间内沟通民意、与民互动的工具”。广东、湖北、四川、浙江、新疆等多个地方政府都有明确的态度和实际的行动，要利用微博问政、亲民。南京更是明确规定，对于灾害性、突发性事件，官员要在事件发生后的一小时内或获得信息的第一时间进行微博发布，且发布时要少说官话。这些执政理念的更新，也得益于微博问政的“倒逼”。

在这个人人皆记者的“微时代”，公众更愿意把微博当作对公权力实施舆论监督、伸张利益诉求的主要平台，正所谓“上访不如上网”。而对于政府机构和官员而言，微博无疑是当下社会无法缺席的舆论阵地，应该学会从这方阵地中汲取施政营养。

一、公开回应是必答题

在新媒体环境下，网络执政的一种非常重要的方式就是通过网络问政平台与公众交流互动，建立互信，进而维护公权力的公信力。其主要形式包括建设政府网站，进行网络直播、网络交流、网络互动，开通官方微博等。

政府网站。地方党委和政府新闻网站具有许多自身优势，比如新闻发布的优先权、内容的权威性，能有效利用和整合政府信息资源等；在技术上，网站可以同时实现视频、图像、文字、音响多元呈现而无限制。另外，网站具有全天候、随时发布、查询方便的特点。如广州 114 个政府部门网上公开财务账本，被列入 2009 年度最受网友关注的“十大地方新政”中。

在线交流。如今，从总书记到地方官员，都越来越重视通过网络与公众在线交流，问候网友，倾听民意。每年“两会”前夕，新华网以及搜狐网、腾讯网等各大网站都会相继推出“总理请听我说”、“我有问题问总理”、“为省部委建言”、“人大代表、政协委员意见征集”等。网络，正日益成为政府与民众高效沟通、互动交流的平台，也是新闻发言人必须重视和占领的另一个“发布厅”。

面对百姓的监督、批评与指责，应该如何引导舆论？

身处微博、微信勃然兴起的信息时代，虚拟的网络世界已经成为强势的民间舆论场，其影响力与日俱增，不可小觑。因此，能否通过这一平台有效引发和引导网络舆论，事关国家的长治久安与社会的稳定和谐，已成为摆在各级党委政府面前尤其是新闻发言人面前的又一重要课题。

在以信息同步、互动共享、反馈及时为特征的 Web2.0 时代，网络为公众发声、表达意见、传播信息提供了独特的渠道，也为政府提供了新的“听政”渠道。然而，一方面，互联网正逐步成为党和政府倾听民声、了解民意、汇集民智、解决民忧的重要渠道；另一方面，网络也放大了社会转型时期的社会矛盾与公共事件，对政府的信息公开和新闻发布提出了新的挑战和更为严苛的要求。

微时代彻底颠覆了传统的“政府—主流媒体”间的单向传播格局，形成了“政府—传统主流媒体—公众（民间舆论场）”三极间交互博弈的多维传播格局。这一新格局的最大特点是，因为“技术赋权”，公众声音的传播已经从“Power”转变成了“Right”。由此带来了舆论引导与舆情掌控的革命性变化：微时代，政府信息高度公开是最基本的原则，对于社会质疑的回应，正在由原来的“选答题”变为“必答题”。

淮安人社局“毒舌门”

安徽淮安淮水安澜论坛“纪检阳光”版是政府和市民进行网络沟通的重要平台，不少政府单位都在该版注册有网络发言人账号。

2013 年 6 月 19 日，ID 为“a170301013”的网友在“纪检阳光”版发帖质疑人社局收费行为，称其“只认得钱”。帖子中，发帖人询问了一些考试相关信息，但言语中夹杂有个别口头禅性质的“脏话”。

没想到，该帖竟惹怒了“市人社局网络发言人”。当天下午，“市人社局网络发言人”针对此问题进行回复。“您是一个不合格的网民！作为时代青年，理应知晓网络文明。建议您：赶紧去看看医生，彻治您的心智病症。”随后，该发言人才对网友咨询的问题进行了解答，但最后又表示：“对您这样的网民，我们不欢迎。”

对于一个带有质疑性质的帖子，市人社局网络发言人如此大动肝火，众网友不禁感慨：“我怎么听着那么别扭，回复的人应该是个小年轻！”

不少网友认为“市人社局网络发言人”的回复有点过火。还有网友质疑该网络发言人的“身份”：“小兄弟，你这回复也不合格。他没素质，网上提问出言不逊，你也没什么素质，说人家有病什么的，我猜，你要么是临时工，要么就是实习生。”

《现代快报》记者联系上了淮安市人社局，其工作人员告诉记者，回帖的人确是人社局的工作人员，并非临时工，也不是实习生。

对于回帖这件事，人社局工作人员称："目前已经对发帖人进行教育，当事人会通过网络向网民就该行为道歉。同时，已经暂停当事人的网络发言人资格，后续会加强对网络回复的监管。"

也许是迫于舆论压力，淮安人社局和该网络发言人分别在网上向网民致歉。回帖人员表示，由于对发帖人的个别字词过于敏感，一时情绪激动，"在此向您表示道歉"。同时，人社局表示，"对我局网络回帖工作人员因用语不妥对网友感情造成的伤害，我局表示深深的歉意"。

作为政府发言人应该知道，嘴长在自己身上，却是在代表政府说话。此刻，必须再次强调：新闻发言人必须厘清个体的自我与所代言机构的清晰明确的关系。

虽然我们一再强调要高度重视微博舆情，并要在第一时间尽快发声，但由于以微博为主的社交媒体的传播特性，我们必须在喧哗的噪声中，保持应有的冷静和必需的理性，切不可因为情绪的失控导致错误的回应，引发次生负面舆情。

美国当地时间2013年4月15日下午，在美国马萨诸塞州波士顿马拉松赛终点处，接连发生两起致命爆炸袭击事件。警方表示，爆炸事件伤亡人数已升至176人，其中3人遇难，17人伤情危急。一名中国公民不幸遇难，另有一名中国公民受伤，伤者目前伤情稳定。

Twitter几乎第一时间发布了爆炸消息，并迅速成为波士顿警方和马拉松比赛组织者的通信工具，不过在更快地传播信息的同时，Twitter也被指传播了大量的负面情绪与谣言。

爆炸发生后不久，Twitter上有消息称警方关闭了波士顿的移动通信服务，以防止犯罪分子远程遥控爆炸，但网络运营商最终证实这个消息是不准确的。

一个冒充大赛官方账号的ID称，其推文每被转发一次，就向爆炸受害者捐1美元。用户很快就发现这是虚假信息。

波士顿爆炸案发生后，有人在Twitter上发表过这样的评论："一场灾难发生后5分钟内，Twitter作出的贡献最大，12小时后就开始帮倒忙。"这句话虽然有些夸张，但却在一定程度上描述了事实。社交媒体确实具有双面性：可以在灾难面前传递正能量，也可以传递并不和谐的声音。

每当灾难来临，恐慌心理、纷杂信息，都会给谣言带来生长空间。各种借机炒作和干扰灾民生活的"援助"措施亦成为"杂音"。这在"4・20"雅安大地震中也得到了印证。因此，作为政府新闻发言人，如何从微博等社交媒体上获取真实有效的信息，如何进一步引导它们更好地发挥正向价值，都还有值得探讨、实践的空间。

二、行政禁令应少用慎用

2013 年初的“南周事件”给传媒业以及有关主管部门以极大的震动，并且终于将一个存在已久，急需正视、亟待解决的问题摊上了桌面：善管媒体怎么管？

对于媒体，到底是靠行政命令管制，还是依法依规并遵循规律管理？

先看《华尔街日报》2012 年 8 月 1 日的一则新闻：《中国媒体抵制政府限制动车事故报道的新指令》(*Chinese Media Resist Curbs on Coverage of Train Crash*)。

> 上周末，中国政府试图安抚“7・23”动车事故遇难者家属，但并未就事故原因做出新的解释。此次严重事故令中国引以为豪的高速铁路项目的诚信遭到质疑。
>
> 两列动车在中国东部城市温州附近追尾，造成 40 人身亡、191 人受伤。这起事故正逐渐成为中国政府的重大问题。近几天，政府一方面保证要透明，一方面又在力图控制有关此次事故的信息。
>
> 上周五深夜，中宣部下令要求媒体在周末报道中淡化对此次事故的报道，重点报道正面消息。中国许多记者在周末对此表达了不满。就在该指令下达前一天，中国总理温家宝保证说，政府将在调查过程中保持信息公开，有关部门也首次表示事故发生是由于信号设备存在缺陷。
>
> 周六的《经济观察报》在头版刊登了一张列车车厢被撞碎的图片，标题是《温州没有奇迹》。这无疑是回应铁道部发言人王勇平的“奇迹说”。王勇平说在事故车厢内发现两岁幸存者项炜伊(小伊伊)是一个奇迹。小伊伊是在官方宣布救援结束几小时后被发现的，她在事故中失去了双亲。图片下方文章采用的是给小伊伊的一封信的形式。文章写道：“等你长大成人，我们和我们生活的这个国家，是否能够坦然地告诉你，我们身边所有的爱与悲伤，愤怒与疑问。”

为了从制度层面解决新闻逻辑与宣传逻辑的冲突，2008 年 5 月 1 日，我国正式实施《政府信息公开条例》，明确规定了政府应当主动、及时、公开、准确地公开信息，这使公民知情权有了一个基本的保障。然而，政府的信息控制方式却没有做出相应改变，行政机关仍然拥有判定信息是否可公开的权力，这也就意味着公众知情权的真正实现还存在着巨大的行政障碍，诸如来自某些部门的新闻禁令仍然大行其道。

但是新闻有其自身的运作逻辑与规律，当记者和编辑遭遇新闻禁令的时候，意味着正常的新闻专业主义操守无法得到法制化的维护，意味着稿子没法发表，媒体的舆论监督职能不能履行，媒体与记者对这一职业就缺乏安全感，相应地对新闻禁令产生反感，这种反感会因为新闻禁令的不断到来而得到强化。《南方都市报》深度小组的负责人曾说："我们从来都强调，政治风险由我们来抗，编辑记者不要自己设限，虽然他们在长期实践中会形成一定的自我把关的惯性，但每当具体事件发生时还是有很强的新闻冲动，只要能做就尽量去做。"这番话，从新闻生产的社会控制角度有两层意义可解读：一则，在深度小组的编辑部内，管理者主动承担风险的意识可以很大地鼓励记者突破限制、大胆实践，以采写更多有价值和有意义的深度报道。这种将风险意识和把握责任上移的做法符合新闻生产的要求。二则，由于经常性因政治风险或违反宣传纪律而导致稿件被"毙"，无论从"行之有效"的角度还是从稿费计算的角度，记者碰到敏感题材都很容易"自我设限"，即先行把关看是否能做、能发。这种记者的"自我把关"的克服，需要编辑部主管不断灌输操作理念，以及建立合理的稿费补偿机制。

然而，在互联网时代和全球化时代，信息已经捂不住了。在重大事件面前，政府如果不表态，便意味着小道消息、不准确消息满天飞，最终导致人心惶惶，政府公信力也为之减弱。因此官员只有转变思维，变"捂"为"疏"，方能形成政府、媒体与公众的良性互动。2008 年 11 月 25 日，《中国青年报》发表评论文章《群体性事件公开报道，方能推动社会宽容》。

当群体性事件报道，从"防火防盗防记者"到逐步走向公开时，我们发现，社会上独立思考的人更多了，社会宽容的氛围更强了。正是从这个意义上讲，媒体公开报道群体性事件，体现了政府愿意与民众平等地交流，尊重公民的知情权。媒体更多的追问、事件更多的公开，更有利于建立一个开明的政府，更好地推动社会走向理性宽容，从而最终也有利于社会的稳定。

宽容，在很大意义上是对于政府来讲的。希望政府更加宽容，并且为这样的宽容进行了更多努力，其表现之一，就是不断地推动媒体的公开报道。但也必须认识到，政府的宽容是建立于整个社会宽容与理性的基础上，人类历史早已证明，一个暴戾的民族往往产生一个暴戾的政府，而一个普遍宽容的社会环境，也会产生一个宽容的政府，所以人们认为"提高国民的素质是建立一个宽容社会的前提"。

媒体公开报道群体性事件，为何会产生积极的效果，关键在于其推动了社会宽容氛围的营造。群体性事件发生在一定的局部范围，其让我们正视社会存在的结构性的矛盾，而群体性事件对于社会强烈的冲击，又让我们每个人都想到自己的社会责任：在社会这样的命运共同体中，每个人该如何更好地履行自己的职责，如何为社会的稳定作出自身的一份贡献。

所以，诚如贺文发、李烨辉所论述的，“政府要主动向媒体提供政务信息，服务媒体新闻采访报道的需要。现代社会政府对公众的诉求是通过媒体实现的。无论是政府意志的宣传，还是政府为百姓谋利益的实在举措，都离不开新闻媒体的内容传播和新闻舆论主导下的公众舆论形成。政府只有善待媒体、善用媒体、善管媒体，通过媒体引导人们的关注和思考，才能更好地实现政府工作目标及与之相和谐的舆论环境。政府既不能简单地将媒体置身于自身的权力控制之下，更不能将媒体置之不理。

“事实上，在现代社会条件下，政府与媒体之间既存在着报道与被报道的张力，又存在着共同目标，即维持和保障公众利益。”①

三、微博也是“发布厅”

从 2011 年开始，全国各地无论是公权力机关，还是大型企事业单位，官方微博如雨后春笋勃然兴起。

我们通常也把政府机关的官方微博称之为“政务微博”，力行“织博为民”的宗旨。政务微博在社会管理创新、政府信息公开、新闻舆论引导、倾听民众呼声、树立政府形象、群众政治参与等方面起到了积极的作用。目前，党政机关和领导干部开微博是一个不可逆转的大趋势，并且已经被实践证明这是践行阳光党务、政务，增强政府公信力的一个有效途径。

关于官方微博的定位与职能，我们可以形象地称之为“一防两厅”。

一防：官方微博搭建了一个可以全天候与公众交流互动的平台，在这里，可以听到来自公众的意见、建议、质疑甚至骂声。如果政府部门能以开发包容的心态认真倾听，大度笑纳，并与之真诚交流互动，公众的许多意见或者不满，就可以在这样长期平等沟通中得以消解，进而建立起相互的理解和信任。官方微博就如同一个减压阀，泄掉了有可能集聚成巨大矛盾的不安定因素，从而起到了“防火墙”的作用，此为“一防”。

会客厅：每一个官方微博都仿佛一个会客厅。无论是 LOGO、图片、字体、色彩以

---

① 贺文发、李烨辉：《突发事件与信息公开——危机传播中的政府、媒体与公众》，中国传媒大学出版社 2010 年版。

及语言风格,无不在尽量展示着自己的独特个性,力图塑造一个完美的单位形象。官方微博一则短小精悍、“网味”十足的微博,有时可以引起大众媒体所不能比拟的铺天盖地的响应,而真要达到这样一个“盛”况,要求政务微博本身要有足够的影响力。要获得这样的影响力,绝不是随便开通微博作秀就能够实现的。此乃会客厅。

发布厅:从某种程度上讲,官方微博是地方政府新闻网站的延伸,或者说,是“迷你型”的政府新闻网站,甚至就是一个虚拟世界里的“新闻发布厅”。一个公权力机构的政务信息、工作动态、重大事项以及舆情应对,都可在这里用短小精悍的文字、更具亲和力的语言、不断滚动的方式,进行及时、快捷、低成本、高效率的发布。此乃官方微博“发布厅”的功能。

2013 年的清明小长假,深圳交通事故警情下降 23.2%,拥堵警情同比下降 43.9%。该市交警负责人称,这在很大程度上得益于官方微博的“疏导”。

据介绍,由于清明小长假期间高速公路实施免费通行,为了防止高速公路和墓园等重点区域交通出现拥堵,交警部门开展道路交通研判,时时监控路面交通情况,加大警力投入,加强交通巡逻和事故快速处理等工作。节日期间,为了方便市民出行,深圳交警加强对粤赣高速、广深高速、惠盐高速、深汕高速、梅观高速车流量的监控和情况收集,继续采取前期与惠州、汕尾、东莞,以及江西、湖南等高速公路交警联动的方式,整合高速公路交通路况,通过“深圳交警”微博直播,作出及时的事故、天气等行车安全的出行提示,并与网友进行良好的互动,三天共发布相关微博近 400 条。据统计,从 4 月 4 日 0 时至 6 日 16 时,交警指挥中心 122 报警台共接报警情 3561 宗,同比下降 16.4%。其中事故警情 1885 宗,同比下降 23.2%;拥堵警情 321 宗,同比下降 43.9%。

如今,不只在深圳,在北京、广州等地,交警部门的官方微博也已成为不少市民出行的“导航员”。自驾游出行随时刷新交警微博更新的路况信息已经成车友的驾驶新习惯。

这就是微时代的新闻发布。今天,新闻发言人或办公室人员进行网络监测,及时发布新闻和更新官方微博,都已是新闻发言人的常态工作之一。

微时代的舆情应对,必须要按照微时代的传播特征采取相应的办法。在很多时候,不一定要到新闻发布厅去,面对“长枪短炮”和咄咄逼人的记者进行回应,更为快捷、高效的方法是网络发布。

广州警方提醒:广交盛会又来临,万千客商聚羊城。在商业旺地谈生意,要保管好贵重财物,尽量使用信用卡,不要与私人换外币。对于交通管制的情况也要及早掌握，如遭遇不法侵害，请及时拨打110电话报警。

——摘自“广州公安”官方微博

10月11日至12日，省委常委、省委宣传部部长张田欣率发改、财政、文化、旅游、教育等省级相关部门负责人到玉溪，就文化建设、文化旅游产业发展情况等进行调研，强调要抢抓机遇，积极推动文化改革发展，大力推进以生态文化旅游为重点的文化产业发展，让人民群众共享文化发展成果。

——摘自云南省人民政府微博平台“微博云南”

官方微博的语言不一定严肃、生硬，而应该贴近民心、生动活泼、充满亲和力，也可以多转载一些网络中的热点或幽默微博，以吸引关注，提高自身的传播影响力。

致负案在逃人员：“你认或不认，事实就在那里，法网恢恢，疏而不漏；你信或不信，政策就在那里，坦白从宽，抗拒从严；你想或不想，亲人就在那里，望穿秋水，只盼君归；你愿或不愿，中秋就要到了，人月能否两团圆？此情此景，在外漂泊的你还能hold住吗？赶紧拨打24小时免费热线110，自首圆你回家梦！”

——摘自广东省佛山市公安局官方微博“公安主持人”

2012年7月下旬的“四川省阿坝州锰渣污染涪江”突发环境事件中，地处下游的重庆市民也出现恐慌苗头。重庆环保局迅速通过拥有22万粉丝的“重庆环保”官方微博，24小时滚动发布水质最新监测情况，重庆40个区县环保官方微博“一呼百应”，同步转发“重庆环保”首发信息，网友竞相转发。同时，网络媒体、广播、电视、报纸、手机报等快速跟进，形成立体式发布网络，实现信息全公开、人群全覆盖，快速形成主导舆论，将传言淹没在真实信息的“海洋”里，受到了重庆市民的好评。从某种程度上看，这种对舆情快速、公开、透明的回应来源于过去的“吃亏”教训。前几年经历了“彭水诗案”、“最牛钉子户”等网络事件后，重庆总结经验教训，对官员开展网络培训案例教育，推动部委办局和区县党政“一把手”定期与网民开展在线交流，建立突发事件网络首发和日常回复制度等，使各级领导干部的网络素养有了大幅提高。①

公权力部门如何运用好官方微博这个新平台传播正能量，亲近老百姓，大家都在积极大胆地探索。上述案例无疑可以给我们有益的启示，但有些现象也值得注意，比

① http://www.tianjinwe.com/tianjin/tjyl/201110/t20111016_4409118.html

如，如何把握“亲和力”，无论在内容与语言上，都有一个度的问题。

南山公安“晚安帖”

2013年4月7日晚，“深圳南山公安”发布一条胡萝卜汁擦洗身体可以预防和治疗妇科病的晚安帖，并且以一位性感美女照片作为配图。该微博迅速在网上扩散开来，单是知名大V“作业本”的转发，便已引来1764次转发，2302条评论，而网友们对此更是褒贬不一。

有网友认为“深圳南山公安”的这条微博内容不符合公安微博的身份属性，也有不少网友的评论中半带“调侃”，如“公安同志百忙之中还要关心妇女同胞身体健康，你们太辛苦了”。不过，也有网友认为，这是“关爱妇女，挺好的”，而更多的网友则表示观望，“坐等明天警察叔叔解释账号如何被盗”。另一方面，也有不少网友分析，之所以发生“晚安帖”惹祸，应该是“深圳南山公安”用某种微博工具发帖所致，因此，有网友发微博呼吁“警察叔叔慎用皮皮时光机”。

其后，“深圳南山公安”在两小时后删除了该“晚安贴”，并于4月8日早上发微博道歉，称昨晚的晚安微博由于操作失误引起了大家的争议和不安，向大家表示深切的反省和诚挚的道歉，但对具体原因未作详细解释。

“广州公安”则发起题为“警方微博发‘妇科病小贴士’，您怎么看”的投票，其中给出了“如此有爱，不必删帖道歉”，“公安微博不适合发此类内容，应该道歉”以及“其他意见（请您在评论中发表您的看法）”三个选项供网友投票，截至当日20：50，“如此有爱，不必删帖道歉”占投票率的98%。

不过，对于“深圳南山公安”的晚安帖风波，人民网舆情监测室官方微博则在评论中表示，政务微博原则上应该建立完善的管理制度，配备相应工作团队，而不能采取随机性的运作模式，要指定个别人员在业余时间维护，微博管理员的严格把关依然是不可或缺的重要工作。

既然官方微博是“新闻发布厅”，那么理所当然也是政府新闻发言人的重要信息发布平台。所以，在微时代，有形的发布厅与虚拟的发布厅同样重要，两者的发布规律与发布方式异同皆有，这些，都有待于我们在新闻发布的工作实践中不断揣摩、探索，在此基础上创新突破，顺应时代的进步，把政府新闻发布工作做得更好、更到位。

四、转危为机靠诚实

微时代，形成政府公共危机的舆情源头大多来自网络。因此，微时代的危机处置必须根据微时代信息传播的特点展开应对。

根据传统危机公关理论，危机处置主要有三大要素：

一是控制传播；

二是控制传播对象；

三是解决问题。

但是在微时代的今天，我们发现，由于信息传播方式的巨变，以及多元媒体生态的存在，已经将“政府—媒体”的传统传播格局彻底打破，重构为一种全新的“政府—媒体—公众”三极传播格局（如图4—5）。而这三极之间并非单向相关，而是交互作用——展开关于信息公开与否的博弈与互动，最终达到暂时的信息对称而呈现出动态平衡。

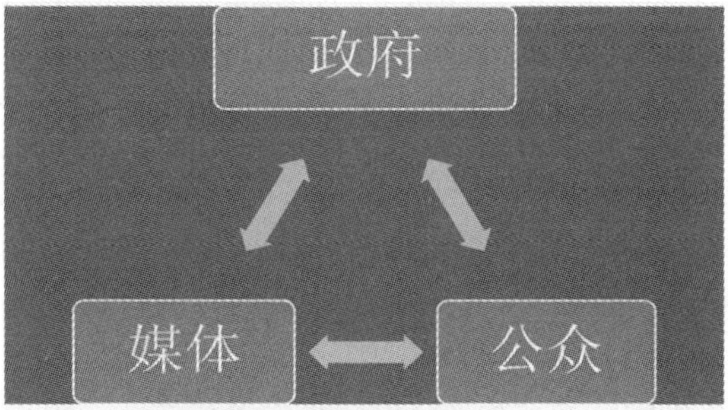

图4—5 现代传播格局

在这样全新的传播格局下，以舆情处置为要务的政府危机公关也必将随之颠覆传统危机公关模式。

要素之一：控制传播。在全媒体语境下，这完全就是一句空话。试问，今天有谁能够密不透风地控制住信息的传播？

要素之二：控制传播对象。要做到这一点同样困难。只要信息出现在微博上，无论是谁，都有获知消息的可能，并且理论上都可以参与进来推波助澜。

要素之三：解决问题。应该说这才是政府危机公关舆情处置的根本。只有把导致危机产生的问题彻底解决，才能最终平息所谓的负面舆情。而在现实工作中，很多人包括一些领导干部，总认为尽最大努力封堵住负面舆情，就是成功的危机处置。这样做的恶果是，不但不能有效应对危机，而且还会在封堵的过程中引发次生危机，进一步发酵和扩大危机的影响。

诚实公开对待舆论质疑，设置议程并团结意见领袖，切实着力于解决问题本身，才是重塑政府公信力的最佳危机公关之途径。

2011年6月26日，天涯社区一则名为《太假了，我县的宣传图片》的爆料帖，曝出

图 4－6　会理县领导“漂浮”图①

会理县人民政府公共信息网上一条题为《会理县高标准建设通乡路》的新闻配图，人为将领导 PS 到了公路上面。

旋即“悬浮照”被网友在微博、论坛中广泛传播开去，并引发全民“PS 大赛”。全国各地的网友充分发挥丰富的想象力，把会理县这三位领导送到了北美、南非，让他们走进白宫视察工作，并指导美国击毙本·拉登；还让他们登上了月球，在浩渺的宇宙中尽情遨游……

这场全民 PS 狂欢，使得四川会理县这个知名度并不高的县城一夜之间成为全国公众关注的焦点。

网友在 PS“竞技”的同时，自然少不了调侃、戏谑甚至讥笑、讽刺。某种意义上说，一场并不十分恶劣但却是全国性的负面舆情正在形成，这对于会理县而言，也是一场公共舆论危机。

6 月 26 日当晚，会理官方网站的此条新闻即被删除。

6 月 27 日下午，距四川会理领导“悬浮照”曝光仅一天后，会理县政府就开通了新浪微博，通过微博向社会道歉，并还原会理县领导考察现场的图片。

6 月 27 日，当地政府接受《潇湘晨报》采访，主动承认错误并表示“网友的质疑是对的，我们的工作存在问题”。

当日，该县同时在天涯社区爆料帖跟帖发出了会理县政府言辞恳切的道歉信。

而照片发布者孙正东也开通微博，向社会各界表示歉意，与网友进行了轻松的互动，并保证“在今后工作中绝不再发生类似情况”。

在承认错误之后，孙正东用极其亲民并且幽默的话语呼吁广大网友在关注 PS 事件之后，也要关注会理县的旅游事业，推广了城市的品牌。通过巧妙地重新设置议程，会理县政府完成了华丽的转身，变“被动”为“主动”。

至此，四川会理 PS 事件已经得到较为圆满的解决。②

面对政府遭遇信誉危机，四川省会理县政府的表现可圈可点。在网帖出现后，会

---

① 《领导视察 PS 照片遭网友围观恶搞》，http://www.jmwmw.com/c/2011/06/28/10/c_6452415.shtml. 2011－06－28

② 《2011 年第二季度地方应对网络舆情能力推荐榜》，http://society.people.com.cn/GB/223265/15181626.html. 2011－07－18

理当晚就删除相关新闻。在判断舆情意识到事件可能恶化后，还在舆论主要扩散地发微博解释事件。针对网友关于领导并未去现场，所以拿 PS 图取代等猜想做了解释，消除了不必要的误解。这种先入为主、快速反应的危机处置方式，对整个危机的化解起了重要作用。

2013 年 6 月 7 日，百度贴吧“延安吧”出现一篇名为《致广大关心“延安 5·31 事件”网友的一封信》的帖子：

> 大家好，我叫刘国峰，是延安美利达自行车店的店主，在 5 月 31 日延安城管事件中受伤住院，截至目前，本人病情已基本康复，准备近期出院。5 月 31 日的事情发生后，事件经过被网友传到了网上，引发了广泛的关注。受伤住院的这几天，不断有骑友前来医院看我，全国也有许多网友关心我的伤情，希望我早日康复。我深深为广大骑友和网友们的关心所感动，在此我谨代表自己和家人向所有关心我、帮助我的朋友们说一声谢谢！
>
> 回顾 5 月 31 日的事件，延安市城管支队凤凰大队执法队员因我车行在门口占道作业而对现场自行车进行收缴，但部分车辆为骑友个人车辆，因此与城管队员发生了争执，后引起了肢体冲突。在这个事件中，打人者固然不对，但客观地说，我也有一定责任，我想，当时我如果能冷静处理，不要太过冲动，也许可以避免肢体上的冲突。在此向在这件事中受到伤害的人们道歉。
>
> 事情发生后，引起了广大网友的广泛关注，同时也引起了政府的高度重视。延安市政府部门迅速成立了调查组，介入到整个事件的调查中来。这几天不断有来自政府部门的人跟我联系，调查事情发生的经过，商议处理事宜。在我住院期间，延安市城管局局长、书记多次看望、慰问我，并就此事向我道歉，还派出了专人在医院陪护我。经过与城管陪护人员的交流，我也能理解城管执法的困难。现在，整个事件已经被媒体进行了客观的报道，相关人员也得到了政府部门公正的处理。政府部门在处理事情时快速的反应和积极的态度给了我和家人许多希望，也使我们的权益得到了保障。我的住院治疗费用已由政府部门支付，被收缴车辆经过法定程序，也已经归还给我以及其他车主，我和家人对处理结果是非常满意的。
>
> 这件事情发生后引起的广泛关注超出了我的想象，我一方面因为广大网友的关注和关心而感动，但另一方面也深感不安，网络上存在部分不切实际的传言，对一些人造成了不公正的伤害，也引起一些社会不安定的因素，同时

> 也对延安的城市形象带来了负面影响，这不是我希望看到的。作为一个延安人，我对这个城市和这里的人有着很深的感情，不希望他们因为这样一个特殊事件而蒙黑。也希望广大网友不要听信谣言，客观公正地看待这个事件，更不要因为这样一个特殊事件否定延安革命圣地的形象……感谢政府迅速积极处理此事，保障了我们应得的权益。

该公开信甫一面世，立即引发了网友的广泛关注，众说纷纭，纷纷吐槽，主要指向该信"官腔"十足，怀疑这封公开信并非出于刘国峰本人的真实想法和意愿，而是当地政府事后危机公关的举措之一。

6月12日，刘在接受记者采访时坦诚："信不是我写的，不代表我的意思。"并称身旁有延安市城管局安排的专人陪护，"不方便多说"。（6月13日《新京报》）

延安市城管局执法监察支队有关负责人告诉记者，他对这封公开信一事并不知情，觉得此事非常蹊跷。延安市城管局党委书记侯世怀对记者表示，目前城管局正在对这封公开信事件进行调查，调查后会发布调查结果。

尽管刘国峰尚未披露该信出笼的始末，但有一点笃定无疑，即他是迫于当局的压力才违心委托他人撰写了这封致歉信，因此也可以说是权力部门在捉刀代笔。当局一方面假惺惺地向他致歉，另一方面则暗施手脚，迫使其出面向假想中的"受害人"道歉，并对政府的处理结果表示满意，最后则无比崇高地表示了要维护革命圣地延安形象的广阔胸怀，这样一来，一场事关政府形象的危机似乎就被轻描淡写地化解了。

然而结果却并非如此。网友王学进在其博文《践踏灵魂比踩脑壳无耻百倍》中评论说："用权力迫使受害人唾面自干，向施害方致歉致谢，这是赤裸裸的精神戕害和灵魂施虐，其性质之恶劣远胜于脚踩脑袋。其行径不仅折射出城管部门的道歉缺乏诚意，更暴露出他们痴迷权力，压根不想把权力关进笼子的真实想法。当然，这样的危机公关也只会使危机加重，不但难以挽回城管形象，也让延安城市形象再次蒙羞。弄巧成拙，此之谓也。"

关于微时代的特性与微时代舆情的处置，我们不妨记住以下的打油诗：

你不上网网上你，众声喧哗门槛低。
躺着中枪是常态，鼠标一点天下知。
官民悖反理性析，八字方针准确记。
关键网来又网去，一防两厅须珍惜。
大V领袖要团结，转危为机当诚实。

第五章　新闻发言人与危机处置

【本章要点】

社会转型期各类矛盾频发，加上微时代信息传播的快捷和广泛，各类自然的或非自然因素导致的公共危机如同“死亡和纳税”一样不可避免。危机中的政府新闻发言人的角色定位与作用；危机发布中必须恪守的基本原则和需要掌握的传播技巧；危机发布稿中的3W包含哪些基本要素……本章将一一道来。此外，还将深度剖析一宗堪称“政府危机处置范例的深圳‘5·26’事件”，感悟当舆论倒逼时公权力从被动到主动发声，官民之间如何良性互动，重构与维护公权力公信力的启示。

虽然“世界末日”的传言已经随着2012年12月31日的日历撕去而淡出了人们的记忆，然而，2013年却依然不是一个平静的年份，危机事件频发，有天灾，也有人祸。而无论什么原因所引发的危机事件，都会给涉事的组织、机构、当地政府以及人民群众带来一系列危害。从这些突发事件的应对处置中，我们看到，不同的态度和处理方法，会得到不同的处置结果，甚至是截然不同的结果。同时，我们也从这些案例中观察到一个共同点：每当突发危机来袭，政府必须要有人出来发声。

这，就是政府新闻发言人的职责与使命所在。

第一节　突发公共危机中的政府新闻发言人

身处转型期社会矛盾频发的所谓“三仇时代”，加上微时代信息传播的方便快捷和广泛覆盖，各类自然的或者非自然因素导致的突发事件常常会演变成重大公共舆论事件，也称之为突发公共危机。这个时候，便是所谓的危机时刻。

最危难的时候，也是最能考验政府如何善用媒体，体现政府执政能力的时候。在突发公共危机中，政府新闻发言人应该担当什么角色，如何有效进行新闻应对和舆论引导呢？

《中共中央关于加强党的执政能力的决定》明确指出："重视对社会热点问题的引导，积极开展舆论监督，完善新闻发布制度和重大突发事件新闻报道快速反应机制。"建立和完善政府新闻发布制度，有以下几方面的重要意义：

一是对外有利于加强同国内外媒体的联系，提供本国的有关情况，阐明本国的立场、方针和政策，并解答媒体提出的问题；对内则能准确及时地反映党和政府重大工作部署及政策措施，宣传经济社会发展的总体情况和重大工作进展，及时掌握应对突发事件的主动权。

二是有利于更有效地协调党和政府与媒体（公众）的关系，是实现政务公开，增强政府工作透明度的需要。它有利于政府职能的转化，解决政府工作专业化与社会公众沟通之间的矛盾，以便公众能积极有效地配合政府开展工作，起到统一步调、维护稳定的效果。并可以利用媒介的各种功能，有效推动政府工作。

三是遵循国际惯例和新闻规律，有利于对外宣传工作，有助于扩大和提升政府的国际影响力，树立开放、开明的良好形象。

四是有利于更有效地处理危机事件，完善政府公共危机的处理机制，向公众解释、澄清突发事件的前因后果，可以保证政府信息的权威性与可信度，是切实落实"保障人民的知情权"的重要举措之一。

一、不可避免的突发公共危机

随着全球化的到来，我国经济高速发展，人民生活水平得到极大提高。同时，我国正处于一个在自然、社会、环境等方面都隐含着无数危机的社会转型期，这些危机一旦爆发，将会形成突发性事件，给整个国家和社会带来巨大的危害。

1. 突发公共危机的主要表现形式

按照《国家突发公共事件总体应急预案》的规定，突发公共事件共分为四类：自然灾害，包括地震、山洪、海啸、森林大火等；事故灾难，包括交通安全、生产安全、大面积污染等；公共卫生灾难，包括疫病流行、食品安全、动物疫情等；社会安全事件，包括恐怖袭击、群体性骚动、涉外突发事件等。

上述四类情况，有的是不可抗拒的自然因素造成的，有的是政策和工作失误等人为因素造成的，有的是自然和人为因素相互交织、共同作用的结果，其最明显的特点就是具有公共性，也就是说涉及了公众的利益、公众的安全、公众的情绪，并将引发以群体性事件为代表的突发公共危机。

2. 突发公共危机的社会影响

突发公共危机往往以自然灾害、事故灾难、公共卫生事件、社会安全事件等形式出现。其带来的影响，首先是对国家经济、人民生命及财产造成巨大破坏，并对整个社会的安定与和谐发展造成极大的威胁性影响。

其次，突发公共危机还会造成不可忽视的间接损失。突发公共危机不单阻碍国家经济的快速发展、危害社会的和谐稳定、干扰正常的社会秩序，如果政府应对不及时或者处置不当，在给公众心理带来巨大冲击的同时，也会使公众对于政府责任担当是否得当存有质疑，轻则引发舆论批评，重则直接损毁政府的声誉与公信力。

再次，某些与政府管理相关，或政府有直接责任的突发事件，由于在处理时当地政府封锁消息，导致政府的公信力遭到严重破坏。这类软性的、不可量化的损失造成的影响不可小觑。由此可见，突发事件对社会影响巨大，在应对过程中挑战的是政府迅速处理危机（包括新闻应对）、恢复并稳定社会秩序的能力，本质上考验的是政府在风险社会的执政能力。

从下面的案例我们可以看到，一宗突发危机事件来袭后，政府在处置危机事件本身的同时，对于相应的新闻应对即相关信息发布也必须同步展开。

厦门 BRT 公交爆炸案

2013 年 7 日 18 时 20 分许，正值下班高峰时段，福建省厦门 BRT 快 1 线一辆公交车上挤满了下班的人。该公交车在金山站往南 500 米处发生燃烧。烧了约 10 分钟后，车辆发生爆炸。

消防、警方、医护人员接报后迅速赶到现场展开救援。

从现场图片看，BRT 公交车燃起熊熊黑烟，火势之大几公里外可见。而从出事车辆上逃生出来的乘客，有的全身血迹斑斑，衣物被烧得焦黑甚至破烂，大多数人身上都有不同程度的烧伤，许多人赤着脚。据目击者介绍，出事车辆前后一共停了近 30 辆车，司机们纷纷打开车门让乘客下车，人群分别从蔡塘站和金山站两个方向进行疏散。

18 时 50 分，火势已基本扑灭。19 时，又有火苗腾起，有复燃情况，现场消防人员持续对车辆进行灭火作业。

据了解，事故中受伤的乘客陆续被送往厦门市第一医院和174医院接受救治。据《海西晨报》的微博称，从事发后的寻人信息可知，当时车辆上至少有5名在厦门工商旅游学校参加高考的考生。医院方面已确认两名考生中一人重伤一人轻伤。

这一突发事件发生后，有关部门及时赶赴现场，展开救援处置，但是，关于事件林林总总的描述则几乎全部来自微博，目击者的个人视角就很难保证信息的准确性。

备受网友诟病的是，6月7日23时12分，在事发将近5个小时后，厦门官方的简单说明才出现在厦门市公安局官方微博“厦门警方在线”上。

23时50分，《福建日报》的官方微博发布消息称，这起事故已造成48人死亡，30余人受伤，伤员全部送往医院救治。

事发后，厦门整个BRT公交线路全部停运。有消息称车辆起火系天气炎热引发轮胎起火所致，具体原因仍在调查中。

对此党中央、国务院高度重视，习近平总书记、李克强总理和中央政治局委员、中央政法委书记孟建柱作出重要批示指示。国务委员、公安部部长郭声琨受党中央国务院委派，连夜率国务院工作组赶赴厦门指导处置工作。

经有关专家会同当地公安机关现场勘查发现，起火公交车轮胎正常、油箱完整，现场发现的助燃剂经检验为汽油，而该公交车使用的是柴油发动机，由此可以排除安全生产事故。经初步认定，这是一起严重刑事案件，有关情况正在深入调查中。

至此，关于这起突发危机事件的原因已经出现了多种说法。

8日3时许，郭声琨主持召开会议，传达习近平总书记、李克强总理等中央领导同志重要指示精神，研究部署下一步工作。郭声琨特别强调，要按照及时、准确、公开、透明的原则，第一时间发布信息，妥善回应社会关切。

8日上午9时50分，厦门市政府召开新闻发布会。厦门市政府新闻发言人，市公安局、市交通局、市卫生局、市教育局、市安监局等部门领导出席了发布会，并就6月7日发生的事故答记者问。

新闻发言人介绍，6月7日18时20分许，厦门一公交车在行驶过程中突然起火，共造成47人死亡、34人因伤住院。有关部门全力组织抢救。

新闻发言人介绍，6月8日6点40分，发生事故的BRT快速公交已经恢复运行。

市安监局局长介绍，事故车辆系厦门金龙公司生产的汽车，荷载人数95人，实载约为 90 人左右。

市交通局局长介绍，已经成立遇难者家属接待站，电话为 2660642。

市交通局局长介绍，将对公交车辆驾驶员和安全员加强全程监督。

市卫生局局长介绍，事故发生后调动 7 辆救护车，两个医院共收治 34 名伤员。伤者暂无死亡案例。

市卫生局局长介绍，在两家医院设置受伤者家属咨询小组。

市教育局局长介绍，目前有 8 名高考学生下落不明。

……

正值全国高考期间，突发如此重大事件的真正原因是公众之首要关切。是自燃还是有人纵火的恶性案件？据中国上市公司舆情中心监测，6 月 7 日至 6 月 14 日，报刊上发表的关于厦门 BRT 事件的文章超过 452 篇，网络文章及转载更达到 57.8 万多篇。其中以爆炸发生的第二天 6 月 8 日为最，舆论热度达到最高，当天百度上关键词“厦门 BRT”的搜索次数达到 4 万次。

有消息称，在郭声琨到达厦门后，厦门警方已经初步掌握，BRT 事件是一起严重的刑事案件，而犯罪嫌疑人已在爆炸中身亡。但由于消息发布机制的滞后，此时民众依然被裹挟在“不明的真相”之中。公众迫切希望政府给出权威的声音，给数十个惨遭不幸的生命一个交代，给老百姓一个说法，以利于民心的稳定、社会的和谐安宁。

6 月 8 日厦门市政府的这场新闻发布会宣称：“经勘查发现，起火公交车轮胎正常、油箱完整，现场发现的助燃剂经检验为汽油，而该公交车使用的是柴油发动机，由此可排除安全生产事故。”正式将厦门 BRT 事件定性为“严重刑事案件”，但并没有公布相关证据。

第一场新闻发布会后，警方宣布案件告破，犯罪嫌疑人、厦门市民陈水总已在事故中丧生，但同时表示“没有透露办案细节的打算，在现场找到的遗书具体内容目前也不考虑公开”。消息一出，引来一片质疑，被斥为“暗箱操作”。《南方都市报》官方微博上发布的“厦门警方：不透露纵火案办案细节，不公开嫌犯遗书”，更将厦门官方架上了烤火架。由于云南巧家爆炸案的恶例在前，微博充满了对于陈水总犯罪嫌疑人身份的质疑，以及对有关部门玩弄障眼法的病态推断，甚至有网友列出“陈水总不可能是凶手”的数个论据。

官方公信力再一次遭遇了严峻挑战，对于程序公正、信息透明的要求，成为厦门 BRT 爆炸事件发展逻辑中不可或缺的一环。

6 月 10 日，厦门市政府不得不放弃“不考虑公开”的立场，全盘公布了 BRT 事故的人证、物证、技术鉴定等各方面调查结果，以此确认陈水总“6 月 7 日在闽 DY7396 公交车上实施了放火案”。

我们再一次看到，在政府、媒体、公众三极传播格局下，舆论对于打破政府信息垄断，促进公权力信息高度公开起着强大的推动作用。我们为此付出的代价是公权力公信力的丧失，政府信誉的损毁。

而作为政府新闻发言人，我们是否应该深刻反思，为何总是要被公众和舆论倒逼才认识到信息公开的重要性？

由于程序固化、思维迟滞造成的应对机制缺失，厦门市政府及相关政府部门对于汹涌的舆情不免措手不及，且其对现代化的危机公关机制缺乏了解，从而导致由主动应对陷入被动应对，其后又由于急于挽回形象，导致在宣传定调和细节处理上也有失理性。特别是厦门市政府在其后的舆论引导上，有颇多值得探讨与商榷的地方，比如，备受网民和舆论质疑的“过度宣传”、“丧事当喜事办”、“自我表扬”等。

救援工作基本结束后，厦门政府“着力维护社会稳定，再塑城市美好形象”。6 月 10 日，新华网刊发《厦门公交车起火案件中 7 名受伤考生可直接上大学》一文，称“厦门市教育局允许 7 名受伤考生可按照第一天考试成绩直接上大学”。这一善意举动却引起了舆论的较大争议。“人民网”微博发评论称：“同情不应以突破程序为代价，法治不应为怜悯让步。”很多网友亦认为这一决策基于“情大于法的执政理念”。

中国上市公司舆情中心评价，厦门官方某些做法颇有“画蛇添足”之嫌。

6 月 12 日，中共厦门市委机关报《厦门日报》发表题为《陈水总如此丧心病狂全社会必须共诛之》的署名评论，“咬牙切齿”的标题引发了网友的热议。6 月 13 日，21 世纪网刊发李吉明的署名评论《厦门日报对陈水总“共诛之”言论错在哪》，对其进行回击。

6 月 13 日，《厦门日报》再发《回视厦门 BRT 公交车放火案处置经过传递正能量》一文。文中称：“回视这起 BRT 公交车放火案处置经过……这一切所传递的正能量，使逝者能够安息，生者更加坚强，厦门更加温馨。……这种正能量，源自于我们有中国共产党的坚强领导，有社会主义制度的优越性，有最广大人民群众的铜墙铁壁。”此文在有关方面安排下，在台海网、新浪厦门频道等厦门地方新闻媒体全文转载，但反响寥寥。有网友发表评论：“丧事当喜事，将负面事件转化为正能量，进而歌功颂德，并不可取。”

我们必须要有这样的认识：政府主动及时地发布相关权威信息，是突发公共危机事件处置的重要组成部分，但切不可只重处置而轻发布。

二、新闻发言人要直面突发公共危机

2013 年 4 月 20 日上午 8 点 02 分四川雅安市芦山县发生 7.0 级地震，震源深度约 13 公里，震中距离雅安市约 35 公里，距离成都市约 110 公里。

当天中午 11 时 30 分许，四川省政府召开了雅安芦山地震新闻发布会，这是地震发生之后的第一次官方的新闻发布会，主要发布了以下信息：

图 5—1　芦山地震

地震发生时，当地的通信信号非常糟糕，外界与雅安失去了联系，只能通过短信或者网络来取得消息。

距离震中十公里的芦山县双石镇房屋倒塌严重，伤亡严重，公路无法通行，老县城可能已经成为废墟。具体伤亡数据和灾情还在进一步统计中。

在地震发生以后，当地首先实行了交通管制，开辟了成都到芦山的应急通道，全面启动了移动电信卫星等应急通讯，保证通讯的畅通。这也是现在能够跟当地取得联系的主要因素。

另外，四川已经派出了公安、消防、矿山救护、民兵预备役等救援队伍前往灾区。发布会前，救护队已经到达县城，并且派出了小分队前往受灾较严重的乡镇开展救援。

同时，卫生系统做了全面的部署，从省内派出医护救援力量，同时协调雅安市一家医院腾出病房，组织医务人员随时准备接收伤员。

国土资源水力专家已经赶到现场，对水力设备以及地质山体进行检测和分析。同时气象专家也会关注气候的变化。四川省交通厅准备了大型的机械，安排部署抢通前往芦山的已经垮塌的道路，要保证多条道路能够进入灾区进行救灾。对于已经形成困局的灾区，派出了空中部队进行支援。

官方及时发布的权威信息，使地震发生后人们主要从微博、微信、短信等渠道了解到的信息更为全面和准确，有助于安定人心、稳定社会。

当晚 11 时，雅安市人民政府新闻办召开“4 · 20”地震新闻发布会。市应急办、民

图 5－2　芦山地震第二次发布会

政、卫生、交通、旅游等部门负责人出席发布会。英国路透社、《经济观察报》、广东卫视、四川电视台、《华西都市报》以及市内主要媒体参加。会上，雅安市政府秘书长、新闻发言人李向东向媒体通报了此次地震最新统计情况，对抢险救灾举措进行了说明。媒体记者就交通运输、旅客滞留、伤亡预估、房屋质量、民间救援方面提问。

这两次新闻发布会的及时召开，特别是来自雅安第一线的信息，使全国乃至全球各界对于这场重大的灾难有了基本的、较为客观的了解，对于全面而且有针对性地展开抗震救灾无疑起到了正面的推动和帮助作用。

与此同时，当晚，四川省人民政府新闻办公室也就“4·20”芦山地震举行第二场新闻发布会，省交通运输厅、省政府应急办、省地震局、省民政厅、省卫生厅的相关负责人都参加了发布会。会上，由省政府副秘书长蔡竞通报地震灾害和抗震救灾的最新情况。

然而，这场本来还算及时的新闻发布会，却因出现了意外的状况而颇受公众和舆论诟病。

一是主持官员啰啰唆唆逐一介绍出席发布会的官员职务，发布会开始快十分钟了还没有涉及具体的发布内容；二是该场新闻发布会将多个部门搅在一起，导致信息混乱；三是出席发布会的官员依然西装革履……知名网友“作业本”发微博称：“发布会只要公布了伤亡、灾情、措施、需要四个问题后默哀结束即可，不要慢条斯理地装腔作势。”

这类突发危机事件的新闻发布会该怎样开？新闻发言人该采用怎样的发布形式、内容，现场表现如何等，都值得认真反思与探索。比如，在这类发布会上，日常发布会的程序化的东西（逐一介绍领导、嘉宾职务）和仪式感的形式（着正装之类）就应该舍弃，最好的发布就是直奔主题，言简意赅地介绍该危机事件最核心的信息，以便争取更多的时间用于应对危机事件本身。

危机处理虽然不是新闻发言人工作的全部，但却是政府新闻发布工作中非常重要的一部分，尤其是在各类突发事件面前，政府新闻发言人的作用更是不容忽视。上述案例充分说明了在重大突发事件面前，政府信息公开的重要意义。

突发危机事件的新闻发布是一个必须与时俱进、不断创新、大胆探索、勇于实践的极富挑战性的工作。

(1)关于公民意识。怎样去认识与把握当今中国社会公共舆情发展的内在趋势？面对日益强烈的公民意识对传统公权力部门公信力的消解，如何重建政府公信力？回溯近年来重大公共舆论事件，正在呈现出一些全新的趋势和变化，包括日益增强的公民意识，以及由此带来的对于公权力公信力的考验，生命至高无上的观念变革等，对重建政府公信力提出了迫切要求。

近年来，经济发展有力推动了社会建设，进而增强了公众的公民权利意识，公众的声音与意见越来越成为公共舆论事件的发生、发展与扩散蔓延的最主要因素。随之而来的是新闻应对的主体、方式与内容等都必然发生相应的变化。政府危机新闻应对也必须跟随和把握公民社会、政府、市场三者之间的制衡，同时，要特别注意程序的公正与社会多方意见与观点的平衡等。

(2)关于塔西佗陷阱。在长期执政实践过程中，由于各种原因，各级政府对公共危机事件的新闻应对这一环节往往估计不足、重视不够，处置方法也不得当；同时，由于长期形成的公文化、仪式化等倾向，使得政府在公共危机事件中自觉不自觉地选择长期或部分失语、缺乏活力，甚而在这一过程中还制造出大量假话、套话，于是公众不再相信政府说的话，政府的公信力在新兴公民意识的增长过程中逐渐被消解，政府的公信力体系也被这种新的变化所逐步解构，尤其在基层实践中更是如此。以至于在舆情事故的高发期，几乎是政府说什么，公众就不相信什么——掉进了塔西佗陷阱。可见，如果我们不正视并认真面对这一变化，政府自身必将遭遇严重的信任危机。

公民社会对传统公信力的消解，倒逼政府思考该如何重新构建公信力，怎样面对公民意识的觉醒，如何应对公民社会的质疑等一系列问题。

公民对政府的不信任，倒逼政府必须摸索出一种全新的危机应对模式，这种模式就是既要代表公权力意志，发布官方权威信息，又要及时回馈与反映公民诉求。老百姓质疑什么，我们就发布什么，不断地公开真实而权威的信息。只有这样，政府才能走出塔西佗陷阱，重获公众的信任与信赖，进而重新建构起政府的公信力。

1.应对突发公共危机需及时公开信息

2013年4月1日上午，一条题为《上海在禽流感患者死后20天才通报官方称因是新病毒》的新闻出现在各大媒体、网站的头条。

莫非这是愚人节的玩笑？然而，这并不是玩笑。

报道称："国家卫生和计划生育委员会3月31日通报，上海市和安徽省发现3例人感染H7N9禽流感病例。上海市患者李某，男，87岁，2月19日发病，3月4日经积极抢救无效死亡。上海市患者吴某，男，27岁，2月27日发病，3月10日经积极抢救无效死亡。安徽省滁州市患者韩某，女，35岁，3月9日发病，目前病情危重，正在江苏南京积极救治。3例病例临床表现均为早期出现发热、咳嗽等呼吸道感染症状，进而发展为严重肺炎和呼吸困难。"

为何20天后才公布疫情？对此，卫生部应急办公室表示，此次人感染H7N9禽流感病毒，是全球首次发现的新亚型流感病毒，尚未纳入我国法定传染病监测报告系统。

4月2日，联合国的官方微博发表了如下微博："#历史上的今天#2003年4月2日，鉴于中国广东省和香港特别行政区SARS疫情不断扩散，世界卫生组织向上述地区发出旅游警告。同日，中国政府允许世卫组织团队'立即'访问广东省。"

这仅仅是对历史的回顾，还是对中国官方对于此次疫情发布善意的提醒？

今天，作为公共事务管理者，政府的职责要求我们迅速通过大众媒体及其他多元媒体，主动在第一时间告诉公众发生了什么事情以及政府采取了什么措施，在保障公众知情权的同时，还可以迅速平息谣言，引导舆论，为妥善的危机处理争取最大的主动权。

2. 政府新闻发言人要有公共危机意识

当前，我国经济、社会正处在发展黄金期，同时也进入了突发公共事件频发期。虽然并不是所有的突发事件都是危机事件，也并不是所有的危机都是公共危机。但如果危机处理不当，则可能由一个局部的小问题引发社会性的危机事件，最终演变成公共舆论事件。

贵阳关山湖学生扮特警强拆事件

2013年10月12日上午7时，贵州省贵阳市观山湖区控违拆违指挥部组织区政法委、法院、检察院、公安、司法、综合执法大队、卫生、消防、社区、村委会等2671人，到金华镇上铺村空山坝，对51栋无人居住的违法建筑进行依法拆除，面积达7.2万平方米。

图 5—3　2500 多人参与强拆

10 月 13 日，微博上爆料称此次强拆行动中，有数百名当地学生伪装成特警参与行动。

对此舆情，贵阳有关方面及时通过新华社以《网传贵阳强迫学生冒充特警参与强拆系造谣》为题发稿回应，可谓“主动及时”。

文章称，据观山湖区委政法委调查，12 日参与拆违的人员包括区综合执法大队，区公安分局，金华镇政府以及区政法、司法等区控违拆违指挥部主要成员单位人员、大型机械操作人员等拆违施工人员及辖区部分保安服务公司安保人员。贵阳市观山湖区宣传部发表“关于观山湖区拆违行动组织当地学生参与一事的情况说明”，初步查实帖子所反映的事件“子虚乌有，纯属捏造，完全与事实不符”。同时表示正在对捏造者进行追查，详细情况调查清楚后将第一时间向社会公布。

与此同时，贵州航空工业技师学院在学校官网上发布声明表示，网帖中有人将一些图片移花接木，安放“贵阳贵航技工学校”名称，中伤学校。贵州航空工业技师学院没有强迫学生参与强拆，更无从谈起派出“2500 人”一说。对发帖恶意造谣中伤贵航高级技工学校的单位或个人，学校保留法律追诉的权利。

然而，在这样一个“有图有真相”的年代，此次行动的组照中，那些稚气未脱的学生，尽管穿着一身黑色警服，依然让人一眼就能辨别出其真实身份。

17 日，新华社的一则电讯将真相大白于天下：“来自贵阳市政府的消息，

图 5—4 伪装成特警的学生

贵阳市观山湖区委政法委书记、区控违拆违指挥部指挥长刘光祥等干部，在没有充分核实有关问题的情况下发布不实消息，17 日被免职。观山湖区控违拆违指挥部相关负责人向公众致歉。”

消息称，贵阳市委、市政府组成调查组，进行了进一步调查。初步查实，观山湖区于 12 日组织 2671 人，对金华镇上铺村空山坝 51 栋 7.2 万平方米违法建筑依法实施拆除。在参加拆违行动的 2671 人中，有观山湖区综合执法人员 200 人……学生 837 人，学生均为当地大学生，贵州航空工业技师学院没有学生参与。贵阳市委、市政府已责成相关部门对相关责任单位和责任人启动问责处理程序。17 日，贵阳市纪委常委会根据相关规定，提出处理意见：责成观山湖区委、区政府向贵阳市委、市政府作出深刻的书面检查。同时，免去刘光祥观山湖区委政法委书记、区控违拆违指挥部指挥长职务；免去俞静观山湖区城管局局长职务；免去王春燕观山湖区城管局执法大队大队长职务。

纵观该危机事件发生发酵特别是舆情处置中新闻应对的过程，可以用“一错再错，错上加错”来概括，值得我们反思反省之处有以下几方面：

一错。政府没有如实发布信息，错失掌控舆论的主动权。观山湖区是贵阳市的城市新区，已开工建设贵阳西南国际商贸城、国际金融中心、贵阳市火车站功能区，即将开工建设百花生态新城、金华采空区生态体育公园等一批重大项目。随着近年来观山湖区开发建设的脚步加快，部分村民、外来人员认为“发财”时机已到，纷纷在周边地区围田违法建楼，当地人形象地称之为“种楼”，以此套取国家征地拆迁补偿款。

因此，当地政府在 2013 年已经连续开展了几次强拆违法建筑活动，称为“拆违风暴”。而这次行动涉及的金华镇上铺村空山坝的 54 栋房屋，同样是违建者为了获取高额赔偿“种”出来的。房屋全部由劣质空心砖搭建而成，没有钢筋连接，楼层之间的地板用预制板铺成，房屋内没有任何家具，也没有居住过的迹象。挖掘机一掀，房屋就倒一大片，这些空心砖一脚就能踩坏。围观村民说，这些房子前一天看到还在修地基，第二天就盖起了两三层，“这种房子谁敢住呀”。然而这些信息政府却没有发布。

二错。政府为何不多次、反复、耐心地将上述事实用多种方式发布、传播，对违建者晓之以理，明之以法，尽最大努力争取当地广大群众的理解和支持，反而“很傻很天真”地动用学生来“伪装军警”助威强拆，引发重大舆情？诚如《重庆青年报》官方微博的微评——《贵阳观山湖区拆违何不实话实说》所言：如果可以实话实说，一开始就公布这些违建房是为获取高额赔偿“种”出来的危房，相信大部分民众都会支持依法拆违；如果可以实话实说，获得民意的支持，那么拆违也就不用如此“大动干戈”，不需要这么多人“威吓”，而最终就不会出现现在这个结果。

图 5—5　为获取高额赔偿“种”出来的房屋不堪一击

错上加错。舆情出现后，针对网民反映的问题，观山湖区有关单位和个人在没有充分核实的情况下，极不负责任地信口开河，断然否认有学生参与拆违活动的事实，严重违背了新闻发布的“准确”原则，从而导致本来十分敏感和备受公众诟病的强拆行动，叠加上学生冒充特警，再叠加上公权力面对事实公然撒谎，最终使舆情不断升级蔓延。

此案可谓教训深刻。作为政府新闻发言人，除了主动、及时、公开地回应媒体和社会关切，更重要的是要保证所发布信息的准确性。否则，就会如上错上加错，最后难以收场。

因此，信息公开、危机发布已经成为社会危机处理中政府必须重视的环节。政府新闻发言人处在信息发布的最前沿，应该具备最强烈的危机意识。在社会转型期各类社会矛盾高度集聚而且频繁爆发的当下，加之微时代众声喧哗的舆论背景，既然危机不可避免甚至无处不在，政府新闻发言人就必须具有“时刻准备着”的心态，要有在第一时间面对和处理危机的意识。

政府在处置突发公共事件的过程中，要高度重视舆论引导工作，将事件处置工作与信息发布和新闻传播工作一起研究、一起布置、一起组织、一起实施。这两方面工作结合得越紧密，舆论引导就越有力，处置突发公共事件就越有效。

三、政府新闻发言人在突发公共危机中的角色定位

随着人们的观念从“全能政府”到“有限政府”的转变，公众已经能够较为冷静地面对一些突发性的意外事件。任何一个政府都无法避免天灾人祸和意外事件的发生。以往的观念认为，在突发性事件发生之后，政府为了社会的稳定，在没有调查清楚事情的真相之前，不应该随便发布与此相关的任何信息。但是，随着信息渠道与传播方式日益多样化，这种传统的处理方式已经不能适应现实情况的变化。这就需要政府转变认识以负责的态度及时公开信息，而政府新闻发言人可以说是这一行为的具体执行者。在突发公共危机中，政府新闻发言人扮演着如下角色：

1. 危机处理中的新闻发言人是政府形象的代言人

政府新闻发言人在突发事件新闻发布过程中，既在传递信息，也在塑造形象，是政府形象、国家形象的维护者和体现者。

国内突发的重大事件如重大自然灾害、事故灾难、公共卫生事件、社会公共安全事件等，是社会关注的焦点和国内外舆论的热点。做好国内突发事件的新闻发布，及时向公众发布权威、真实的事态信息和政府的应对措施等，关系到社会稳定和人心安定，关系到党和政府在人民群众中的威信，关系到我国的国际形象和新闻媒体的信誉。

在2008年南方雨雪冰冻灾害和“5·12”汶川大地震中，党和政府面对如此重大的突发危机，心态沉着、行动积极，以各方联动、协调配合的高效率，信息多渠道、及时发布的透明度，领导人深入灾区的亲民作风赢得了国内外的一致赞叹，亲民、忧民、为民的服务型政府形象深入人心。

及时、准确地传播权威信息，是国家形象塑造的必要条件，在一般情况下，当与一国相关的重大事件发生时，如果传播主体能够及时、准确地发布信息，并以此建立信誉，就会在客观上起到舆论引导的作用，引导舆论朝着对国家有利的方向发展，而不至于陷入被动。

> 2013年4月23日13时30分，新疆喀什巴楚县色力布亚镇3名社区工作人员到居民家中走访，在一居民家中发现多名可疑人员和管制刀具，遂用电话向上级报告，之后被藏匿于屋内的暴徒控制。镇派出所民警和社区干部先后遭屋内外暴徒袭杀。此前被控人员也被杀害，暴徒点燃房屋焚烧。随后赶到的民警击毙继续暴力对抗的暴徒，控制现场事态。该暴力恐怖案件，造成民警、社区工作人员15人死亡(维吾尔族10人，汉族3人，蒙古族2人)，

受伤2人(维吾尔族)。处置过程中击毙暴徒6人,抓获8人。

针对这起暴力事件,美国国务院代理副发言人文特雷尔称:“我们深切关注有关报道,新疆暴力冲突导致21人死亡。我们将继续密切监控形势,我们对暴力事件造成的伤亡感到遗憾,并将鼓励中国政府采取措施缓和紧张局势,促进新疆长期稳定。我们敦促中国当局对事件展开全面透明的调查,并向所有中国公民,包括维吾尔族人,提供正当程序的保护。这不仅是依据中国宪法,也是依据国际人权法则。”

新疆维吾尔自治区人民政府新闻办主任侯汉敏在第一时间向媒体发布消息:新疆喀什巴楚县23日发生一起严重暴力恐怖案件,造成民警、社区工作人员15人死亡、2人受伤,处置过程中击毙暴徒6人,抓获8人。初步查明这是一个预谋进行暴力恐怖活动的团伙,案件正在进一步侦破中。

主动公开地发布事件的基本事实以及事件的性质,有利于国内外了解事件的真相,有效遏制外界猜测与想象的空间,阻断谣言的传播,维护国家形象,宣示主权国家维护社会安定的决心。

相反,如果突发事件发生后,传播主体、相关政府部门不及时准确地发布信息甚至封锁消息,使得其他国家的媒体无从了解事实真相,那么各种猜测和谣言就会产生。即使外媒通过各种渠道获得了相关信息,其报道和评价也不一定是正面的、客观的,这对国家形象的塑造十分不利。

因此,要想树立良好的国家形象,首先就要遵循新闻传播规律,及时、准确地发布权威信息,最大限度地消除负面影响。这时,就需要政府新闻发言人审时度势、把握时机,及时代表政府表态。此时的新闻发言人,既是信息的通报者,也是国家(政府)形象的代言人。

2. 危机处理中的政府新闻发言人是政府和公众间的润滑剂

在中国,长期以来,新闻发言人主要以对外沟通为主,而对内宣传的功能基本被忽视。直至2003年SARS爆发后,政府才意识到与国内公众沟通的重要性和必要性。当危机出现时,只靠政府单打独斗是不可能顺利渡过危机的,必须发动民众。要想赢得公众的支持,就必须向公众说明真相,不能“隐而不报”、“报喜不报忧”,更不能虚报、假报,这样只能招致媒体和公众的质疑,一旦真相大白,政府在公众心目中的可信度将一落千丈,其国际形象也将大打折扣,可谓得不偿失。

昆明“牛奶河”事件

2013年3月20日,云南省昆明市东川区拖布卡镇格勒村大田坝。村民刘得平从离家2公里多的小江中挑了10多担水倒入自家的水窖中。

他家住在山坡上，半个月的干旱，家里已经断水了，刘得平不得已挑了小江的水回去，准备用来喝。这水直接喝不得，需要沉淀3天以上才能将上面一层取出来用。但还是脱不了一股辛辣的味道。

面对同样情形的，还有72岁的魏大爷。他家住在拖布卡镇的格勒村。

魏大爷看着乳白色的江水灌入他的花生地里，无奈地叹息。他说，用这样的水庄稼长不好，产量低，容易得病虫害。浇完水的地面上，会起一层白色的不知名粉末。

这便是2013年声名远播的云南省昆明市东川区的“牛奶河”。

东川区开采铜矿的历史悠久，新中国成立后，东川成为云南重要的工矿区，小江里的尾矿水就来自沿岸大大小小数十家矿业企业。污染已经持续了很多年。近两年，持续的干旱让雨水变得稀少，小江里的白色河水变成了岸边居民饮用水的无奈选择。而按照当地环保部门的说法，直接向小江排放尾矿水是不允许的，一经发现将“强制规范，高限处罚。”

对于这样一个明显的环境污染问题，东川区环保局局长王杰云却声称，这是经过几千年的冲刷逐渐形成的白色泥土，属于正常颜色，现在的河水拿来饮用和灌溉都没问题。此言一出，立即引起媒体和公众的强烈质疑。王杰云又改口说，小江水不能喝，但能用来灌溉。

作为公权力部门的代言人，如此漠视民生，毫无顾忌地忽悠公众，严重低估老百姓的智商，在很大程度上直接损害的政府的公信力。全国媒体和网络舆论场迅速介入此事的报道与评论，东川区面临一场严重的公共舆论事件。

2013年4月11日，昆明市东川区就媒体关注的“牛奶河”事件处置情况予以通报。东川区副区长林华表示，东川区将重拳打击违法排污企业，全方位整治小江水污染。

“事件的发生，给部分群众造成了一定的生产生活的不便，给民众造成了心理担忧，引起了社会普遍关注。在此，我代表昆明市东川区人民政府向在座各位和所有关注事件发生与处置的社会各界深表歉意！同时，对各级媒体和广大网友给予我们的关心、支持、帮助、提醒、监督表示衷心的感谢！”东川区副区长林华在通报会前就“牛奶河”事件向社会及公众致歉。

林华还在发布会上对整治“牛奶河”的措施和具体行动等进行了详细介绍。由此，基本平息了这场危机。

公共舆论基本平息了，但由此带来的教训却不能忘记。身为“政府新闻发言人”的王杰云，在面对媒体时的种种失当表现，应当为新闻发言人敲响警钟。

与此同时，我们也看到，东川区政府面对危机做出了敏锐反应与及时处置，坦诚面对媒体质疑，主动承认错误与承担责任，将真相不折不扣地和盘托出，求得了公众在了解基础上的理解。此举在政府与群众已经高度紧张对立的关系中，无疑起到了润滑剂的缓冲缓解作用。

在公共危机事件爆发时，政府与公众共同处于一种非常态管理的特定环境下，公众对政府有一种特殊的期盼，尤其需要政府能够运用公共传播手段去获取、传播信息，引导舆论，沟通关系，安抚人心，疏导情绪。政府也正是在通过开展一系列的公关活动的过程中，得以提高公信力，塑造政府的良好形象。这个时候，政府新闻发言人在发布权威新闻信息的同时，事实上也起到政府和公众之间公关润滑剂的作用，通过他们的及时出现与合情合理的新闻发布，来缓解公众和政府之间的紧张关系，变对立为合作，形成一致应对危机，维护社会稳定与维护公众利益的共同体，进而有效化解危机。

3.政府新闻发言人是政府公共危机的“政治避雷针”

一段时期以来，国内的突发危机事件不仅数量增多，突发事件的破坏性、伤害性也越来越严重，对人民生命财产造成巨大损失。面对这些突发事件，公众的不满情绪日益高涨，有时甚至还会出现和当事政府进行严重对抗的事态。而在这种状态下，如何有效地进行信息发布，并合理地进行公众情绪的疏导，误解的释疑与解惑，对于政府化解危机、赢得公众理解和信任、保障政治安全等显得更加重要。

朱令案的启示

2013 年 4 月 16 日下午，复旦大学官方微博发布消息称，该校 2010 级硕士研究生黄洋，经抢救无效，于当天下午 3 点 23 分在上海中山医院去世。

11 日警方通报在学生的饮水机残留水中检测出有毒化合物。

12 日警方基本认定同寝室的林某存在重大犯罪嫌疑。上海警方称，目前已排除“情杀”可能性，但案件侦破远未结束，各种猜测充斥网络，找出犯罪动机的关键一环仍悬疑待解。

2013 年 4 月 25 日，上海市黄浦区人民检察院以涉嫌故意杀人罪对复旦大学“4・1”案犯罪嫌疑人林某依法批准逮捕。

令人意想不到的是，复旦大学投毒案致一桩沉浮 19 年的朱令案再度泛起。

朱令，北京人，1992年考入清华大学。朱令事件是指朱令在校期间离奇出现铊中毒的症状，导致身体健康遭到极大的伤害，几乎变成植物人。

1995年4月28日，朱令被确认为铊盐中毒。

由于朱令没有铊的接触史，警方认定为投毒事件，但此案经过调查之后，几度沉浮，凶手至今仍逍遥法外，尚无明确结果。且由于警方在事件处理过程中的一些异常行为，让朱令案成为公众事件，从而衍生出对于作案嫌疑人家庭背景的各种猜测。

复旦投毒案再次将舆论焦点投射到朱令中毒案。其中影响最大，引起海内外媒体高度关注的是，有超过10万人到白宫网站签名请愿，要求美国政府驱逐朱令案的嫌疑人孙某。

一桩沉寂近20年的案件，几乎在一夜间，成为影响波及全球的公共舆论事件。事件的实质，已经涉及了舆论对中国国家形象的质疑——中国的法治到底是写在纸上还是落实到公民身上？

5月8日，终于有了权威部门的声音。

北京警方官方微博"平安北京"发布消息称，对该案件"仍未获取认定犯罪嫌疑人的直接证据。碍于证据灭失等客观因素，此案最终无法侦破"。连日来一直关注此案的公众，终于看到了权威部门的公开回应。

尽管如网友所言，在"民间断案"经年累月地发酵升级之后，这份回应确实有些姗姗来迟。但北京警方敢于直面这一积年已久的刑事案，并做出自己的说明，对于19年悬而未决的朱令案而言，无疑是一个可取的态度、一个可以期待的开端。北京警方称，1995年5月5日，清华大学保卫部报案后，北京警方迅速开展工作，认定有投毒犯罪事实发生，依法立案侦查，组成专案组。专案组深入调查走访了130余名相关人员，并对北京市经营、使用铊盐的全部100余家单位开展工作。

警方称，因从朱令出现中毒症状到公安机关接报案件，时间已近半年，相关场所没有监控设施，犯罪痕迹物证已经灭失，办案人员尽最大努力，采取了当时能够使用的各种刑事侦查措施，仍未获取认定犯罪嫌疑人的直接证据。工作中，专案组始终坚持依法公正办案，未受到任何干扰。公安机关和侦查人员对所有的刑事案件特别是严重侵害公民生命安全的案件，都会尽职尽责、全力以赴开展侦破工作，只要有一线希望，都会尽最大的努力。对于这起案件未能侦破，北京警方表示"至今深感遗憾"。希望公众能够理性客观看待，尊重侦查工作规律，理解支持公安机关依法办案。

不透明是“阴谋论”的温床，在自媒体时代，信息沟通的不畅更易引发人们的集体负面揣测。具体到朱令案，因为缺乏权威信息，围绕着扑朔迷离的案情，真假难辨的种种内幕，对各种罪行的严厉指控，“舆论审判”的偏激情绪，“权大于法”的揣测推断，让社会付出了高昂成本，也透支了人们对政府的信心。

“消除疑虑最好的办法就是公开。”近日最高人民法院副院长沈德咏在一篇文章中这样强调。确实，公开是维护公平的有力利器，也是取信于民的重要途径。试想，如果朱令案的相关信息依然尘封在司法档案里，不仅对受害人未有一个确切答复，被怀疑的孙维也始终承受“有罪推断”的重压，这样的处置如何能保障两者的权利？如果对朱令家属的信息公开申请反应迟缓乃至持久沉默，不去解释真凶缘何难以伏法，案件为何无法侦破，又怎能避免公众的臆断？信息封闭之下，猜度四起是必然的。

面对公民日益高涨的权利意识，今天的中国社会，无疑身处公共治理最为繁复的时期，中国政府也因此被称作世界上责任最重的政府。在处理矛盾、协调利益时，政府部门固然无法做全知全能、有求必应的“包青天”，但及时准确地公开信息，充分保障公民的知情权和监督权，从打造阳光政府出发建设服务政府、法治政府，却是树立公信、加强善治的不二路径。

正是因为信息公开渠道越来越畅通，政府部门的公信力才在监督中得以逐渐巩固；正是由于权力运行不断走向透明，人们才对实现公平正义有了比以往更足的信心。法律界有句名言，正义要以看得见的形式实现，唯有让公众“看得见”，以公开保证公正，以透明确保清明，以一丝不苟的程序正义，践行秉公执法的法治精神，法律的权威才能树立，政府的公信力才能增强，才能“让人民群众在每一个司法案件中感受公平正义”。

在危机状态下，政府新闻发言人总是要站在事态的最前沿，直面“愤怒”的公众。危机发生后他们要在第一时间内说明情况、回答问题，还可能要承受一些不理性语言。也因为是在第一时间说话，难免与事后查明的真相有所出入，因此还必须承担一定的风险。但也恰恰是新闻发言人的出面，吸引了质疑的声音乃至愤怒的指责，政府主要领导可以专注于危机处理。这就是新闻发言人的作用，公共管理学上有时称之为“政治避雷针”或“减压阀”，可以像防浪堤一样抵挡海啸第一波也是最大的一波冲击。美国前总统尼克松的白宫办公厅主任霍尔德曼曾经说过，“只要我还能应付，我就不会让这些糟糕的事去影响总统”①。

① 转引自闫爱华：《危机处理中的政府公关》，《青年思想家》2005 年第 1 期。

四、政府新闻发言人在突发公共危机中的作用

据《扬子晚报》报道，2011 年 2 月 10 日凌晨 2 时许，有人传言，江苏响水县陈家港化工园区大和化工企业要发生爆炸，导致陈家港、双港等镇区部分不明真相的群众产生恐慌情绪，并陆续离家外出。

响水县委县政府主要领导、分管领导高度重视这一事件，在得知情况后的第一时间，立即启动应急预案，召集相关镇区和部门进行会办，成立事件应急工作领导小组，落实人员现场调查事件发生原因，深入村组稳定群众情绪，维持交通秩序。同时，通过手机短信、政府网站、电视台、电台及时向社会公布事件真相，向广大群众讲明该县今天夜里没有发生化工企业爆炸和泄漏事故。

经查实，这纯属谣言引发的一起恐慌事件，公安机关正在调查造谣惑众者。该县安监、环保等部门已深入到全县各化工企业，进一步加强对企业的安全生产监管，确保不发生安全生产事故。

现代生活的快节奏，大众传播事业的飞速发展和传媒的多样化态势，使得传媒和受众群体无暇去核实媒体上的新闻报道是否是谣言。“事实上，据估计美国企业每天至少产生 3300 万条以上的流言。”[①]然而，突发性危机事件中的谣言，却有着不可忽视的破坏作用。在近几年的一些群体性突发事件，比如“贵州瓮安事件”、“甘肃陇南事件”、“云南孟连事件”、“湖南吉首非法集资事件”、“重庆的哥罢运事件”中，谣言扮演了十分重要的角色，可以说，谣言在扩大事态、加剧冲突方面起到了“催化剂”的作用。

然而，从上面所提到的“响水化工厂爆炸案”谣言的平息过程可以看出，谣言虽然可怕，但往往在真实、及时、权威信息面前能迅速平息。诸如“四川的生虫柑橘”、“山东的毒花生”、“姚明退出国家队”等谣言都具有大致相似的发展过程。可以说，在谣言和权威信息的博弈中，只要相关部门主动、及时、公开、准确地提供权威信息，谣言无一例外都被很快平息。

西安食物中毒案

2013 年 5 月 11 日晚，西安市长安区一项目工地发生一起多人中毒事件。

消息通过西安网友在微博上发布后，引来公众多种猜想，受害人员的数

① 陈万怀：《谣言新闻的传播辨析与考量》，《东南传播》2010 年第 8 期。

量、是误食还是有人投毒……传言四起，甚嚣尘上。

12 日，西安市长安区宣传部向中新社记者证实，该区一项目工地 11 日晚发生一起多人中毒事件，目前已造成 13 人入院治疗，其中 3 人病情较重。经西安市疾控中心调查，初步认定为误食野菜中毒。

据介绍，11 日晚，位于西安市长安区的陕西省路桥公司四公司一项目工地，多人在晚餐后出现身体不适症状。中毒者被送至医院后，出现了心率加速、躁动不安、神志不清等症状，在接受治疗时，一中毒男子将一名护士的胳膊咬伤。

然而，对于这类突发公共危机事件的新闻发布，如果仅仅停留在发生了什么这一层面，显然还远远不能满足公众对此的信息渴求。他们更加迫切地希望知道：目前怎么样了？你们（公权力部门）在做什么？你们将要做些什么？

有关主管部门稍后又及时发布了进一步的相关信息：事件发生后，当地政府协同该公司紧急对患者进行救治。已有 13 人被送往陕西省人民医院、西安交大一附院等医院接受治疗，其中 3 人病情较重，其余人员病情相对平稳。这 13 人中包括 4 名女性，均为陕西省路桥公司四公司一项目工地工人。根据患者的症状表现，经西安市疾病预防控制中心调查与分析，初步认定为误食野菜中毒。事发后，西安市疾控中心、西安市食品药品监督管理局等多部门介入调查。

至此，各种猜想与谣言的传播基本得到平息。

因此，在突发事件发生之后，通过政府新闻发言人及时的权威信息发布，能有效防止或平息谣言的产生与蔓延。唯有以公开保证公正，以透明确保清明，法律的权威才能树立，政府的公信才能增强。

首因效应也叫首次效应、优先效应或“第一印象”效应，主要指个体在社会认知过程中，通过“第一印象”最先输入的信息对客体以后的认知产生的影响作用。首因效应本质上是一种优先效应，当不同的信息结合在一起的时候，人们总是倾向于重视前面的信息。即使人们同样重视了后面的信息，也会认为后面的信息是非本质的、偶然的，而习惯于按照前面的信息解释后面的信息，即使后面的信息与前面的信息不一致，也会屈从于前面的信息，以形成整体一致的印象，也即所谓的“先入为主”现象。

上海市政府前新闻发言人焦扬曾说过，在突发事件的新闻传播中，最可怕的不是记者抢发新闻，而是记者抢发的不是出自政府发布的新闻，谁第一时间发布新闻，谁就掌握了舆论的主动权、事件处理的主导权。①

第二节　政府新闻发言人如何进行危机发布

一、危机发布的一般原则

1. 主动及时原则——占领舆论制高点

2008年9月20日23时左右，深圳市龙岗区舞王俱乐部发生一起特大火灾事故，死亡43人。事故发生不到3个小时，第一份新闻通稿挂上了政府网站。9月21日中午，第一场新闻发布会召开，龙岗区区长以新闻发言人的身份对外公布有关详细信息。此后连续几天，深圳市政府网站都及时对外公布了事故原因及问责调查、伤员救治等情况。

其时，“7·23”动车事故还让人心有余悸，上海地铁追尾事故接踵而至，而且都与行车信号有关，两起事故的信号系统都是同一家供应商，因此这起追尾事件自然引起人们的高度关注……当日晚间，上海市政府新闻办就地铁10号线追尾事故举行新闻通气会，及时向社会公布事故消息和相关处理情况，最终控制了社会舆论的发展，没有像动车事故那样引起一系列的次生危机事件。

而深圳龙岗大火的新闻发布和应急处置也以主动、快速，被境内外媒体称赞为“明智之举、应有之责”，“深圳保持高度的信息透明是一次大胆的尝试”。

因此，突发危机事件的新闻发布一定要有第一时间意识，主动及时地发布信息，主动控制和引导舆论。

在突发事件中，谁第一时间发布新闻，谁就能掌握舆论的主动权、事件处理的主导权。政府在第一时间召开新闻发布会，及时回答公众想知道的，诸如“发生了什么”、“事情是怎样发生的”、“将如何处理”等问题，就能在第一时间把握公众的心理，从而也就掌握了舆论导向的主动权。唯有如此，发挥好“首因效应”，在突发性社会公共事件中下好“先手棋”，打好主动仗，掌握话语权，才能更有效提高政府在突发性事件处理中的公信力和权威性。

2013年5月16日中午，在国家食品药品监督管理总局挂牌后举行的首场发布会

---

① 邹建华：《政府和企业新闻发言人实用手册》，复旦大学出版社2006年版，第15页。

上，总局规划财务司负责人王小岩放出“狠”话：“严厉到什么程度？依据这部司法解释和刑法相关条款，可以让那些为了谋财不惜害命的人倾家荡产、人头落地。当然，人头落地不是我们的目的，我们的根本目的是为了保护广大人民群众的切身利益、饮食安全。”此言一出，舆论称快！因为，国家食品主管部门的这一表态，让公众感受到了新一届政府对食品安全“重典治乱”的承诺！

就在同一天，仿佛是在呼应国家食品药品监督管理总局的精神，进一步加大对于食品安全的监管力度，广州市食药监局公布了第一季度全市大米抽检结果：竟然有四成镉含量不合格。这一消息令千家万户寝食难安。毕竟，大米是主食，对于南方人而言，它是无可替代的主要食品。

然而，如此重大的民生信息，广州市食药监局却欲言又止，声称不合格名单不方便透露。

据相关食品专家介绍，镉污染对人类造成危害，最早在日本被发现，中毒者全身骨质疏松严重，极易骨折。金属镉被国际癌症研究机构列为强致癌物质，而且它在人体的积蓄潜伏期可以长达 10—30 年，能导致肾脏等器官发生病变，还可能引发骨痛病，甚至影响下一代的健康。因此，这样的抽验结果公布以后，大家都很想知道，镉到底是来自何方，哪些品牌的大米或米制品有问题。然而，广州市食药监局随后的回应是，只能公布数据，不方便公布具体名单。于是，对食品安全高度敏感的市民，对广州市食药监局“不方便透露”涉事大米品牌的态度表示强烈不满。

5 月 17 日晚 11∶30，广州市食药监局只是公布了涉事 4 家餐饮单位和处置措施，依然没有公布镉超标大米的源头——品牌和厂家。广州市民再次表达强烈不满，网上舆论一片质疑与批评，众多网友纷纷围观吐槽。网友“玛雅探索者”质问：“为何不能公布污染名单？这岂不是一方面告诉你‘有毒’，另一方面却眼睁睁看着你‘中毒’？”

广东外语外贸大学的大三女生陈晓岸，依据《政府信息公开条例》，在前一天下午向广州市食药监局提交信息公开申请函，要求公开镉含量超标的大米品牌、厂家、处置措施等相关信息。她说：“既然告诉了我们大米镉含量超标，却不告诉我们哪一种超标，这样对普通百姓——不公平。”北京市律师协会消费者权益法律专业委员会秘书长耿军先生表示，按照相关规定，广州市食品药品监督管理局有公布名单的责任。

在媒体穷追不舍和网上舆论持续质疑的情况下，广州市食药监局终于在 18 日晚 10∶30 公布了 8 个批次的不合格品牌。广州市食药监局称，已对问题大米及米制品采取控制措施，禁止使用。

政府新闻发言人面对涉及食品安全这类与民生利益密切相关的危机事件时，一定要主动、及时、公开、准确地发布相关信息，绝对不能如此遮遮掩掩。越遮掩越容易引起老百姓的怀疑，越容易引起公众对于公正权、执法权等权力的严重质疑。面对这样的事件，老百姓有理由对所有的米都产生怀疑。如果政府公开了准确的信息，仅仅是几家的米不合格，那么老百姓不吃这几家的米就可以了。这样做既是对老百姓权益的保护，又是对合法商家的有力保护，也是对这个行业的保护。

"人民时评"就此事发表《"镉米"要在阳光下暴晒》：

> 消费者有权知道自己消费的食品，安全程度究竟如何。这种"知情"，不仅在于，食品安全监管部门必须将抽查情况及时公开，也包括，应在商品包装上提供更详细的信息，并且像药品说明书那样，对相关成分可能带来的毒副作用，一一告知。"民以食为天"的时代含义，不仅是要能填饱肚子，还要有利于健康。企业真实地告诉消费者其所产大米的镉含量等，是态度，也是义务。

是的，主动、及时、公开、准确地告知公众事情的真相，是态度，也是义务，更是政府的担当。这也是政府新闻发言人面对突发公共危机事件时必须恪守的职业操守。

2. 公开准确发布原则——道德制高点

2013 年 5 月 12 日，新华网发布消息："记者从中央纪委获悉，国家发展和改革委员会副主任刘铁男涉嫌严重违纪，目前正接受组织调查。"

这条新闻，不但让公众得知了一名涉嫌严重违纪的官员的最新动向，更是将国家能源局新闻办推上了舆论的风口浪尖。

就在 2012 年 12 月 6 日，时任国家能源局局长的刘铁男被《财经》杂志副主编罗昌平实名举报涉嫌伪造学历、与商人结成官商同盟等问题后，国家能源局曾为其背书辟谣，声称：对刘铁男的举报纯属污蔑造谣，正在报警。

> **新京报讯**（记者钟晶晶）针对今日微博上《财经》杂志副主编罗昌平实名举报现任国家发改委副主任、国家能源局局长刘铁男涉嫌伪造学历、与商人结成官商同盟等问题，今日国家能源局新闻办公室有关负责人对《新京报》记者表示，上述消息纯属污蔑造谣。
>
> "我们正在联系有关网络管理部门和公安部门，正在报案、报警。将采取正式的法律手段处理此事。"上述人士表示，目前刘铁男已经得知此事，其本人目前正在国外访问。
>
> 国家能源局新闻办有关人士表示，今日还将就此事刊发正式的新闻稿。

“国家能源局新闻办该承担虚假发布的责任吗”，“官方的辟谣就是证实”，“谣言是真相的前奏”……公众纷纷质疑，为何被官方否定的“谣言”最终大多会被坐实？

尽管这样的说法有失偏颇，但对于政府新闻发布机构来说，确实是极大的警醒，让我们不得不认真地反思：新闻发言人的责任何在？如何坚守发布事实这一最根本的底线？

《人民日报》官方微博就此发表微评称：从被实名举报，到新闻办负责人否认严斥，再到今天证实接受调查，刘铁男的“剧情”跌宕起伏。实名举报在先，组织调查在后，这再次说明，创造条件让公众监督，是反腐制度化不可或缺的正能量。同时也要警醒：新闻发言人本是公职，怎会沦为“家奴”，为个人背书？

或许，网友“武大沈阳”的评论对于我们有所启示：“举报性流言确实需要时间验证。面对于举报，有关部门回应须坚守法治立场，勿为官员背书，无调查不断言。”

“无调查不断言”，这确实是新闻发言人必须恪守的职业底线。

2013 年 4 月 28 日，中国乳制品工业协会举行的一次新闻发布会上公布了一份《国产与进口婴幼儿配方乳粉质量状况调查报告》。报告指出，国产产品质量好于进口产品。从价格上看，进口品牌价格高于国产品牌近一倍。这一论断似乎想要颠覆人们固有的“国产婴幼儿奶粉不如进口奶粉”的印象。

这显然是对近年来愈演愈烈的国内乳制品安全问题的一次危机应对。

但在此次新闻发布会上，发言人并没有拿出充分的证据论证自己上述结论的成立。比如，此次进行的婴幼儿配方乳粉质量状况调查，是在北京及周边的省会城市的市场随机抽样，共抽检样品 25 个品牌。其中国内生产的国内品牌 13 个、国内生产的国外品牌 3 个、原装进口产品 9 个。这份调查报告并没有告诉人们具体是哪些企业，而只是在报告结尾处列举了一个由 15 家企业组成的“主流品牌婴幼儿乳粉监测名单”。

一石激起千层浪。一则“国产婴幼儿奶粉质量优于进口，你信不信”的微博在网上热传，加剧了公众对于中国乳制品以及该行业协会的不信任。

央视《面对面》记者董倩就“你信不信”的质疑，专访了中国乳制品工业协会副理事长兼秘书长刘美菊。

记者：这次调查报告出来了，但是我们看到的就是一个 16 家国产奶粉企业和 9 家进口奶粉企业，16 家是谁，什么品牌，9 家进口企业是谁，什么品牌，不知道，为什么不公布呢？

刘美菊:我们说的16家国内的企业,实际上包括在国内生产的外资品牌和国内生产的内资品牌,比如像美赞臣、多美滋、惠氏、雀巢,现在都在中国建厂。品牌虽然是外资品牌,实际上现在都在国内生产的,我们叫国内生产的产品。同时还包括国内品牌在国内生产的产品,比如蒙牛、伊利、圣元、雅士利、完达山、飞鹤,都是比较传统的我们国内的品牌。进口产品就是纯在国外生产加工的桶装的婴儿配方奶粉直接进口,不用在中国内地再进行加工了,直接就进市场卖的纯进口的品牌。

记者:您刚才列举出来的那几个品牌,我们并没有在新闻发布会上或者其他的官方表述上看到过,这是为什么?

刘美菊:因为我们这是一个市场调查,我们不是执法抽查。

记者:这怎么理解?

李美菊:就是协会嘛,它不是一个执法部门,我们就是为了掌握一下现在国内市场上的产品质量,情况是怎么样的,因此我们搞一次市场调查。我们觉得我们没有权利去公开这些企业的品牌。谁合格谁不合格,我们认为有执法资格的部门在做执法调查的时候来公布可能更妥当一些。

此次质量调查总的结果是,国产产品无论是国内品牌还是国外品牌质量均好于进口产品。这让人们质疑,中乳协发布这一质量调查报告的目的,显然是为了给国内乳品企业做宣传。这是在召开此次新闻发布会就应该也必须预判的舆情。然而,该协会似乎并没有做好这样的准备。

记者:那您感觉,如果从消费者的角度来看,你们作为一个行业协会,做了这样一次调查,但是没有告诉市场,没有告诉消费者,到底我检查的是哪家企业,哪个品牌,那么对于消费者的认可程度有没有影响?就是我不知道你调查哪家了,我怎么去信任呢?

刘美菊:因为我们说的是主流品牌,所谓主流品牌就是你在省会一级城市、大的市场都能够看到的这些品牌,叫主流品牌。而且我们抽查的16家品牌基本上占到了我们国内婴幼儿配方奶粉市场70%的份额,是非常有代表性的。

记者:对这几个品牌的调查合格,是不是也意味着不在你们调查范围之内的其他品牌也是合格的?

刘美菊:对主流品牌的抽检,我们协会从2010年就开始了,已经连续进行了三年，在行业内就开展了月月抽检活动，就是对这些主流品牌进行每月的质量抽检。

记者：你们是作为一个行业协会来抽检？

刘美菊：委托第三方检测。第三方调查机构是国家质检总局认定的一个检测中心，就是日常的乳制品的抽检，他们做得比较专业，我们找也是找最好的。

据悉，此次针对国产与进口婴幼儿配方乳粉质量状况的调查涉及了20项检验指标。其中包括主要营养指标5项，微生物指标5项，矿物质指标4项，污染物限量指标3项和其他指标2项。监测结果显示16个国产品牌（包括国内品牌和国外品牌）全部符合标准要求，而且实际检测数值都非常好，9个原装进口产品中有3个产品不合格。但是，这些具有一定说服力的数据又为何不在新闻发布会上公开发布呢？

记者：为什么要检查这些指标？

刘美菊：这20项指标是最能反映产品质量是否安全的指标。

记者：那么用同样的这些指标，查了16个国产和9个进口产品，发现国产的质量要优于国外进口的，那国外的9个产品在哪些方面做得不好呢？

刘美菊：国外的产品乳糖占碳水化合物比和钙磷比不合格，如果按照我国的标准来规定的话，它就低于我国的这个标准。

记者：低于标准的后果会是什么？

刘美菊：尤其是钙磷比，是体现促进人骨骼增长程度的一个值，一个指标。如果说只高一点或低一点，那都不叫不合格产品。

记者：但是现实生活中是什么样的呢？是新生儿的父母，不管是自己还是托人，不远千里万里从境外、从国外肩扛手提地给运回来的，到底哪个更贴近真实情况？

刘美菊：我觉得首先这种现象反映了消费者现在对国产产品的不信任。国产乳业的这个形象，现在应该说是跌到了谷底，因为从2008年出现那个事情以后，这么多的孩子受到了伤害，我觉得可能给消费者心理造成的创伤是很重的。想要重新树立正面的形象，我觉得是需要一段时间的。

发生于2008年的三聚氰胺事件，起因是三鹿婴幼儿奶粉被三聚氰胺污染，导致各地为数甚多的孩子因饮用三鹿奶粉而遭遇不同程度的肾损伤。这一事件不仅是中国父母的伤痛，也是中国乳品行业发展的分水岭，同时也成为中外乳制品企业在中国市场的转折点。近年来，中国国产乳业一方面艰难求存，另一方面却负面新闻频繁不断。而此次中国乳制品工业协会在发布这份国产奶粉质量优于进口奶粉报告的同时，还宣称，目前中国婴幼儿配方乳粉采取的是 2010 年 4 月 1 日正式执行的食品安全国家标准。我国婴幼儿乳粉的第四代标准在技术上是先进的，是世界上最严格的标准之一。

原料奶也就是生鲜乳，是生产婴幼儿配方奶粉的主要原料之一。2011 年 4 月，中国牛奶新国标正式颁布，按照新国标，原料奶中蛋白质含量由原标准中的每 100 克含 2.95 克，下降到了 2.8 克，低于发达国家 3.0 克以上的标准；而每毫升原料奶中的菌落总数标准却由原来的 50 万上升到了 200 万，比美国、欧盟 10 万的标准高出 20 倍。

三聚氰胺事件后，国家相关部门出台了《乳品质量安全监督管理条例》、《生鲜乳生产收购管理办法》等一系列法律法规，从奶源、生产环节到市场准入给予更严格的规范。但中国牛奶新国标被舆论普遍认为是一种倒退。一场应对危机的新闻发布会，在抱怨消费者对于国产奶没有信心的同时，却没有发布准确的具有说服力的信息，怎么让公众恢复对国产乳制品的信心呢？

信心的重建，特别是在像中国乳业这样整个行业都遭遇重大危机的时刻，必须建立在发布准确信息的基础之上。否则，你不但将因为“忽悠”和说谎在道德上丢了分，还会使得公信力遭遇更大的危机。这也是新闻发言人在危机新闻发布中的基本原则之一。

3. 口径一致原则——正确引导舆论

“不按照口径发声的发言人，绝对不是一个合格的新闻发言人。”这是新闻发布行当的金科玉律。

然而，在我们的身边，在我们的现实工作中，不知口径为何物，也不按照口径发言的“新闻发言人”却并不鲜见。

2013 年 5 月 20 日 21 时，深圳横岗华茂工业区。伴随着一声巨响，5 名刚下晚班拖着疲惫的身子走出工厂大门的深圳市伟群精密机械制品发展有限公司的员工，在毫无准备的情况下，丧命于突如其来的路面塌陷形成的深坑之中。

地陷一再夺命，“走路死”成了网络流行语，可为何没有人承担责任？为何没见举一反三，对同类情况进行排查？世上最安心莫过于脚踏实地，谁来告诉公众：我们的“脚底下”究竟是实是虚、是安是危？

据龙岗区通报，事故原因系地下排水箱涵老旧破裂。

但深圳市龙岗区横岗街道办一负责人在接受新华社记者专访时解释称，事发地所在的工业区是自发形成的，在上世纪 90 年代就已建成。他认为事故“肯定是天灾”。

该负责人的“天灾说”，将公众和舆论的视线再次引向了曾经发生的类似事件：早在 2011 年 6 月和 7 月，龙岗区坂田街道雅园路、深惠路都曾发生塌陷，原因都是地下箱涵垮塌所致。

于是，舆论质疑，有警钟在前，横岗相关部门有没有做过细致深入的险情排查工作？

在接受新华社记者专访时，横岗街道农林水管理中心一位负责人告诉记者，事发地段道路下的排水箱涵修建比较早，里面的条件比较恶劣，同时并没有规定要求必须派人下去查看排水箱涵的实际状况，因此没有查。“没有查”所付出的代价就是 5 条人命，这难道是天灾不是人祸？

事件再一次发酵，而导致发酵的重要原因之一，就是新闻发言人口径不统一。

口径是什么？口径就是新闻发布中，基于事实为发言人制订的准确严谨的说法。

深圳“缝肛门”事件

2010 年 7 月 26 日，事主陈先生向深圳电视台反映，当月 23 日上午，产妇林某萍进入深圳凤凰医院生产。产后肛门肿成了鸡蛋大小，且发现周边都是线，怀疑肛门被缝闭。

7 月 28 日，深圳市卫人委表示，助产士无权做外科手术，如果发现助产士在行医过程中有问题，将依法依规严肃处理。

7 月 29 日，深圳市卫人委召开新闻通气会，通报无证据证明助产士将肛门缝闭，是否缝针专家说法不一。助产士本人以人格担保未动针。

7 月 31 日，陈先生就“缝肛门”事件向罗湖公安分局黄贝派出所以助产士涉嫌故意伤害为由报警。

8 月 2 日，深圳市卫人委宣布此前调查结果系行政调查，非医疗鉴定结果。

8 月 12 日，罗湖公安分局公示法医鉴定结果：产妇林某萍的肛门处可见“黑色丝线缝扎”。

8 月 18 日，深圳警方改口：产妇被缝的只是痔疮不是肛门。

梳理完事件的走向，我们发现，无论是主管部门深圳市卫人委还是深圳警方，给出的说法要么前后矛盾自相否定，要么相互矛盾莫衷一是。于是，到底是缝还是扎？到底缝（扎）的是肛门还是痔疮？我们依然不得而知。

案件本身有待法律最终给出公正的判决，我们所关注的是，无论是行政主管部门还是参与调查办案的警方，在发布相关信息时，似乎并未注意到新闻发布中一个最重要的问题——口径一致。

一个组织或者机构，对于同一个新闻事件，无论是谁在面对媒体发声，都必须严格按照“口径一致”原则发言。所谓一致，包括上下一致、前后一致。否则，将会如上述“缝肛门”事件的发布一样，因为口径的不一致，导致公权力公信力的丧失——我们到底该听谁的，相信谁说的？

新闻发言人统一发布的口径，必须建立在尊重事实真相的基础之上，而不是统一发布谎言，欺上瞒下。

2010年6月15日，香港电台转引美国“自由亚洲电台”消息，称深圳大亚湾发生“严重的核泄漏事故”。

> 深圳大亚湾核电站在5月23日发生历来最严重的核泄漏事故，至今仍未受到控制，严重威胁附近居民生命安全。深圳当局一直封锁消息，也没有依据协议向香港方面汇报。总理温家宝得悉事件后亲自致电核电厂，要求如实反映情况。
>
> 核泄漏事故发生在上月23日中午，当时大亚湾核电站内正在运转的二号机组突然出现异常，工作人员立即采取紧急事故处理程式，电厂的检测系统发现，当时已有大量放射性碘核素散布于空气中，空气中的活性气体也大量增加，显示辐射泄漏已超出厂区范围。
>
> 有消息人士透露，这次泄漏事故发生后，当局采取大事化小处理，核电厂不仅没有根据有关协议向香港方面通报，连对国务院亦只是轻描淡写简报。原因是深圳大亚湾附近已发展成豪宅及观光旅游景区，当局担心泄漏消息公布会造成恐慌，严重打击当地房地产。

针对这一传言，中国广东核电集团（中广核）当天即发表公告，否认放射性核泄漏事件。

> 5月23日大亚湾核电站二号机组一回路放射性水平升高，少量燃料包壳破损，导致一回路放射性水平升高，未达到国际原子能机构（IAEA）核事件

评级标准。但并没有发生核泄漏事件，不会对公众造成任何影响。

就在同一天，香港中华电力证实大亚湾确实存在核泄漏事故，但强调泄露极微小，不会对公众造成威胁。

深圳大亚湾核电厂在5月23日发生反应堆内的核泄漏事故；中电强调有关泄露极微小，并不列入国际核事件评级内，不会对公众构成危险。

同样在15日，中华电力给香港保安局的回复也说发生了泄露，香港保安局对此事进行了回应。

图5—6　大亚湾核电站否认发生放射性核泄漏事件①

保安局接获自由亚洲电台查询有关在5月23日发生的广东核电站事故，已实时向中华电力有限公司了解情况。

中华电力有限公司已就该查询作出以下响应：2010年5月23日，大亚湾核电站二号机组反应堆冷却水发现放射性碘核素和放射性气体均有轻微上升。在过去两个星期，这些放射性水平保持稳定，没有特别变化。经分析初步判断有一根燃料棒存在微少泄露，项目小组现正跟进及监测有关情况。而这些放射性核素会被完全隔离，因此不会对公众有任何影响。②

事件发生后，中广核和香港中华电力等对相关信息进行了澄清，但是发布的口径却不一致。中广核一开始是否认的，但就在其发布信息的当日，香港中华电力证实确有此事，而且中华电力给香港保安局的回复也说发生了泄露。

不仅中广核和香港中华电力的口径不一致，中广核自身前后的口径也不一致。事实证明，微小泄露确实存在，但在可控的范围内，并非像香港电台所说的那样“发生了历来最严重的核泄漏事故”，原先矢口否认的中广核后来也改口承认发生了轻微泄露。

针对出现事故为什么没有公布的疑问，中广核工作人员在接受记者采访时给出的解释是，“这一事件没有达到作为应急事件处理的等级”，“早上起来发现掉了几根头

① 图片来源：http://www.xf580.com/news/20100617/44975.html. 2010—06—17

② 周艺平：《八个怎么办——网络舆论引导经典案例分析》，湖北人民出版社2010年版，第59—61页。

发，这有什么好大惊小怪的呢？如果掉几百根头发，才是需要注意的事。达到上报的安全级别，早就报上去了”。[①]

或许工作人员是出于好意，但对于同一事件，相关主体各自的说法如此不一，前后口径不一致，着实让公众困惑，对中广核自身的形象也有所影响。好在最终没有造成大规模的恐慌，若是像“开封杞县钴 60 泄露”的谣言那样，引发杞县数万名居民出走，后果将不堪设想。

口径准备是美国国务院及政府各部门进行新闻发布时的一项基础工作，美国学者在授课中，美国政府、国会、军方及媒体的高层人士在交流座谈中都多次谈到口径准备的重要性。以口径引导发布，以口径统一发布，以口径做好发布，使得美国国务院及政府各部门的新闻发布会都在其掌控之中。

“新闻发布中有可能提出的问题，往往牵涉多个方面，更为复杂的是，有关各方对这些问题的看法还会不尽相同，各有各的观点。这就要求我们必须全面了解和掌握，在综合平衡各方意见和观点的基础上求同存异，以统一思想，形成统一口径。”[②]

类似这样的突发事件发生之后，由于涉事各方协调不一致而造成信息发布前后矛盾的情况，很容易产生公众信任危机，最终给事件的处理带来不利影响。因此，突发事件发生后，政府新闻发言人首先要在政府危机处理组织的统一协调下，最大化地掌握全面、准确的信息，基于事实确定新闻发布的基调和口径。口径的发布一方面要注意前后信息的连贯性和一致性；另一方面，更要注意上下各个层级回应口径的一致性。后一点尤为重要。比如，上一级领导与最基层的普通工作人员在回应媒体采访时会因为身份、角色与角度的不同，在具体的表述上有所差别，但事实本身或者事件的基本定性这些要素必须是一致的。只有如此，才能保证正确地引导舆论。

4. 动态发布（三发）原则

对于媒体而言，最希望能在第一时间获得突发事件尽可能多的信息。但对于公权力部门而言，对于没有核实准确的消息又是绝对不能轻易发布的。可是，要等情况彻底搞清楚再发布，也是绝对不可能的。在媒体信息饥渴与政府信息控制两者之间，必须要有一个妥协的节点。在主动及时发布抢占舆论制高点的同时，谁来发布，发布什么，怎么发布？都是政府新闻发言人必须认真研究思考，不断努力探索的问题。

---

① 陈乐伟、黎媛、周伟涵：《广东核电集团：大亚湾核电站未发生核泄漏》，新浪网，http://tech.sina.com.cn/d/2010－06－16/12294314689.shtml.2010－06－16

② 龚爱林：《一门必须做好的功课——谈新闻发布的口径准备》，《对外大传播》2007 年第 12 期。

对于重大突发危机事件的发布，有一个“三发原则”必须遵守。

先发事实——争得首因优势，抢占舆论先机；

慎发原因——不得猜测臆断，避免留下口实；

续发过程——保持连续动态，体现认真负责。

2013 年 6 月 5 日 2 时 31 分许，深圳市龙岗公安分局接到报警称，横岗街道安良五村中裕电器(深圳)有限公司发生火情。龙岗公安分局立即转 119 并组织警力前往现场处置。

正当警方组织现场灭火工作时，腾讯微博上传出一条不实网帖：“安良的火烧得真猛！烧死了 100 多人！”

发现该虚假信息之后，为确保火情扑救工作有序进行，避免引起恐慌，龙岗警方立即展开调查。与此同时，警方也及时在官方微博上发布了一条微博：“……市、区消防部门及时赶往现场扑救、安全疏散群众，没有人员伤亡。”(先发事实)

当日 18 时许，警方在横岗街道保安村一眼镜厂内将谎报险情的发帖人吴某抓获归案。经查，吴某系眼镜厂员工，对用手机上网发布谎报险情帖子的违法行为供认不讳。根据《治安管理处罚法》规定，吴某的行为已构成虚构事实，扰乱公共秩序，龙岗警方依法对其处以治安拘留。

当日，有记者向在场的公安消防监管人员提问事故原因，该工作人员表示，仍在进行救援，事故原因尚不清楚，难以回答上述问题。(慎发原因)

据相关人员介绍，等大火扑灭后将等楼冷却 10 个小时后，由建筑专家评估，楼房是否有倒塌危险，然后决定是否入内调查火灾原因。一旦查清原因，将会在第一时间向媒体和社会公布。(续发过程)

对于这场持续了 20 个小时的大火，有关方面一直遵从上述原则，不断地把最新的进展动态通过官方微博主动通报给媒体，并通过广电媒体以及相关媒体的官方微博等多种方式及时地告知社会，让公众了解事件的进展。

由此我们可以进一步明晰为何要在第一时间发布第一手的基本事实，也更加明确了必须在突发公共危机事件展开处置的同时，展开相应的新闻应对的缘由。换言之，突发公共危机事件中的新闻发布是危机处置的一个重要部分。

虽然第一时间发布的信息可能是片面的，是即时的，是动态的，是不完整的，是可能变化的，但它及时满足了人们的知情权，满足了人们对信息的渴求，能起到有效消弭谣言、稳定民心、团结群众的作用。

哈尔滨塌桥事件

2012年8月24日早5时30分，黑龙江省哈尔滨市三环路高架桥洪湖路上桥匝道处（距阳明滩大桥3.5公里）钢混叠合梁侧滑，4辆货车侧翻，造成3人死亡、5人受伤。

阳明滩大桥位于哈尔滨市西部松花江干流上，大桥分为主体工程和配套疏解工程，发生坍塌的匝道是疏解工程的一部分。大桥工程于2009年12月5日开工建设，2011年11月6日建成通车，估算总投资18.82亿元，最大可满足高峰期每小时9800辆机动车通行。

24日上午10时30分，哈尔滨市政府举行新闻发布会。市政府秘书长、首席新闻发言人黄玉生通报了事故情况，称阳明滩大桥质量过硬，事故原因初步怀疑为车辆超载所致。但这一结论很快就遭到了更高权威机构的否认。在随后举行的国务院新闻办公室新闻发布会上，国家安全监管总局总工程师、新闻发言人黄毅表示："我认为刚投入运行一年就发生断裂坍塌，肯定有问题，但什么问题，需要在事故调查之后才能加以确认。一旦有了结论，我们会让当地的事故调查组及时向社会披露，也希望新闻媒体予以监督。"

25日，哈尔滨市政府再次举行新闻发布会，黄玉生将此次事故定性为"匝道侧滑"，强调发生事故的桥梁为上跨洪湖路的上行匝桥，属于独立建设项目，与阳明滩大桥分属两个工程建设项目。对于此前媒体报道的"哈尔滨市建委表示因阳明滩大桥施工指挥部已经解散，所以无法查询到是哪家单位负责的这段事故桥梁"说法，黄玉生表示"不存在"，市建委已经将设计、施工、监理单位等相关资料提交给了事故调查组，待事故调查结果确定后，就会将以上单位名单一并向社会公布。

27日下午18时，哈尔滨市政府召开的第三次新闻发布会上，黄玉生公布了事故桥梁的设计、施工、监理单位名单，分别是哈尔滨市市政工程设计院、福建省交建集团工程有限公司和黑龙江百信建设工程监理有限公司。黄玉生再次强调了发生事故的匝道与阳明滩大桥没有关系，并表示由于该匝道是相对独立的上行分离式匝道，对三环路群力高架桥没有造成大的影响，所以三环路群力高架桥的主体交通正常通行。发布会同时透露，事故鉴定组的7名国家级专家25日晚全部抵哈后，已经展开了调查，目前，现场查验、取证等工作已完成，正在进行核算核查工作。

哈尔滨大桥坍塌事故的伤亡情况并不算最惨重的，但全国舆论仍给予极高的关注。其主要原因，一是缘于其特殊的舆情背景：通车不到一年的阳明滩大桥主体工程曾被称为“哈尔滨速度”、“哈尔滨奇迹”，竣工通车后的“刷新国内最快建设速度，3 年工期 18 个月完成”、“造价 18 亿”、“百年大桥”等溢美之词还言犹在耳，突如其来的坍塌本身就足以引爆舆情。此外，政府在新闻发布会的诸多不当甚至是错误的应对，也是舆情进一步发酵、事态进一步扩大的主要原因。

一是对舆论焦点所关注的桥梁质量问题遮遮掩掩，事故发生后，舆论自然而然地指向了桥梁的质量问题，纷纷发出到底是设计缺陷还是工程质量导致这一事故的疑问。然而，政府却以“车辆超载说”试图将责任归咎于坠桥的货车，不禁让人联想到“超载压垮北京怀柔白河桥，司机被要求赔偿 1556 万”事件。有媒体评论称，一座大桥倒塌，造成了生命和财产的重大损失，仅仅几个小时，估计设计专家、建筑专家、力学专家、交通专家都还在赶来的途中，我们的新闻发言人就迫不及待地把责任推给了超载，这显然不科学，也是对逝者的不负责任。而这背后，似乎还有着回避和遮掩某些问题的用心。

在连续三次新闻发布会上，政府新闻发言人给出的千奇百怪的说法都遭到了媒体和公众的严重质疑。比如一再声称事故路段与阳明滩大桥无关，并将事故定性为“匝道侧滑”，被指保护政绩。《青年时报》发表时评称，匝道“侧滑”是个拗口词语，却成为官方对塌桥事故定性的关键词。摆在媒体和民众面前，显而易见的造成巨大人员伤亡和财产损失的桥梁垮塌事故，却让官方仅纠结于事故的“垮塌”与“侧滑”或者“匝道”与“桥梁”的字眼之间，而且当地媒体在对桥梁垮塌事故的报道中刻意摈弃“垮塌”字眼，从另一个侧面说明官方避重就轻，急于摆脱事故责任的心态。而“找不到责任单位说”被指是泼皮无赖的行径。事故发生后，哈尔滨市建委称“阳明滩大桥施工指挥部已经解散，无法查询到是哪家单位负责这段事故桥梁”。“查不到责任单位”旋即成为网络热词。尽管在第二次新闻发布会上官方否认了这一说法，但最初的鲁莽结论已经让当地政府公信力扫地。

著名网友“韩可胜”就此事发表评论：“舆情应对口径，忌掩耳盗铃，忌违背常识，忌说睁眼瞎话。今日哈尔滨新修一年的大桥垮塌，匆匆归因于车辆超载。超载是常事，难道桥梁设计时没想到？若没想到，也属人祸。故此应对，卸责诿过，乃视天下人为傻瓜。天下人不傻，唯真傻子敢骗天下人。”

从哈尔滨市政府 4 天 3 次召开新闻发布会可以看出，官方迫切希望解决此次舆论危机，然而，却没有遵循新闻发布的基本原则与规律。比如急于切割政府责任，草率发布“超载”、“侧滑”等似是而非的结论性信息，实属严重败笔。因为，任何一项事故原因调查，都必须经过科学论证，经得起民众质疑和推敲，丝毫马虎不得。在没有经过严谨的调查与科学的鉴定之前，政府部门和官员仅凭感觉或专家的简单表象理论分析，便通过严肃的新闻发布会抛出轻率判断，难免会给公众一种推卸责任的印象，势必导致公众舆论的混乱以及当地政府公信力的丧失。

就这样，哈尔滨政府在浪费了一次次危机公关机会的同时，也损害了自身的公信力。实际上，在塌桥事故原因不明之前，政府及有关单位只需简单通报事故后果、责任单位、调查组的人员组成以及事态进展，同时表明彻查态度和查处决心，展现一个有担当、负责任的政府形象，舆论必然会对这样的政府抱以信任和宽容，其舆论效果大有转“危”为“安”的可能。

美国前总统布什的新闻发言人阿里·弗莱舍说，这就像很多饥饿的人在等着一只正在烤制的火鸡，如果鸡翅已经烤熟，就应该把那部分切下来，让人们先填肚子再说，再继续烤其他的部分，不要让人们饿着肚子等到火鸡全部烤熟。①

政府信息不仅要及时公开，而且要及时更新，特别是公众普遍关心的生产安全、饮用水安全、卫生防疫以及环境污染等敏感事件，都应及时公布阶段性、过程性信息。滚动发布是对公开性原则的坚持和延续。一有消息就及时发布，使公众不断得到“政府在行动”的信号，有助于提高公众对政府的信任度，不至于让莫须有的流言影响如此广泛。② 在信息的发布上，一定要做到自始至终，而非虎头蛇尾。

5. 危机发布诸原则小结

身处社会转型期，各类自然的或者非自然因素导致的突发事件常常会演变成重大公共危机事件。最危难的时候，也是最考验我们善用媒体能力的时候。此时，如何有效进行新闻应对和舆论引导呢？

（1）抢占舆论第一落点

我们一定要在第一时间进行主动应对，不能延误时机，不能拖延发布。在进行相关危机处置决策时就应当充分考虑到媒体因素，在突发事件发生的第一时间就必须进行回应，这都是我们在长期实践工作中得出的结论。这主要体现为“四个同步”：

“工作策划”与“新闻策划”同步考虑：把新闻策划、发布理念贯穿于部门工作的始终，决策伊始就将舆论因素纳入工作方案一并考虑和安排。

---

① 邹建华：《政府和企业新闻发言人实用手册》，复旦大学出版社 2006 年版，第 19 页。
② 周艺平：《八个怎么办——网络舆论引导经典案例分析》，湖北人民出版社 2010 年版，第 27 页。

“事件处置”与“新闻处置”同步进行：发生重大级以上突发公共危机时，政府部门的新闻发布工作必须与处置工作同步启动，发布危机状态下权威的正面新闻信息。

“口径统一”与“多方表达”同步实施：在重大舆论引导过程中，各部门单位应围绕基本事实、基本立场和口径，进行分级、归口的多部门、多角度发布，既保证口径的统一，又满足公共舆论声音多元化的需要，分散舆论关注焦点。不按口径发布新闻者不是称职合格的新闻发言人。口径必须保证基于事实准确而制订，同时要做到上下一致、前后统一。

“新闻发布”与“网络引导”同步开展：充分考虑新闻发布的网络传播因素，坚持网络首发制度，突发事件的新闻首发首先考虑官方新闻网站、官方微博、官方微信等，让正面、权威信息第一时间上网，同步开展网络引导，把新闻发布的内容以及正式发言时不便说、没说完的内容，以生动的网络语言在网上广泛发布，争取网民的了解、理解与支持。

(2)抢占道德制高点

媒体不仅传播信息，而且还在很大程度上参与和制造舆论，而舆论制造者和传播者又都有自己的立场，因此，媒体所传播的信息既有正确的，也有失真的，这就要求受众要有判断力，否则难免被误导。所以，我们引导舆论的最高境界，就是实事求是地公开发布信息，不说谎不忽悠，靠公信力赢得民心。这一点在危机事件的舆论引导中尤其重要。

抢占道德制高点，要做到以下两点：

一是站在公众立场，以民为本充分体现人文关怀。这个立场与媒体不谋而合，可以更好地通过媒体树立政府的良好形象。

二是坦诚面对，不遮掩，不说假话，发布准确信息。近几年的多次舆论事件已经充分表明，一旦有意遮掩，自身形象将受到严重损毁。

(3)重大舆论引导还应当综合运用多种方法

政府引导舆论的做法主要有应对、引导和管控三种方式。应对是被动地对媒体报道进行回应；引导是主动地设置议程，对媒体报道进行指引；而管控，则是传统意义上的硬性要求媒体进行或不进行有关的报道(例如宣传通知和宣传提示)。今天，面对多元媒体生态的舆论环境，应当综合运用上述方法，尤其是不能简单地运用和依赖管控的方式，否则后患无穷。

二、危机发布要准备什么

危机处理过程中，新闻发布会是直接面对公众、面对媒体的行为，如前所述的所有的意义、原则、策略等都将通过新闻发布的过程来实现。对于政府新闻发言人来说，新闻发布会就是真正的“战场”。政府新闻发言人要在新闻发布会上“获胜”，必须做到不打无准备之仗，危机处理中的新闻发布也一样。那么，政府新闻发言人要从哪些方面进行准备呢？

组织、策划新闻发布会，要做好危机发布预案[①]。危机传播预案至少包括六方面内容：危机传播管理的指导思想、危机传播管理小组的成员和职责、危机传播预案启动的程序、信息的收集、信息的发布、危机传播效果评估。

1.制定危机传播管理的指导思想，也就是先“定调子”。在这一部分，部门的最高领导应该对危机传播的重要性予以肯定，并对危机期间的新闻发布工作表示全力支持，明确危机传播管理小组的权威性。只有领导高度重视，危机传播的有效管理才可能实现。

2.确定危机传播管理小组的成员和职责。危机爆发后，任何公共组织都应设立危机传播管理小组，只是根据组织的性质和大小，规模有所不同。

3.明确危机传播预案启动的程序。这一部分首先要根据实际情况对突发事件的等级和危机传播的等级进行划分。当事态达到一定等级，如较大突发事件发生或事件受到广泛关注时，应启动预案。危机传播预案的启动一般由组织的核心领导批准.紧急情况下也可由新闻办公室或公共关系部负责人决定，同时报告最高领导。

4.确保信息的收集渠道畅通，并对信息做出分析和评估。信息收集的对象包括系统内部、媒体、公众三个方面。在这一部分需列出一个任务清单，每天对工作成效进行检验。

5.掌握信息发布的主动权。在这一部分需阐明信息发布的形式、信息发布的内容、信息发布的时机和人选等。信息的发布也要针对系统内部、媒体、公众等各个方面。

对系统内部的信息发布形式包括：内部网站上发布消息、印发简报、召开内部会议等。发布内容应简明扼要，与平时做大会报告不同。危机期间信息的传达要清晰明确，处理措施的陈述要直截了当。系统内部人员应最早了解危机事件的确切情况。危

---

① 参见李希光、孙静惟：《如何备好危机传播预案》，《新闻与写作》2008年第12期。略有改动。

机信息的发布要由部门决策层执行，并对危机的处理进行统一协调和部署。

对媒体的信息发布形式多种多样，如：召开新闻发布会、组织现场联合采访、接受专访；或是通过网站、传真、电子邮件向媒体发布新闻通稿；为争取时效，也可以通过官方微博在第一时间给出回应，等等。

对公众的信息发布必须借助媒体的力量，同时也可创造一些直接面对公众的机会。比如深入事发一线调查、开通热线咨询电话、召开座谈会，还可以通过手机短信、官方微博、官方微信等非大众媒介发布信息等。

6.危机传播的效果评估。对危机传播效果的适时评估是决定下一步危机处理办法的基础。只有准确、全面地掌握情况才能够做出科学的评估与正确的判断。

三、危机发布的传播技巧

在新闻信息发布的过程中，要注意合理与适当地利用一些传播技巧，以提高新闻发布的效果。

1.要注意发声的时机

发言人的任务是第一时间让媒体和公众获得“截至目前”的信息，以及将不断更新信息的承诺。危机发生后，应立即由训练有素的发言人面对公众发布新闻，让媒体和公众了解政府对当前局势的态度和立场，以及政府正在做什么，将要启动哪些应对措施等。

2.要注意以真诚的态度进行新闻信息发布，做到“三不要”和“三要”

不要说谎：如今媒体的身影无处不在，报纸、杂志、广播、电视、网络、微博、微信……除了记者，职业“报料人”、内部的“线人”，甚至路人甲、路人乙都正在成为媒体重要的新闻来源。事态越是危急越不要因慌乱而胡加猜测。在混乱和失控的情况下，更不可以说谎。

不要居高临下：外交家吴建民在他的《交流学十四讲》中说：“如果瞧不起人家，就会自觉不自觉地流露出来。流露出来，就会伤害对方，或使对方感到不快。这必定同你通过交流所希望达到的目的是南辕北辙的。”

不要说套话：套话是真诚的敌人，会给人留下敷衍甚至虚情假意的印象。有很多新闻发言人在危机现场还不忘官话连篇、套话连连，不厌其烦地强调领导如何高度重视、亲临现场、作出重要批示，等等，不但会遭到采访记者无情的打断，更会引起公众的强烈反感。更为重要的是，陈词滥调将掩埋你所要传递的真正信息，给危机的处理增添屏障。新闻发布之前的精心准备和新闻发布现场的直指主题是避免套话的方法。

吉林宝源丰禽业火灾

2013年6月3日6时6分，吉林省德惠市米沙子镇宝源丰禽业有限公司生产车间发生火灾。据附近村民介绍，事发时应是早上6点多，当时听到三声爆炸响，随即就发现着火了。

据了解，吉林宝源丰禽业有限公司2009年9月建成投产，公司资产总额6227.02万元，2010年底实现销售收入2.3亿元，共有职工1200余人。该公司是以饲料、种鸡养殖、鸡雏孵化、肉鸡放养回收、屠宰加工、深加工、销售为一体的农业产业化企业。

据长春市3日17时通报："这次事故已经造成了119人死亡。当地已经陆续通知遇难者家属认领遗体。对于无法辨认的，将由直系亲属通过DNA鉴定来确认。公安部消防局发布消息称，火灾原因初步判断是电火，屠宰场内存水较多，导电造成人员伤亡。目前，伤员救治和现场搜救工作仍在紧张进行中。"

这是吉林省近几年伤亡人数最多的一次事故。其危机处置中的新闻发布工作既有可圈可点之处可以借鉴，也有欠妥失当之处必须引以为戒。

德惠"6·3"事故发生后，救援指挥部迅速成立新闻宣传组，并立即设立新闻中心，组织开展新闻发布工作。

按照"先发事实、慎报原因"的突发事件新闻发布工作原则，新闻中心在6月3日上午11时，召开了首场新闻发布会，由长春市政府新闻发言人赵显通报已认定的伤亡人数及救援情况。本场发布会在第一时间发布权威信息，突出了时效性，及时回应了社会关切。

图5—7 吉林宝源丰禽业火灾现场

当天16时40分，又召开了第二场新闻发布会，由发言人赵显通报救援进展情况，客观、准确地跟进发布信息，较好满足了媒体和公众的信息需求。

6月4日14时，召开第三场新闻发布会，通报遇难者身份的确认情况，但由于情况不明、授权不够、准备不足，本场新闻发布会时间较短，只有4分钟，信息量较少，引起一些媒体的不满，出现媒体记者在发布会后追堵发言人的场面，社会反响较差。必须强调，回答记者的提问是任何新闻发布会都必不可少的重要环节，贸然取消这个环节，只会引发新的舆情。

6月6日10时，召开第四场新闻发布会。为了多角度回应媒体和社会关切，新闻中心积极协调，邀请相关部门的新闻发言人出席新闻发布会，回答记者提问。由长春市政府新闻发言人赵显、环境保护局新闻发言人叶蓬欣、卫生局新闻发言人赵福玉、安全生产监督管理局新闻发言人刘胜军、消防支队新闻发言人王喜春、德惠市政府新闻发言人赫哲通报事故伤亡、现场氨罐处理进展以及事故善后处理等情况。

发布会开始，6位发言人集体起立，对遇难者表示哀悼，态度诚恳，并回答了9家媒体记者的24个提问。本场发布会是效果最好的一场，发言人了解事故的全过程，清楚新闻媒体关注的热点问题，知道要传递什么样的信息，发言基本无官话、套话，说实在话，并注意情感的交流，赢得了媒体和公众理解，发布了大量有效信息，及时、准确、全面地回应了社会关注，有效引导了社会舆论。

6月6日14时，召开了第五场新闻发布会。发言人通报事故受伤人员救治情况，并回答记者提问。发言人准备充分，发布信息翔实准确，但是主旨发言却显得冗长，现场脱稿讲的内容个别用词用语也不够规范。据媒体报道，他用了整整一个小时的时间，详细梳理了医护人员救治事故伤员的情况。

先不说其发布内容如何，且就主旨发布而言，长达一个小时的发言，再精彩的内容，记者都会失去耐心。尤其是这种重大公共危机事件的发布，媒体需要的是与事件处置密切相关的实实在在的“干货”，要的是能够写进新闻稿件的有效信息。

据报道，发言人在发言中对医务人员“紧张忙碌、夜以继日的工作，作出的巨大牺牲”表示“骄傲”。同时，“他还不忘自我表扬，称自己是在早上8时赶到现场的”。他表示，当危重伤员情况复杂时，专家们当晚就从北京乘飞机过来，非常令人“感动”。他还对媒体能花大篇幅报道医务人员抢救伤员表示感谢，甚至还站起来向在场记者敬礼。不过，当有记者请他描述他当天在现场看到的情况，以及从医学角度判断，伤者受伤原因是氨气中毒还是被大火灼伤时，他却对这些公众最为关切的重要信息避而不答，顾左右而言其他，令记者十分不满。

重大突发危机事件发生后，公众期待的是政府的负责与担当，而政府新闻发言人的言行正是向社会传递政府直面危机，勇于负责的最好载体，万不可掉以轻心！

7日14时，召开第六场新闻发布会。长春市政府新闻发言人赵显、公安局新闻发言人唐庆华、环境保护局新闻发言人叶蓬欣、安全生产监督管理局新闻发言人刘胜军、德惠市政府新闻发言人赫哲通报了善后处理和遇难者身份确认情况，发言人对媒体提问应答真诚得体、准确无误，互动效果良好。

6月5日14时，针对新闻媒体特别是网络舆论对事故伤亡数字、救援情况的追问一度给事故救援工作带来负面影响的情况，新闻中心及时组织协调长春市疾控中心主任王彦会、专家吴静，德惠市畜牧局局长陈万峰等出席媒体见面会，向媒体介绍事故现场消杀防疫、禽类产品无害化处理、伤员救治、市民踊跃献血等工作情况，并组织策划媒体记者到献血现场进行集中采访，有目的地为媒体提供更深入、更生动的鲜活新闻素材，吸引媒体的关注，挖掘报道深度，拓宽报道渠道，增加报道的人文关怀。

图5—8 吉林宝源丰禽业火灾新闻发布会

在整个事故处置过程和新闻应对中，吉林省政府新闻办能根据实际情况，采用系列新闻发布会以及官方微博等新媒体进行多元化的整合发布，新闻中心不仅组织召开了六场新闻发布会，还组织了一次媒体见面会和八次集中采访活动，发布了两次书面情况通报，成为有效引导社会舆论的重要手段。同时积极做好舆情收集分析研判，针对事故处置工作，每日编发新闻素材稿，及时将伤亡人数、救援情况、遇难者身份确认、遇难者名单、事故善后处置等信息传递给公众，有效澄清了各种谣言。新闻办还收集整理出六个方面22个公众和媒体关注的热点敏感问题，及时反馈给新闻发言人，有针对性地做好答问口径准备，体现了政府高度负责的态度。其密集发布的权威信息，成为海内外媒体客观公正报道这一重大危机事件的主要信息源。

同时，新闻办还利用新媒体特别是官方微博“及时性、广泛性、互动性”的特点，不但在第一时间发布权威信息，而且连续滚动发布事件处置的动态信息，有效回应网民关切，体现了政府负责担当的态度。6月3日至7日，官方微博在新浪和腾讯微博平台共发布事故救援动态信息242条，相关转发和评论超过3万条次，单条微博浏览量最高达到2700万次，成为媒体报道的重要信源。人民网舆情监测室对该省官方微博“吉林发布”在应对“6·3”事故发布权威信息情况给予了肯定：对火灾的灾情、人员伤亡信息、事件进展等情况通过微博进行及时、准确的播报，在网民高度关注、渴望了解实情的网络环境下，满足了众多网民的关注需求，展现了在公共突发事件的舆情处置中官方微博对于舆论引导的重要作用。

与“三不要”相对应，发言人应做到以下三点：

要守信用：答应记者的事情一定要做到。比如，有的发言人为了躲避记者的追问顺口说“等我电话吧”，之后却迟迟不回电话。记者的不满情绪很可能在其报道中表现出来，将受欺骗的感觉转化成负面报道，对发言人非常不利。

要平等待人：不论长幼尊卑，都应该以礼相待。尊重对方的同时也是尊重自己。见到记者点个头、笑一笑，不费多大力气却可以拉近彼此之间的距离。这样的表现并非虚情假意作秀，而是你内心尊重媒体、尊重记者劳动的真情流露，也是新闻发言人必须和记者建立平等交流与互动的良好关系的要求，即所谓的“善待媒体”。

要有人情味：真诚是发自内心的，人情味是真诚的一种表现，是情感的自然流露。每个人都有人性的一面，而这一面更容易在公众当中引起共鸣。政府新闻发言人有责任和义务将“以人为本、执政为民”的理念有效传递给老百姓。不要让硬邦邦的发布台遮挡住你的人情味，适时地袒露你同公众一样的担忧、同情等情感会获得更多的理解和支持。

四、危机新闻发布稿该怎样写

近年来，随着时代的进步，观念的转变，公众对于政府在危机事件处置中的表现有了最新的评判标准。无论是在“7·23”动车事故，还是陕西安康孕妇引产等事件中，人们越来越重视对生命的尊重。生命的至高无上与公共利益如何兼顾？这是非常值得重视与研究的危机应对中的新变化、新课题。这种变化正在颠覆传统危机处置中优先恢复公共秩序、保障国家经济运行的做法，具体表现就是公众和舆论首要关注的是事件当事人生命的价值与尊严。

这里，有必要特别强调一下，在危机发布中，新闻发布稿务必要注意远离官话套话，避免“领导高度重视”之类空洞无物的叙述，一定要站在公众的立场问问自己——他们最想知道什么？

2012 年 5 月 10 日上午 9 时许，云南省昭通市巧家县白鹤滩镇花桥社区便民服务大厅发生了一起爆炸案。传当地一李姓妇女，因不满政府拆迁征地，怀抱一岁多的孩子，带着炸药包进入服务大厅的协议签订现场后，点燃导火索实施自杀式爆炸，造成 3 人死亡，15 人受伤。（警方后来侦破案件后证明非李姓妇女所为，且死亡人数为 4 人）这便是当年轰动一时的“5·10 巧家惨案”。

对于这样一起恶性突发公共事件，请看当地政府发布的新闻稿：

2012年5月10日上午9时许，巧家县白鹤滩镇花桥社区便民服务大厅发生一起爆炸案件，导致3人死亡、14人受伤。

案件发生后，昭通市委市政府、巧家县委县政府高度重视。

市委书记夜礼斌作出重要批示：市公安局王宇同志及县委方书记，请全力以赴救治伤员，做好死者及伤员家属工作，请市公安局王宇局长迅速赶赴现场指挥破案，请王宇同志负责全权指挥好善后处理，控制舆情，全力以赴抓紧破案，将犯罪分子绳之以法，维护好全局的社会稳定，认真总结吸取教训，排除隐患，防止类似事件发生。

市委副书记、市长刘建华作出重要指示：要组织各方力量全力以赴做好伤者救治、死者善后、社会维稳、案件侦破等工作，要尽最大努力把事件造成的损失降到最低，工作进展情况及时向市委市政府报告。

巧家县委、县政府及时成立了由县委副书记、县长丁开路任组长，县委常委、县委政法委书记张嗣斌任常务副组长，县委常委、常务副县长王朝德，县委常委、县委宣传部部长陆卫华，副县长文启聪、吴顺义、杨朝邦任副组长的“5·10”事件处置领导组，下设事件侦破组、综治维稳组、伤员救治组、善后处理组、新闻工作组、应急处置组和后勤保障组七个工作组具体负责相关工作。

目前，重伤员4人已在送往昆明抢救途中，其余轻伤员正在巧家县人民医院治疗。省、市、县公安机关正全力开展案件侦破工作，死者、伤者家属情绪稳定，社会秩序稳定。

近700字的稿件，只有首尾两段总计140多字是有用的信息，也是媒体可能采用的信息，更是公众希望知道的信息。而大约85%的内容则是关于各级领导“高度重视”、“重要批示”、“任什么组长”之类毫无新闻价值、受众并不关心和关注的问题。

突发公共危机发生的时候，媒体和社会公众最想知道的是：到底发生了什么事情？你们（政府或有关部门）对于危机是如何处置的？接下来，你们还要做些什么？

2013年4月15日，美国总统奥巴马在波士顿马拉松爆炸案发生三个多小时后在白宫发表全国电视讲话。其主要内容如下：

波士顿当天举行一年一度的知名马拉松比赛，本该是人们欢庆的一天，但不幸发生造成大量死伤的爆炸事件。（先发事实——发生了什么）

警察、消防人员、急救人员和军队做出的反应很勇敢，波士顿这次的反应是勇敢的。（我们在做什么）

到目前为止，我们还不知道这是不是一次恐怖袭击，是谁干的，为什么要这么做（慎发原因）；但我们知道一些人受到了伤害，有些还很严重。我们还没掌握所有的事实。但我发誓，我们会找到是谁干的，我们要让他们对这次事件负责。无论是谁，都将面对正义的制裁。我们会让对这次事件负责的个人、团体受到严重的制裁。

我们会继续观察，然后对这次事件的进展做出反应。（将要做什么）

今天是爱国日，是一个庆祝波士顿自由的日子。波士顿是一个坚强的城市，那里的市民也一样。我坚信波士顿的人民会团结在一起。

我们是团结一心并且关心其他市民的美国人，今晚所有的美国人都会为波士顿祈祷。

一旦我们得到更多信息，我们会发布这些消息。（续发过程）

可以说奥巴马的这篇讲话，是重大突发危机事件发生后政府新闻发布的样板：以坚决的口气表达国家态度，言简意赅地表述危机事件的现状和政府将要采取的行动。

突发公共危机发生时，政府的新闻发布稿应该这样写：

What happened.

What are we doing.

What shall we do.

记住，务必让这三个 W 出现在你的危机新闻发布稿中。

因此，无论是“三不要”还是“三要”，都是建立在新闻发言人“真诚”基础之上的。若心中没有公众利益，没有坦诚面对媒体的心态，只是在技术层面把玩“技巧”，比如，王勇平动车事故发布时不合时宜的微笑；杨“表哥”特大车祸现场莫名其妙的一笑……只会弄巧成拙，非但不能为新闻发布添彩助力，反而会衍生出新的负面新闻。

在突发公共危机事件的处置中，新闻应对工作必须考虑和顺应这些新趋势，要主动思考与大胆尝试，在信息发布与舆论引导中，建构一个可以兼顾公共利益与公众（个体）利益的公共空间，最大化地赢得公众的信任和支持。

五、危机发布的工作环节

总结我国的有关经验和借鉴国外有益的做法，在应对突发事件的新闻发布会中，要注意以下六个工作环节[①]：

第一个环节，突发事件发生后，在处置突发事件的工作班子中，应该有专人负责新闻发布工作，并成立相应的工作小组，负责发布新闻、受理记者的采访申请、安排记者的采访。

第二个环节，在研究和制订处置突发事件的工作方案的时候必须包括新闻发布工作方案，并且将新闻发布工作方案置于重要的位置。

第三个环节，要立即形成接待安排记者的方案。这里的接待指的是采访安排，如何安排记者采访，要视具体情况而定。有时可以让记者进入现场，有时不方便让记者进入现场，比如正在组织抢救的时候。无论是否让记者进入现场，都应该对记者讲明情况。在方案安排中必须要明确由谁来同记者打交道，谁负责向记者发布消息，谁形成文字，谁来审定签发。

第四个环节，对一些有发展过程的突发事件，要设立新闻中心，并及时向记者提供情况，这对于组织记者采访和加强记者管理，都会带来很大便利，从而减少很多不必要的麻烦。

第五个环节，根据不同媒体的特点来组织新闻发布。要根据突发事件的性质和需要发布的范围，结合媒体的特点，来确定发布的渠道和处理新闻的方式。

第六个环节，要随时了解外界舆论的相关反应，组织好有针对性的新闻发布会，以减少对处置突发事件工作的各种干扰和不利影响。要跟踪好媒体报道，据此组织后续新闻发布，答疑解惑。

第三节　政府危机应对的范本——深圳“5·26”事件回溯

2013年10月12日，广东省深圳市中级人民法院对酒后飙车致3死3伤的“5·26”重大交通事故案进行公开宣判，被告人侯培庆因“以危险方法危害公共安全罪”被判处有期徒刑15年、剥夺政治权利5年。至此，震惊全国的深圳“5·26”重大飙车案终于画上了句号。

深圳“5·26”重大交通肇事案件使深圳政府公信力遭遇了重大考验。深圳政府在这次公共危机的新闻应对中，明确了“不封堵，公开透明地挖掘真相”的应对原则，并没

① 参见汪兴明、李希光主编：《政府发言人15讲》，清华大学出版社2006年版，第134—142页。个别地方有改动。

有把其作为一次孤立的公共舆论事件来对待，而是作为社会建设中媒体与公众对公权力部门及政府公信力的一次大考。从加强社会建设的高度，抓住应对的机会开展了一次“积极参与、挖掘事实、廓清疑问、维护正义”的有效国民教育，以此维护和重建了政府公信力。“5·26”的探索，无疑将对新时期政府公信力的重建提供了方向性的模板。

一、深圳最大一场政府公信力危机

2012年5月26日凌晨3时08分许，在深圳市滨海大道西行侨城东路段发生了一起重大交通事故。一名男子在酒后带着三名女性驾着一辆红色GTR跑车，高速撞上两辆同向行驶的出租车。其中一辆电动出租车起火焚毁，另一辆出租车侧翻。事故造成电动出租车内3人当场死亡，其他人员则不同程度受伤。事故发生后，“跑车男”侯某逃逸。

5月26日10时，侯某自首，被警方刑拘。此时，离事件发生已经过去了整整7个小时。

“5·26”飙车案从一开始就充满了许多足以酿成一桩重大公共舆论事件的新闻元素：

图5—9 “5·26”飙车案事故现场

豪华跑车、3名美女、深夜泡吧……

3条人命、的士(电动汽车)全毁、醉驾、逃逸……

信息显示，侯某并非车主，该车车主另有其人，为侯某老板许某；

60小时后，5月28日下午，交警举办第一次新闻发布会，认定侯某是肇事者，否定顶包说；

死者父亲张先生的质疑经诸多媒体报道后，引起了强烈的舆论反响；

27日晚，网友“眼袋兔兔子”一条微博：“希望能揪出真正逃逸的肇事司机，还她们家人一个公道”被转发42746次，评论8792条。对交警的猜测、质疑乃至强硬的攻击性信息汹涌而起……

央视、新华社、《南方日报》、《南方都市报》、南方电视台、《羊城晚报》、《广州日报》、《新快报》、新华网、人民网、新浪网、天涯、凯迪……纷纷介入报道。

官民之间关于肇事者是否“顶包”的纷争由此进入高潮。

全国媒体的迅速全面参与报道，加上网络上铺天盖地的“顶包”说，长篇的通讯、尖锐的评论、充满猜测与想象的质疑等，迅速将深圳官方（交警）推向舆论的旋涡。

最后，舆论的焦点与矛头，直指政府的公信力！

统揽全市新闻发布工作以及政府危机新闻应对工作的深圳市政府新闻办也迅即站到了这场公共舆论事件处置与新闻应对的风口浪尖，迎接一场前所未有的对于政府执政能力的大考！

图 5—10 “5·26”飙车案中烧毁的汽车残骸

（一）主动靠前、积极应对

深圳市委市政府对此案高度重视，市政府于 5 月 26 日、27 日先后两次召开专门会议，召集各有关方面商议，对事故可能产生的影响进行了深入分析，并对事件处置工作进行了具体的安排，同时专题研究部署相关新闻发布和舆论引导工作。深圳市委常委、市委宣传部部长王京生为处理“5·26”事件确定了“及时公开”的发布基调，明确了“不封堵，公开透明地挖掘真相”的应对原则。不把这次应对只作为一次孤立的公共舆论事件来对待，而应该看作媒体与公众对公权力部门公信力的一次考验。因此，要从加强社会建设的高度，抓住应对的机会开展一次“积极参与、挖掘事实、廓清疑问、维护正义”的有效国民教育，以此维护和重建政府公信力。

深圳市政府新闻办主动站到事件处置的第一线，对于此次危机的新闻应对提出了专业指导意见：

一是要站在道义制高点，以群众生命安全为第一要义；

二是按照“谁主责、谁发布”的原则，由市公安交警部门及时主动开展新闻发布，并做到依法依规、实事求是地发布；

三是建议尽快组织专家对事故车辆起火原因展开调查论证，并责成比亚迪公司对产品开展调查，进行必要的整改，对外公开发布。

根据会议精神，市公安交警部门紧急成立三个工作小组：媒体接待组、新闻发布组、协助记者外勤调查组，全面展开应急新闻处置工作。

(二)连续召开四次新闻发布会

1.第一次发布:否定"顶包"说遭质疑

为了及时回应汹涌的舆情,深圳警方官方微博在28日11:16发微博称:今天下午,将召开"5·26交通事故"新闻发布会。这一消息迅速被广大网友转发扩散,不仅吸引了近百名中外记者,亿万网友也在电脑旁紧紧盯着深圳警方会给出怎样的答案。

当天下午,深圳警方对媒体公开了大量案件信息:

公布证据:一双"人字拖鞋"。视频显示,侯某某当晚穿着拖鞋在两家酒吧喝酒,但逃逸时却光着脚,而这双拖鞋在肇事GTR跑车内被发现。

传说中的"下巴男"不是肇事者。媒体及网民紧追不放的"下巴男"事发当晚在深圳竹林五路摔了一跤,在华侨医院挂号时与GTR跑车内三名女伤者混在了一起,才出现了这次误会。

图5—11 "5·26"发布会现场

侯某的背景:侯某来自广西农村,是深圳市天某泰建筑工程有限公司员工,"由于侯某跟随该公司老板许某辉十余年,深得许某辉信任,所以有GTR跑车钥匙"。

逃逸行踪:在游艇会睡了一觉。警方称,侯某在车祸后翻越滨海大道绿化带到达路面南侧,在朋友吴某的帮助下,乘坐的士前往大梅沙游艇会8510号房间休息。警方也公布了侯某在酒店走廊的视频。

然而警方提供的这些证据并没有解开在场记者的疑惑。面对众多记者一起大声追问有无侯某在事故现场从车里出来的视频,警方没有做出正面回应,也没有回应指纹、DNA取证以及视频、衣服不相符等信息。

警方的此次发布会不仅没有令记者满意,而且引发了网友更加强烈的质疑声。在"作家天佑"、"网眼八分斋"等粉丝数众多的网络意见领袖带动下,网民几乎一边倒地质疑警方出示的证据并提出了更多疑问:

医院监控视频为何不是原版,而是用手机翻拍的?

为何在游艇会所的监控视频片段中，侯某头上出现了一个白色的"光环"？

为什么7小时后侯某酒精浓度还那么高？

为何不公布车祸前后及沿途数公里的监控视频，这么多探头都没有拍到驾驶者的面部吗？

更有网友自发对警方公布的视频进行技术分析，声称该视频经过伪造。也有网友"滨河5.26揭秘"在微博上连续爆料了侯某、车主的个人资料和家庭背景。许某的个人背景也为网友推测"顶包"增加了耀眼的素材。网友的言论汇聚成强大舆论场，使得这次发布会并没有取得预想的效果，反而激起更大的质疑。网友"香港ABC"甚至称5月28日是深圳耻辱日，得到众多网友的回应。29日凌晨，网友"曾李青"的长微博《5·26跑车飙车致三人死疑点》，得到了近4万次的转发。

2.第二次发布：媒体质疑声有所消解

在全国媒体和网络舆论的持续高压下，深圳警方于5月29日召开了第二次新闻发布会。如此连续地针对同一个新闻事件举行发布会，这在深圳历史上还从来没有出现过。

发布会上，警方公布了侯某当晚与三名女子一起上车离开酒吧的视频、跑车车主许某当晚活动的视频、许某上身无受伤的照片等证据，认定肇事者是侯某，该事件没有发生"顶包"行为，并承诺公开所有原始录像，任何市民在获得批准后都可自行查阅原始视频证据。针对迟迟没有比对指纹、DNA这一质疑，警方也表示已经提取了车祸现场的指纹、DNA等信息，并已送到有关部门进行鉴定。而对于监控录像被篡改这一疑问，警方也态度坚决地保证视频是真实的。一连串信息的发布，在一定程度上缓解了公众的不满情绪，媒体质疑的声音虽然有所减弱，但网上对警方不信任的声音依然很强大。有网友撰写了《5·26事故，致深圳市交警局刘局长的一封公开信》，质疑关键监控视频的缺失。

同日，深圳警方的新闻发言人走进了深圳卫视都市频道《第一现场》栏目的直播间，通过直面主持人和观众追问的方式来释疑解惑。

3.第三次发布：进一步释疑解惑

5月30日下午，深圳警方召开了第三场新闻发布会，与前两次发布会不同的是此次发布会有两位特别参与者：死者家属与深圳市人大代表杨勤。警方首次公布了事发路段的完整视频，视频清晰显示，5月25日22时至次日9时许，侯某从进酒吧饮酒、出酒吧驾车、撞车、出事后逃逸至宾馆，最后从宾馆走出、自首的全过程。关于备受网友质疑的“头顶佛光”视频，深圳警方也调取了大梅沙游艇会的原始视频并给出了解释，同时和记者亲身前往实地验证。

第三场发布会中最重要的当属 DNA 信息的公布。深圳警方出具了深圳市物证检验鉴定中心的鉴定文书。该文书显示，红色跑车上的人字拖、方向盘气囊、驾驶室侧门上的血迹、纸巾上的血迹、衬衫上的血迹与侯某 STR 分型一致，相似度大于 99.99%。

当晚 8 时至 9 时，深圳市交警局还创造性地在其官方微博“深圳交警”上进行了微访谈。借助微博平台，深圳警方与网友面对面地交流，接受网友质疑，解答网友疑惑，回答了 18 名网友的提问。同时，深圳市人民检察院也宣布介入侦查，要求侦查部门核实肇事司机身份，查明案件事实。

至此，网友对于深圳“5・26 特大交通事故”的“顶包”话题兴趣骤减，舆情得以缓解。

4.第四次发布：完整证据链形成

前三次发布会连续地发布了大量的视频资料证据，然而这些证据却不能完全消除网民心中疑惑。最大的质问莫过于为什么事故现场两座立交桥下的测速摄像头全部“哑火”？

针对这一疑问，警方在 5 月 31 日再次召开发布会，公布了一张肇事车辆当时的照片。由于车速太快，拍到的图片不是很清晰，但仍可看到前排两名人员的样貌。其中，副驾驶座上为一名着白色无袖衬衣的女子，驾驶座上为一名着紫红色格子衬衣的男子，佐证了侯某的肇事者身份。

通过连续密集的新闻发布会，警方直面舆论质疑，摆证据、重事实，及时、公开、透明地呈现证据并解释公众疑问，基本上平息了事态、粉碎了谣言。

（三）妥善处理后续舆情危机：微博发布平息“视频女”风波

尽管给出的证据让大多数人相信警方的诚意，重新建立了警方的公信力，也让大多数人理性地冷静下来，但是，事情并未就此画上句号。

6 月 1 日晚 8 时 53 分，自称是死者张某同学的新浪微博用户“杰克牌风扇”在网上发布了一段视频，视频中是一个车祸现场，在画面左侧有车子在燃烧，右侧则是两辆损毁的红色汽车。让网友热议的是，这段视频 1 分 40 秒后出现了一段女性喊叫声，这段喊叫声被网友解读为“赶紧走，别说我是司机”。根据该视频，“肇事车当时司机为一白衣女子”的传言在“网眼八分斋”等大V的转发下开始扩散……

警方迅速找到当时白衣女子所乘的士的司机，并确认该女性并不涉及案件，当时是用上海话向其两名亲戚喊：“快点走，快点走，就要爆炸了。”而该消息误传者也在网上承认自己的错误，公开向警方道歉。

由于以开放的心态接纳和包容媒体及网民的各种意见，最大程度地满足公众知情权，深圳公权力部门终于粉碎了谣言，取得了网友的信任，写就了深圳新闻发布史上的经典案例。

——5月31日，央视新闻频道对“5·26”事件进行点评：《及时用有说服力的证据平息争论》；

——6月1日，人民网舆情监测室发布了《深圳“5·26”事故舆情分析报告》，赞赏“深圳市在此次舆情应对方面能理顺步骤、直面危机、确凿事实，再一次走在了地方政府舆情危机应对的前列”。

——对“5·26”“顶包”质疑一直穷追不舍的《南方都市报》，5月31日也在头版发表社论《官民诚恳互动，真相需要合力》，肯定了深圳警方所释放出的诚恳态度。

——6月4日，深圳特区报《重事实 贵互动 求互信》的评论员文章指出：深圳市民的公民意识在增强，城市发展的社会理性在增强，政府行政与社会的互动在改进。

公权力所表现出来的开放和包容，也深深打动了网友。网友“让思想飞一会_Odys”在看完第三场发布会后表示：深圳警方这次很给力，回收之前“深圳耻辱日”的说法。更有网友走上街头以行为艺术的方式表达了对警方的歉意以及信任。

二、怎样走出塔西佗陷阱

媒体称“5·26”危机事件的成功应对，是“探究真相的180小时”，深圳市政府新闻办则称这是“质疑追问与沉着应对的180小时；打破陈规与创新探索的180小时；开放包容与良性互动的180小时；维护与重建政府公信的180小时”。他们大胆突破一些陈规惯例，在新形势下政府危机新闻应对的实践中敢于尝试，也给全国新闻发言人留下了不少启示与思考。

1.坚持信息公开，尊重市民知情权，占领舆论的道义制高点

公共舆论事件中，市民的参与既是舆情发酵的“酵母菌”，也是舆情平息的“凝固剂”。而公权力部门对于信息的“封堵”与否，则是舆情变化的“催化剂”。“5·26”事件传播过程中，人们从不同角度发出多元的声音，这当中既有理性的质疑，也有非理性的

猜测，甚至有对政府部门的谩骂与攻击。对此，深圳表现出了前所未有的开放与包容。在整个应对过程中，他们认为，敢于质疑，勇于求索，正是市民参与社会建设与管理意识增强的体现，是市民要求知情权的体现。因此，深圳政府没有回避，更没有屏蔽打压市民的参与热情，而是顺应市民的知情权诉求，有疑必查、有问必答、有惑必解，最终从道义上赢得了公众的理解和支持。他们还充分运用政务微博、微访谈、走进电视台直播间等多种渠道和方式发布信息，答媒体之疑，解民众之惑，争取了市民的理解与信任。

2. 不缺位不失语，处置与发布同步，新闻发布机制效能凸显

早在 2009 年，深圳就创新出台政府新闻发布工作办法，将行政问责机制引入了新闻发布工作。办法规定将“突发公共事件的新闻发布纳入事件处置总体部署，坚持事件处置与新闻发布同步安排、同步推进”。在进行新闻应对与发布时，如果出现了“不作为”、“不及时”、“不规范”等情况，将依法予以问责，涉嫌犯罪的，还要依法移送司法机关追究责任；重大案情须及时发布，且随着事情的进展、证据的搜集，要随时发布、不断发布，谁主管谁发布。“5・26”案发后，深圳警方每天一场新闻发布会，而且极具针对性，不断用新证据解答市民、网民的种种疑问。在“5・26”案件中，深圳的新闻发布问责制得到了较好落实，凸显了机制保障的效能。

舆情汹涌增压，公众非理性情绪高涨的形势下，怎样把控发布节奏，引导舆论趋于理性？正如有关专家对“5・26”事件的点评所言，在危机事件新闻发布必须坚持的“主动、及时、公开、准确”八字方针中，深圳警方在“主动与准确”方面尚有改进与探讨之处。

3. 因时因势而为，灵活突破惯例，创新发布形式，掌握舆论主动权

鉴于舆情的复杂性，单纯的文字内容发布、表态发布已无法满足“5・26”舆情需要。面对舆论步步倒逼，深圳此次新闻发布和危机公关实现诸多创新：一是以舆情为导向。深圳宣传部门和交警部门以舆情研判作为新闻发布导向，很好地顺应舆情民意。“5・26”事件经历了“发布—质疑—回应—再质疑—再发布”的传播过程，媒体将其总结为“有疑问就求证并迅速公布证据”。虽看似被动，实则显现出公权力“开放、坦诚、透明”的决策导向。同时，还突破惯例，允许死者家属列席新闻发布会，“重新树立了依法、公正、客观的形象”。二是创新发布形式。在发布过程中，综合运用了文本情况介绍，图片、音视频及 DNA 鉴定等证据展示和讲解，邀请关键证人现身说法，在官方微博上展开微访谈，全程“微直播”等生动而具有说服力的手段。其中在第二次发布

会上，发布方即提供10个方面的证据，第三次发布会提供了关键和核心证据并回应所有疑问。三是第三方力量适时介入。大胆创新，主动邀请人大代表现场观摩，开展政治监督；深圳检察机关全程介入并适时发布，也为增强新闻发布的客观性与说服力起到了重要作用。

《中国青年报》关于“5·26”事件的评论说得好：“没有说服不了的公众，只有没有说服力的证据。”

在公共危机的处置中，政府最需要做的，就是找出具有说服力的证据；政府新闻发言人最需要做的，就是把这些“具有说服力的证据”呈现给媒体，呈现给公众。

“5·26”事件新闻发布已经成为政府推进新闻发布制度建设的标志性事件，它标志着通过新闻发布被动应对舆情事件的时代已经完结，新闻发布将成为官民良性互动重建政府公信力的有力武器。

附录一　新闻发布会流程示意图

一、发布会前的准备工作

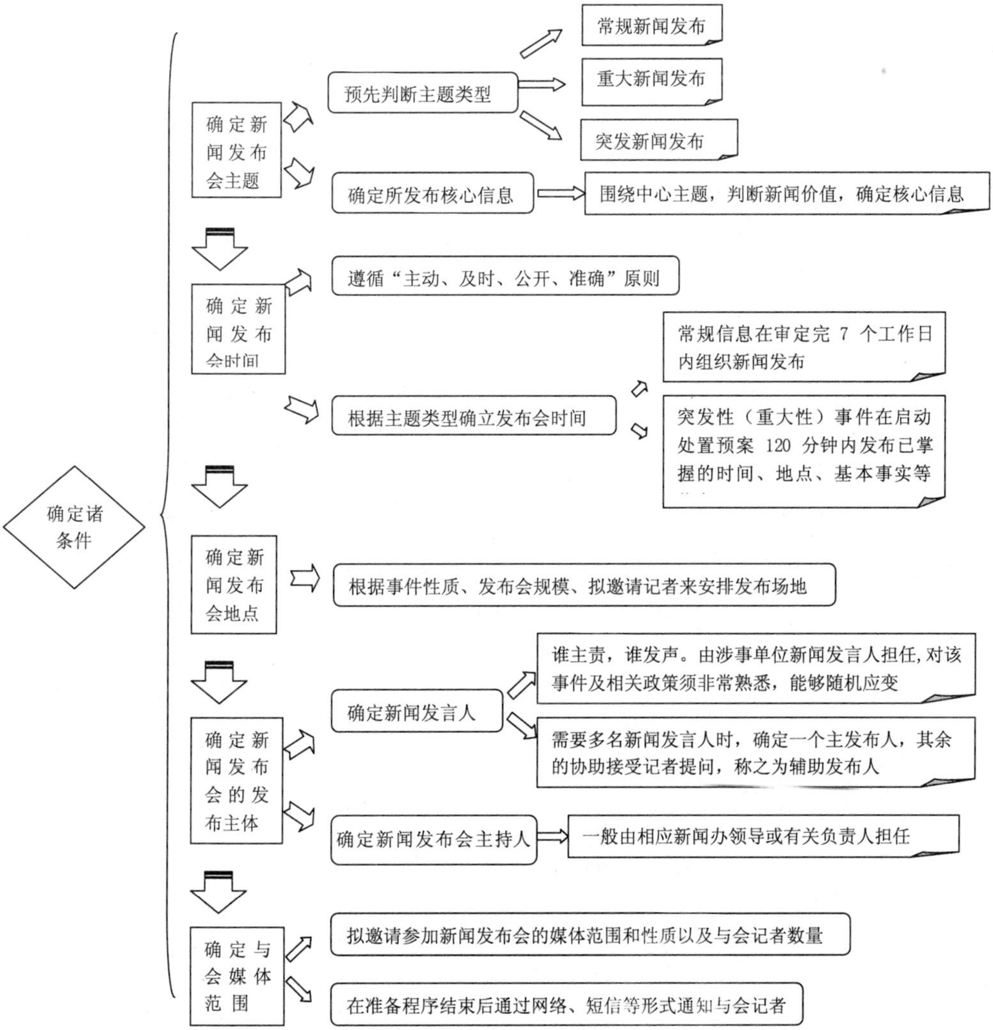

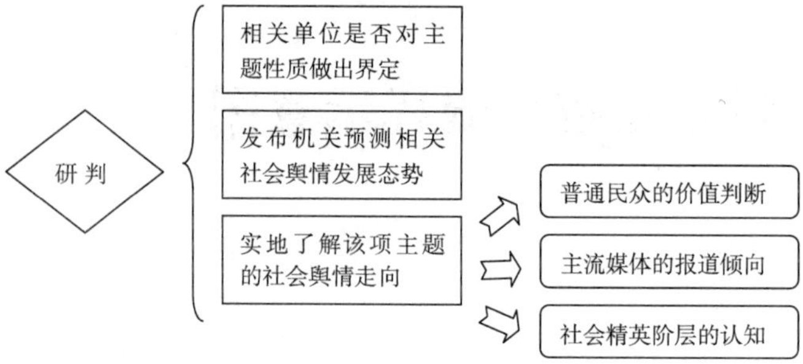
研判
相关单位是否对主题性质做出界定
发布机关预测相关社会舆情发展态势
实地了解该项主题的社会舆情走向
普通民众的价值判断
主流媒体的报道倾向
社会精英阶层的认知

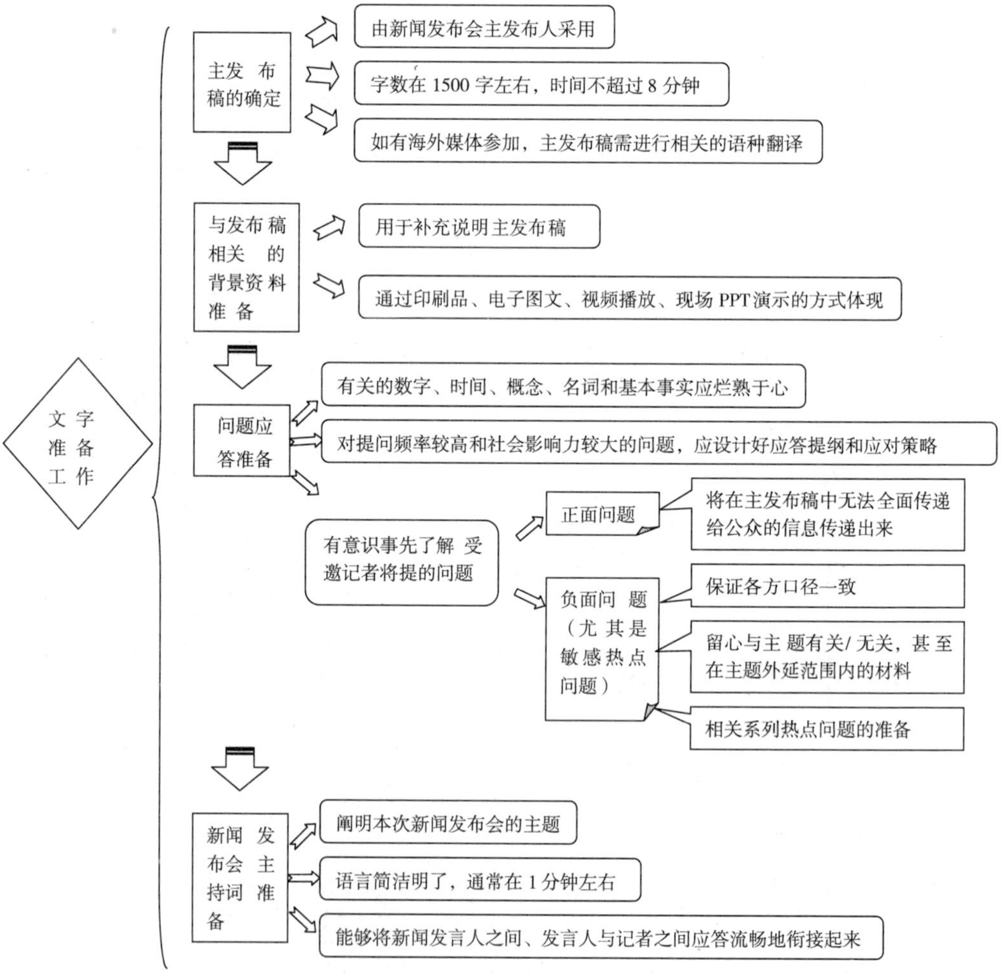
文字准备工作
主发布稿的确定
由新闻发布会主发布人采用
字数在1500字左右，时间不超过8分钟
如有海外媒体参加，主发布稿需进行相关的语种翻译
与发布稿相关的背景资料准备
用于补充说明主发布稿
通过印刷品、电子图文、视频播放、现场PPT演示的方式体现
问题应答准备
有关的数字、时间、概念、名词和基本事实应烂熟于心
对提问频率较高和社会影响力较大的问题，应设计好应答提纲和应对策略
有意识事先了解受邀记者将提的问题
正面问题
将在主发布稿中无法全面传递给公众的信息传递出来
负面问题（尤其是敏感热点问题）
保证各方口径一致
留心与主题有关/无关，甚至在主题外延范围内的材料
相关系列热点问题的准备
新闻发布会主持词准备
阐明本次新闻发布会的主题
语言简洁明了，通常在1分钟左右
能够将新闻发言人之间、发言人与记者之间应答流畅地衔接起来

二、新闻发布会现场的具体组织步骤

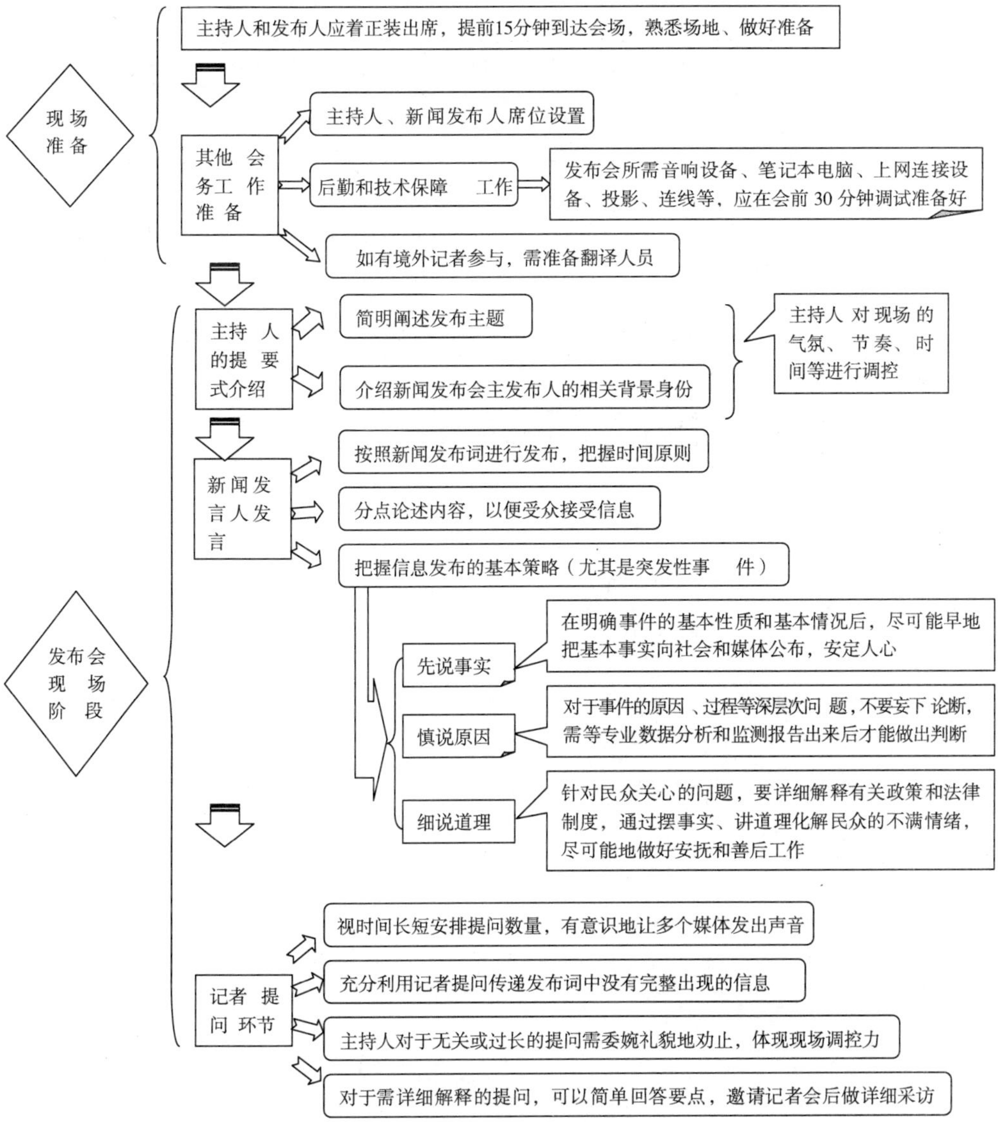

三、发布会结束的后续工作

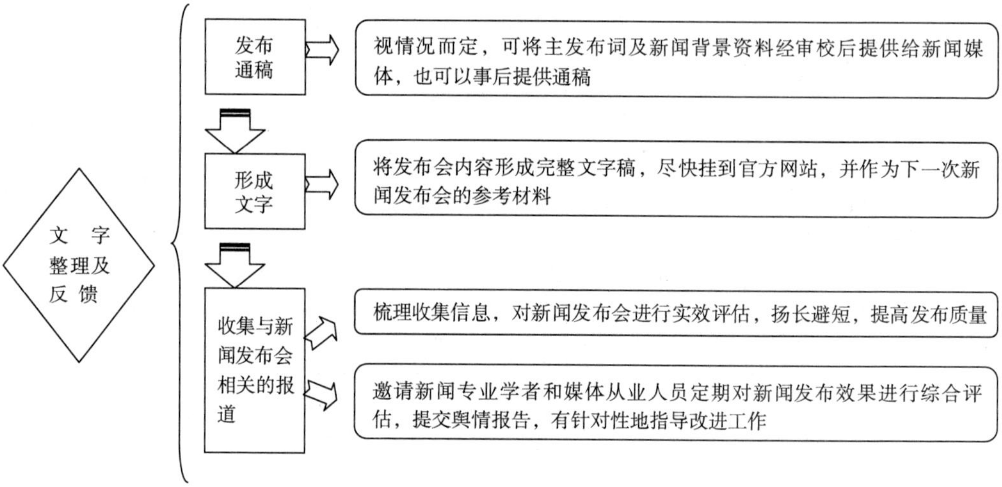

附录二　深圳率先建设新闻发布“问责制”

2009年9月15日，深圳市人民政府新闻办公室举行新闻发布会宣布，历经一年半的调研起草、征求意见和修改审定，《深圳市人民政府新闻发布工作办法》（以下简称《办法》）于2009年9月2日正式颁布，并将于2009年12月1日起生效实施。

此前，《办法》已于2009年5月12日经深圳市人民政府四届一、三、五次常务会议审议并原则通过，2009年7月15日经中共深圳市委2009年第21次常委会议审议通过。

政府新闻发布工作是我国推动社会主义民主政治建设，构建透明政府，实现信息公开，建设和谐社会的关键性制度安排，并逐步成为信息时代政府公共管理的重要方面和常态工作。《深圳市人民政府新闻发布工作办法》的颁布实施，意味着深圳市政府首次系统性地运用公开规范性文件，将政府新闻发布的价值追求固化为实践层面的刚性硬性要求，这是深圳市政府信息公开和新闻发布工作具有里程碑意义的重要事件。《办法》的出台，既是对政府部门的约束和要求，也是对社会公众及新闻媒体的庄严承诺。这标志着深圳市在建立健全信息传播全球化生态下的现代政府新闻发布机制方面，迈出了新的步伐。

特别值得一提的是，《办法》率先对新闻发布工作的“问责”机制作了明确规定，这在全国范围来讲也是一次有益的探索，体现了深圳市完善政府信息发布机制、打造“阳光政府”的决心和信心，有利于改变政府新闻发布随意性、被动性、无序性的局面，促使新闻发布工作规范化、法制化、常规化。

《办法》在起草制定、修改审定过程中，得到了中央宣传部、国务院新闻办、广东省政府新闻办的鼓励和指导，得到了市委市政府及各有关部门、有关专业人士的大力支持。2008年年底，国务院新闻办新闻局副局长华清同志利用出差深圳的时间，对《办法》的修改工作给予具体指导。中宣部就深圳方面的征求意见复函认为，《办法》“是适应当前新闻宣传和舆论引导工作新形势，推进新闻发布制度公开化、规范化的有益探索”；国务院新闻办新闻局负责同志认为，深圳的先行先试将为全国新闻发布法制建设进程提供可资借鉴的宝贵经验。

一、《办法》出台的背景

深圳实施新闻发言人制度始于经济特区建立初期，早在 1985 年就专门设立了市政府新闻发言人。近年来，在市委明确的新闻发言人工作总体框架下，市政府制定出台了相关文件，进一步完善在新形势下的新闻发布制度。深圳相关文件确立的“行政首长负责制”等创新原则在全国影响巨大，在实践中收到很好的效果。市、区政府及其工作部门乃至街道、社区，多层次、多部门、多角度的新闻发言人应运而生，走向媒体前台，走进公众视野。被称为“中国政府第一发言人”的原国务院新闻办公室主任赵启正等一批国内外专家应邀来深讲课，传授最前沿的理念和方法。最近三年，市政府新闻办年均举办新闻发布会 40 场次左右。一些重大突发公共事件发生后，大多数部门能够主动出击、快速反应，官方新闻稿很快出现在市政府网站上，新闻发言人及时出现在电视镜头前。

但是，与社会经济发展的实际需要以及境内外媒体对深圳的信息需求相比，深圳的新闻发布制度建设仍有不小的差距。主要表现在：

一，个别领导干部新闻发布意识不强，有的部门应对媒体事件的方式还比较粗放，个别部门甚至实行鸵鸟政策，不愿正视民意和舆论。

二，在突发公共事件的新闻发布与媒体服务方面，尚未形成快速反应的长效机制。

三，一些基层部门新闻意识有待加强，在接受媒体采访方面经验不足。

四，新闻发布的工作要求缺乏刚性约束措施，在一些环节或具体事务上推进较为困难。

针对这些问题，为进一步健全政府新闻发布制度，2008 年 2 月，深圳市委常委、宣传部部长王京生同志在深圳市宣传思想工作会议的讲话中提出了“研究建立新闻发布工作问责机制”、“打造传播全球化生态下现代政府新闻公关的深圳模式”等创意设想。随后，市政府新闻办启动了《办法》的起草工作，期间开展了大量调查研究，广泛征求了新闻宣传部门、政府行政机关、新闻媒体、研究机构意见。《办法》历时一年半，九易其稿而成。

二、办法的主要内容

办法共分 6 章，共 34 条。第一章“总则”共 6 条，阐明了制定办法的目的及法律政策依据。

第二章“新闻发布机构和新闻发言人”共 5 条，规定了各级政府、各级行政机关新闻发布工作的组织机构，新闻发言人的设立及其办公室的职责范围。

第三章“政府新闻发布工作的范围及内容”共 4 条，规定了行政机关应该启动相关程序，开展新闻发布工作的几种情况；列举了政府新闻发布工作包括的基本内容。

第四章“新闻发布的方式和程序”共 7 条，列举了行政机关可以采用的新闻发布方式；明确了应同步研究新闻公关方案的情形；规定了新闻发布时限、方式、方法和手段；明确了各级新闻发布平台的建设和运作。

第五章“监督和保障”共 10 条，规定了新闻发布工作的绩效评估及激励、约束机制；列举了新闻发布工作行政问责的情形、问责主体、问责机制以及保障机制。

第六章“附则”共 2 条，对办法的适用范围、施行等相关问题予以明确。

三、深圳新闻发布制度的特色亮点

《办法》在机制建设上有新的思考，在操作性上进行了有益的创新和探索。

1. 规范新闻发布，深圳打造“强烈新闻意识”的责任政府

《办法》理顺了新闻发布的体制，对发布主体、内容、方式和程序进行了规范，并明确了发布责任和保障措施。强调“新闻意识”的背后，是深圳市委市政府实践“立党为公、执政为民”理念，尊重和保障市民知情权、参与权和监督权的具体体现，是建设公开透明、运作规范的“阳光政府”、“责任政府”的实际行动。可以说《新闻发布工作办法》制定过程中，做足了“新闻功课”。

《办法》强调了政府的“新闻意识”。例如第二章第七条规定，“行政机关应当建立健全本行政机关的新闻发布制度，授权确定新闻发言人，配备新闻助理，组成本行政机关‘新闻发言人办公室’，负责本行政机关新闻发布的日常工作”。这从机制、人员上保障了新闻发布将成为政府常态工作。

《办法》对应发布的“政府新闻”进行了规定和列举。鉴于新闻发布的特殊性，“新闻”与《中华人民共和国政府信息公开条例》之中的“信息概念”紧密相关又有所不同，例如有些事项，通过常规的公告、资料查阅即可；有些事项，则必须结合媒体需求，转化

为新闻语言，面向新闻媒体以新闻形式发布。《信息公开条例》对信息公开的方式、内容皆有明确规定，“新闻发布”是其中一种重要渠道和形式，本办法则是对“新闻发布”这种特定公开形式的细化规定，包括什么情形下应启动新闻发布程序，应发布些什么内容，本办法做了明细的列举，增强了可操作性。

《办法》创设了“新闻”与“事务”同步安排的新闻发布理念。要求各单位将新闻发布纳入到行政决策等重大工作中来，规定提请政府常务会审议的重大事项涉及民生、与市民群众切身利益关系密切的，行政机关须事前对该事项实施后的公众反响、社会舆情进行预测和评估，制订新闻宣传和公共关系方案，对新闻发布工作作出安排。办法还规定，行政机关召开重要会议、组织大型活动、开展重大工作、处置突发公共事件时，应对相关的新闻发布事务“同步”做出安排；重大政务活动也应“同步”安排新闻发布事务。这些规定缘于“新闻执政”理念，即公共政策的制定必须考虑新闻传播因素。将“新闻”与“事务”同步考虑的制度规定，可以减少或避免“良好政策遭遇舆论批评”的情况发生，更重要的是可以促进重大公众决策的民意表达、公众参与和民主决策，切实改进政府管理，维护公众利益。

2. 率先引入“问责”机制，部门意愿让位于新闻规律

《办法》在全国率先将行政“问责”机制引入新闻发布工作，这是本办法最突出的一个亮点和创新点。《办法》要求市、区两级政府逐步建立健全新闻发布工作绩效评估体系，其意义在于切实改变某些机关“重事务、轻传播”的传统落后观念，将新闻发布刚性地纳入行政工作之中，做到有规可循，违规必纠。

换言之，新闻发布是否要做、怎么做、什么时间做，取决于制度规定和相关工作性质，取决于公众利益和民意需求，取决于舆论规律和媒体需要，而不再是凭借政府部门的主观意愿。

《办法》规定，对于新闻发布工作不积极或者违规但情节轻微的，予以通报批评并责令改正；对于第 27 条规定的需要问责的六种情况（可概括为“不作为”、“不及时”、“不规范”、“不准确”等“四不”情况），则依法移交有关机关予以问责。

从操作层面，办法勾勒了政府新闻发布投诉举报、调查评估、监督处理的沟通协调机制，即由新闻发布主管部门，即市区政府新闻办进行评议，评议结果作为考核、问责依据，情节严重的，依法进入“问责”程序（问责由监督机关、任免机关及其他有权的机关依照有关法律、法规和规章进行），同时预留了情节轻微者的“通报批评、责令改正”这一行政救济渠道。这样的安排，既考虑了新闻发布评估的业务特殊性，又尊重了“问

责”必须“依法进行”的原则要求。

3.量化发布时限，确保新闻不过“保质期”

《深圳市人民政府新闻发布工作办法》对于贯彻落实国务院《政府信息公开条例》在新闻发布层面，提出了很多极具操作性、创造性的措施。比如，基于“政府新闻”是一种特殊的“政府信息”，《办法》对新闻发布的时效性提出了明确要求，规定政府机关开展新闻发布应遵循“快速、主动、准确”的原则，并尊重新闻规律。其中对政府主动发布的常规信息，将在该信息审定完后7个工作日内组织新闻发布；对已发生的突发公共事件和有可能发生的影响公众生活的事件，将在启动事件处置预案120分钟内发布已掌握的事件时间、地点、基本事实及现状等基本信息，并视事态发展及处置进展进行后续发布，必要时设立新闻中心接待记者。

《办法》对常规新闻具体到“工作日”(7天)、对突发公共事件信息具体到分钟(120分钟)，如此对新闻发布时限的量化，是一个大胆突破，在我国政府新闻发布制度建设中并不多见。

《办法》的实施，有助于改进和加强突发公共事件的新闻发布。我们相信，只要各区、各部门认真执行《办法》，加强危机公关，及时准确、公开透明地发布信息，突发公共事件的新闻发布工作将更及时主动，从而维护人民群众生命财产安全、维护社会稳定、维护党和政府声誉形象。

4.政府自我加压，力挺舆论监督

大力支持舆论监督并主动参与互动，明确舆论监督的政府回应机制，是本办法的又一亮点。办法规定，对社会热点信息，将视公众舆论态度和新闻媒体采访诉求“及时”组织新闻发布。这意味着，只要是公众关心、媒体关注的民生事务，就应该成为政府关切、回应和发布的内容。

办法规定，对新闻媒体实施舆论监督所反映的问题，将积极回应并及时调查处理、公开处理结果。这表明深圳市政府正视舆论监督，并将舆论监督与政府监督有效互动，共同推动公共事务的解决和公众利益的维护。

《办法》在有关行政机关受理、答复记者采访申请的时限条款方面，原拟规定行政机关应在受理采访申请后24小时内作出是否接受采访的答复等内容，考虑到作为公开承诺，为预留一个试行过程，经多方反复研究，最终审定时删去了具体的时间要求。

四、贯彻落实措施

《办法》将于2009年12月1日起生效实施。接下来，深圳将重点抓好几个方面工作：

一是探索大部门体制下的新闻发布模式。在深圳行政机构实施大部制改革的背景下，结合办法的贯彻实施工作，继续坚持建设"多层次、多部门、多角度"政府新闻发布体系建设，按照"分级发布、归口负责"要求，在大部门内部建立多级新闻发布制度，确保新闻发布快速及时、准确权威。

二是监督推动新闻发布的责任落实。在全市范围内广泛开展文件精神的学习传达、监督实施，确保各级行政机关新闻发布工作的人员到位、制度到位、工作到位。特别是做好重大事件新闻发布的效果评估，探索建立新闻发布工作绩效评估试点工作，推动各级政府部门提高新闻公关水平。包括请新闻媒体与市政府新闻办配合，共同监督、推动各级行政机关贯彻落实办法各项规定。对行政机关新闻发布"不作为"、"不及时"、"不规范"、"不准确"的情况，及时通报批评、责令改正；情况严重的，启动"问责"调查并依法移交相关部门进行处理。此外，深圳市政府新闻办将紧密监测《办法》实施进程，及时发现并总结经验与教训，不断总结提高，修正完善相关实施细则和工作制度。

三是抓业务培训，逐步实现全市公务员普修"新闻课"。大力开展《办法》的宣传教育，开展领导干部和公务人员媒介素养教育。此前，除了例行的"新闻官"队伍(新闻发言人及其助理)培训外，深圳还在市委党校的局处级领导干部培训班增设了新闻发布方面课程。今后，将推动在公务员初任班、各级领导干部和公务员常规培训课程中，将新闻发布课程列为常设基础课程，逐步实现深圳的公务员普修"新闻课"。

四是完善配套，打造"服务型新闻办"。市政府新闻办将立足于"服务型政府新闻办"的定位，不断完善技术支持和配套设施，为新闻发布和记者采访提供更加便捷的服务。包括正在建设并计划年内启用的新的政府新闻发布厅。发布厅记者容量达100余人，比现在的60人容量更大，设施也将更加先进，方便记者现场发稿；筹建功能更加强大、服务更周全的政府新闻发布网络信息支持平台，集成采访通知、新闻稿获取、图片提供、视频下载等功能，以便进一步改进和完善对于记者的服务；待条件成熟，深圳市政府新闻办还将开通24小时记者服务热线和投诉举报专线。

后 记

——致谢深圳市政府新闻办

当书稿终于画上最后一个句号，首先想到的，便是感谢深圳市政府新闻办。此书写作的缘起，是因为大约7年前深圳市政府新闻办的一项创新：把新闻课送进党校。深圳市委常委、宣传部部长王京生则是这一创意的倡导者与直接推动者。此举是为了配合新闻发布制度的建设，让各级新闻发言人学习一些新闻传播的相关知识，了解和掌握一些新闻发布的理论与技能。进而达到“打造一个会说话的阳光政府”之目的。

随着这项创新实践的逐渐铺开与深入，其重要性也越来越显现，需求也越来越强劲：不只是新闻发言人、新闻助理希望得到进一步的提升，更多的公职人员包括各级领导干部都积极主动地参与到这样的培训中，以期面对全媒体时代对政府新闻发布工作的新挑战。特别是进入2013年，深圳市政府新闻办主动将新闻发布制度建设的相关课程送到基层，与有关部门与单位联合展开对公职人员的系统化、常态化的数十场培训，与之相应的便是急需一本“道”“术”兼容，贴近基层实际，具有一定可操作指导性的教材。于是，催生了这本尚显粗疏的拙作。

本书写作，得到了深圳市政府新闻办韩望喜、廖子彬、李燕玲、罗忠政、宁平平、熊健揆、唐思、谈英、程新枝、周钺、杜景生等领导与同事的大力支持；得到了深圳新闻网以及该网王尧、李晓峰等同仁的帮助；有关素材的搜集整理，得到武汉大学新闻传播学院张卓老师以及冯强、贺程、李莎、谭文若等同学的协助，在此一并致以最诚挚的谢意！

图书在版编目(CIP)数据

政府新闻发言人实用教程／张荣刚著．—北京：中国传媒大学出版社，2013．12
（**2016.12 重印**）
ISBN 978—7—5657—0882—4

Ⅰ．①政…　Ⅱ．①张…　Ⅲ．①国家行政机关—新闻公报—中国—教材
Ⅳ．①G219．2

中国版本图书馆 CIP 数据核字（2013）第 309731 号

政府新闻发言人实用教程

著　　者	张荣刚
责任编辑	王雁来
责任印制	曹　辉
封扉设计	阿　东
出 版 人	蔡　翔
出版发行	中国传媒大学出版社
社　　址	北京市朝阳区定福庄东街 1 号　邮编：100024
电　　话	86—10—65450528　65450532　传真：65779405
网　　址	http://www.cucp.com.cn
经　　销	全国新华书店
印　　刷	北京泽宇印刷有限公司
开　　本	730×988mm　1/16
印　　张	15.5
版　　次	2014 年 4 月第 1 版　2016 年12月第 3 次印刷
书　　号	ISBN 978—7—5657—0882—4/G·0882　**定　价**　49.00 元